一蓑烟雨任平生

苏东坡生平游记

张君民——著

中央党校出版集团
大有书局

图书在版编目（CIP）数据

一蓑烟雨任平生：苏东坡生平游记 / 张君民著．--
北京：大有书局，2022.1（2023.7 重印）
ISBN 978-7-80772-057-7

Ⅰ．①一… Ⅱ．①张… Ⅲ．①苏东坡（1036—1101）
—生平事迹 Ⅳ．① K825.6

中国版本图书馆 CIP 数据核字 (2021) 第 228714 号

书　　名	一蓑烟雨任平生：苏东坡生平游记 YI SUO YANYU REN PINGSHENG：SU DONGPO SHENGPING YOUJI
作　　者	张君民　著
责任编辑	张媛媛
责任校对	李盛博
责任印制	袁浩宇
出版发行	大有书局 （北京市海淀区长春桥路6号　100089）
综 合 办	（010）68929273
发 行 部	（010）68922366
经　　销	新华书店
印　　刷	中煤（北京）印务有限公司
版　　次	2022年1月北京第1版
印　　次	2023年7月北京第5次印刷
开　　本	170毫米×240毫米　16开
印　　张	22.25
字　　数	334千字
定　　价	56.00元

本书如有印装问题，可联系调换，联系电话：（010）68928947

前　言

千古风流人物

2000年，法国《世界报》评选1001年至2000年十二位世界千古英雄，北宋时期文学家苏轼入选其中。

苏轼，字子瞻，号东坡居士，世称苏东坡，北宋著名文学家、书画家、历史治水名人，“唐宋八大家”之一，是一位有良知的政治家。更重要的是，他是中国乃至世界文化史上的一位旷世奇才，是矗立在中华文化史上的一座高峰、当之无愧的“千古风流人物”！

他的作品时而汪洋恣肆、横无际涯，时而海阔天空、月白风清，被人们称为“苏海”。

他所创造的文化世界，根植厚重历史，参透严酷现实，思考终极未来，奉儒家而出入佛老，儒、释、道水乳交融。他以独特的政治、思想、文学和艺术生活形态，深切体现了中国人的生存和生命智慧。

他在身后近一千年的时间里，深受人们明星般的追捧。

他离我们很远，如高人逸士，仙风道骨；他又离我们很近，似亲朋近邻，平易近人。

无数研究者深入经藏、幽宫探秘，越发高山仰止，痴迷崇敬；很多普通人泛舟其上，陶冶其中，一句“一蓑烟雨任平生”，便能恬淡人生，喜不自胜。

为什么？国学大师王国维和现代文学家林语堂先生的评价，也许能初步给我们一个答案。

“三代以下之诗人，无过屈子、渊明、子美、子瞻者。此四子者若无文学之天才，其人格亦自足千古。故无高尚伟大之人格，而有高尚伟大之文章者，殆未

之有也。”（王国维《文学小言》）

“苏东坡是一个无可救药的乐天派、一个伟大的人道主义者、一个百姓的朋友、一个大文豪、大书法家、创新的画家、造酒试验家、一个工程师、一个憎恨清教徒主义的人、一位瑜伽修行者佛教徒、巨儒政治家、一个皇帝的秘书、酒仙、厚道的法官、一位在政治上专唱反调的人。一个月夜徘徊者、一个诗人、一个小丑。但是这还不足以道出苏东坡的全部……苏东坡比中国其他的诗人更具有多面性天才的丰富感、变化感和幽默感，智能优异，心灵却像天真的小孩——这种混合等于耶稣所谓蛇的智慧加上鸽子的温文。”（林语堂《苏东坡传》）

东坡先生生于四川眉山，逝于江苏常州，葬于河南郏县，享年六十六岁（这是依据古代传统方法计算的年龄，按周岁计算是六十四岁，以下年龄皆为传统方法计算），经历了北宋五个皇帝。

他出身于平民家庭，学识渊博却屡不登科的父亲和温柔贤淑、知书达理的母亲，为其提供了良好的教育。从小博览群书的苏东坡，拥有一双认识真知的慧眼，能写一手妙笔生花的文章。在他耀眼的惊世才华之中，透露出他真诚的爱国思想和深厚的爱民情怀。

他率真耿介，少有城府，且心地善良，从不设防，“见善称之如恐不及，见不善斥之如恐不尽，见义勇于敢为，而不顾其害，用此数困于世，然终不以为恨”（苏辙《亡兄子瞻端明墓志铭》）。

“吾生如寄耳！”（《和陶拟古九首》其三）二十一岁出川，几十年的仕宦生涯，东坡先生“筋力疲于往来，日月逝于道路”（《定州谢到任表》），一直曲折波澜，潦倒奔走，“身行万里半天下”（《龟山》），行迹遍布北宋江山的大江南北。

“语此长太息，我生如飞蓬。”（《颍州初别子由二首》其二）从四川眉州到京都开封，三出两进。

眉州—成都—开封—凤翔—杭州—密州—徐州—湖州—黄州—登州—颍州—扬州—定州—惠州—儋州—常州等，足迹从北宋王朝西边的眉山，到东边的登州，从北边的定州，到南边的儋州。

八次在汴京的时间，加起来仅有六年。其中最长的一段时间是在贬居黄州期间，也只有不到五年的时间。在登州仅仅五天，就又奉诏还朝，甚至有时还在上任或贬谪的路上，就已经五易诏书，重新改道。

有人测算，苏东坡一生所行走的路程，三万余公里。他奔波在路上的时间接近八年，占他有生之年的八分之一。

“人生如逆旅，我亦是行人。”(《临江仙·送钱穆父》)就是在这大起大落、几起几落、起起落落的“飞蓬”命运中，东坡先生“生、死、穷、达不易其志”，无论走到哪里，或以儒家的态度，积极入世，建功立业；或以道家的思想，养生避世，磨炼自己；或以佛家禅意，出世养心，丰满自我。

“问汝平生功业，黄州、惠州、儋州。”(《自题金山画像》)在东坡先生颠沛流离的苦乐年华里，他给我们留下了两千七百多首诗、三百多首词、四千八百多篇散文和一大批的书画作品，数量为北宋名家之首。许多诗词家喻户晓，妇孺童叟、贩夫走卒也能信口吟诵。

他浩然正气，勤政廉政；他菩萨心肠，爱民如子。留下了一些著名的水利工程、一些治病的药方、一些养生方法、一些价廉又可口的美食和一些人们津津乐道的传奇故事。

“秀语出寒饿，身穷诗乃亨”(《次韵仲殊雪中游西湖二首》其一)，“诗人例穷苦，天意遣奔逃”(《次韵张安道读杜诗》)。

在贬居黄州之后，苏东坡的作品达到了一个新的高度。“嬉笑怒骂无不鼓舞于笔端，而适如其意之欲出。”(叶燮《原诗》)诗词文赋，出口成章；书法绘画，信手拈来。无论清风明月，还是鸡猪鱼蒜，皆可以入诗入画，且立意高远，参透人生。

苏东坡的作品“禁愈严而其传愈多……士大夫不能诵坡诗者，便自觉气索”(朱弁《风月堂诗话》)。他超越了陶潜的消极避世，洗却了李白的天马行空，回避了杜甫的悲苦愤懑，一反程颢兄弟的一本正经，亦庄亦谐，天真淳朴，精深华妙，放逸洒脱，清风飒然，自然流露，“大略如行云流水”(《答谢民师书》)。他开创了一代清新文风，塑造了中国特有的文人性格。

人生到处知何似，应似飞鸿踏雪泥。泥上偶然留指爪，鸿飞那复计东西。(《和子由渑池怀旧》)

这是东坡先生赴陕西凤翔任凤翔府签判，路过渑池的时候，写下的脍炙人口的诗句。其中以“飞鸿”自比，感叹人生像飞鸿一样，随季节四处漂泊，虽然暂时在雪泥上留下一些指爪痕迹，但最终都会在时间的流逝中渐渐消失。

“九死南荒吾不悔，兹游奇绝冠平生。”(《六月二十日夜渡海》) 是的，东坡先生的确漂泊一生，但其足迹并没有像“雪泥鸿爪”一样，飘忽不定。

东坡先生以伟大的作品、非凡的业绩和超凡的人格魅力，在他走过的每一个地方，都留下了深深的印记。

许多地方，会因为他工作过、生活过、途经过、吟诵过或题写过，将“雪泥鸿爪”定格成文化地理标记，成为人们爱慕和敬仰之地，成为美和艺术的栖息之地，从而被引为名胜古迹，名扬四海。

“人间胜绝略已遍，匡庐南岭并西湖。”(《赠昙秀》) 让我们走遍大半个中国，踏着东坡先生的足迹，接近他、寻访他、聆听他、吟诵他、感悟他！

目录

葬我于嵩山下

——长眠于郏县

“青山有幸埋忠骨”。郏县有幸葬“三苏”。

郏县，因为三苏坟而增添了人文的气息，增加了历史的厚重。

河南省郏县，现隶属于平顶山市。春秋时期名郏邑，秦朝置县，隶属颍川郡，后名字和隶属几经易改。北宋改属汝州，宋徽宗崇宁四年（1105）改属颍川郡。

郏县位于伏牛山北部余脉与豫东平原过渡地带，县域地势呈马鞍形，东南、西北部高，中部低。西北部为萁山山地，峰峦起伏；东南部为嵩山余脉莲花山，绵亘低回；中部为北汝河冲积平原，沃野平旷，人杰地灵。黄帝问道的“钧天台”就在莲花山下。秦末汉初的杰出谋臣张良也出生在这里。

莲花山三苏坟

莲花山在郏县西北部，距离郏县城十七公里。放眼望去，一簇连绵起伏的小山峰簇拥在一起，郁郁葱葱，在蓝天白云的映衬下，青翠明丽，好像一朵盛开的莲花。东、西两条余脉迎面而下，逶迤而来，像一双粗壮的臂膀揽人入怀，中间形成了一个座椅般的小山坳。三苏坟背靠嵩山，脚踏汝河，安静地坐卧其中。

宋哲宗绍圣元年（1094），随着太皇太后高氏的去世，宋哲宗亲政，起用新党，大规模贬谪元祐党人（旧党）。

是年农历四月，苏东坡在定州知州任上不足半年，就直落两职（剥夺端明殿学士、翰林侍读学士称号）追一官（官品降低一级），以左朝奉郎调任岭南英州。

“百年不易满，寸寸弯强弓。”(《次前韵寄子由》）接到诏令，五十九岁的苏东坡，虽然有些身心疲惫，但依然携家带口踏上征途。尽管他不知道前面的路途到底是吉是凶，但至少可以路过汝州，看望一下刚刚被贬谪到此任知州的弟弟苏辙。

“嗟予寡兄弟，四海一子由。”（《送李公择》）是年闰四月底，在中原大地即将收获的季节，兄弟手足相见，泪水涟涟，欷歔不已！朝堂国事，自身前途，灰飞烟灭，皆荡然无存。兄弟丽日畅游，饮酒品茗；夜雨对床，谈诗论文。好像又回到了四川眉山的少年时光。

兄弟二人站在秀丽的莲花山顶，北望绵延嵩岳，浩荡悠远；南瞰曲折汝水，宛若飘带；脚下两道徐徐而下的山梁，峰峦绵亘，状如列眉，青山绿水，春风沉醉，酷似家乡的峨眉山。

他们相约，这里可作为第二故乡，致仕之后，当归隐于此，相扶终老。一方面，了却父亲生前遗愿。父亲苏洵生前早有遗愿，要迁居中原一带，在嵩岳山下置地安家。有诗为证：

岷山之阳土如腴，江水清滑多鲤鱼。
古人居之富者众，我独厌倦思移居。
平川如手山水蹙，恐我后世鄙且愚。
经行天下爱嵩岳，遂欲买地居妻孥。[1]

另一方面，这里“土厚水深”，也可为归天后安葬之地，可免后世子孙出入蜀道来往祭祀之苦。

宋徽宗建中靖国元年（1101）六月，在真州身染重病的苏东坡，自知日子不多，写信给弟弟苏辙：“即死，葬我嵩山下，子为我铭。”（苏辙《东坡先生墓志铭》）

---

[1] ［宋］苏洵《丙申岁，余在京师乡人陈景回自南来，弃其官，得太子中允。景回旧有地在蔡，今将治园囿于其间，以自老。余尝有意于嵩山之下、洛水之上，买地筑室，以为休息之馆，而未果。今景回欲诗，遂道此意。景回志余言，异日可以知余之非戏云尔》。

是年七月二十八日，一代风流人物苏东坡病逝于常州，终年六十六岁。遵照其遗嘱，宋徽宗崇宁元年（1102）六月二十日，弟弟苏辙将从常州和开封辗转运回的苏东坡和嫂子王闰之的灵柩合葬于此。

“与君世世为兄弟，更结来生未了因。”（《狱中寄子由二首》其一）宋徽宗政和二年（1112）十月，苏辙去世，葬于哥哥身旁，实现了“老兄弟相守”的夙愿。人称二苏坟，莲花山亦被称为“小峨眉山”。

北宋灭亡之后，赵构王朝南迁临安，苏氏子孙四散各地，坟茔无人管理，荒芜一片。直到元朝元成宗元贞初年，元好问之子元叔仪知汝州，才为苏坟植树筑垣。

元朝至正十年（1350），刚刚走马上任的郏县县尹杨允，按照文人来此为官的惯例，先去祭祀了“二苏”。

这位名不见经传的县官，在“二苏”的墓前徘徊良久。他想，文坛“三苏”举世公认，“二苏”取得的成就，老父亲苏洵，功不可没。如今眉山、汝州，天各一方，相望千里，不能团聚，情何以堪。于是，杨允决定做一件足以让他名传后世的大事：安置苏洵衣冠冢，建设三苏祠，雕塑三苏像，成全“三苏”父子团圆之情，方便后世文人祭拜。

三苏坟从此得名，三苏祠香火不断。

三苏园景区

经过历朝历代的接续建设，特别是改革开放以后的旅游开发，这里已经建设成为占地六百八十亩的三苏园景区。景区由三苏坟院、祠寺合一的广庆寺和三苏祠、东坡碑林、东坡湖、三苏纪念馆等六大板块组成，是国家AAAA级景区，多次承办全国苏轼学术研讨会。

三苏园景区大门是一座高大的重檐牌坊。榜书“千古风流”四个大字，左柱联：一门三学士如天如月如日，右柱联：四海五大家无左无右无前。字体恢弘遒劲，给予苏氏父子以至高无上的评价。

跨入景区大门，一片碧波荡漾的湖面映入眼帘，这是专门挖掘的人工湖，名曰东坡湖，面积六十六亩，据说是为了契合苏东坡享年岁数。东坡先生一生治理湖泊很多，“我性喜临水，得颍意甚奇。到官十日来，九日河之湄”(《泛颍·我性喜临水》)，杭州、颍州、惠州均有他治理过的西湖。若他泉下有知，也一定很满意这样的安排。

东坡湖对面是一片小树林，名曰东坡林。林中矗立着一座东坡雕像，先生一身布衣，巍然屹立，手握书卷，凝视远方，思绪飘然。

绕过树林，来到久违的三苏坟院门口。院外几株苍翠的古柏，华冠如盖。门口两尊石狮，恬静而威严。门楣“三苏坟”三个大字，清秀流畅。一看就是启功老先生的手笔。门口楹联：一代文章三父子，千秋俎豆两峨眉。

院内青砖铺地，翠柏林立。甬道两侧依次相对排列有石柱、石马、石羊、石虎、石人，状如仪仗，威严肃穆。走过仪仗，迎面一座红石牌坊，高约三米，宽约四米，上书“青山玉瘗”四个大字，其中的“瘗”字，是取苏东坡因病而死被葬于郏县之土之意。这是明代学者、右布政使，当地人王尚絅捐建并题写的，牌坊后面还有他撰写的《祭三苏先生文》。

牌坊的左右石柱上，隶书刻着东坡先生诗句：是处青山可埋骨，他年夜雨独伤神(《狱中寄子由二首》)。

这是东坡先生乌台狱中与子由的诀别之作，镌刻在这里，让人想起先生劫后余生的经历，不禁悲从中来。

旁边还有几块碑刻，其中一块最引人注目，是当代诗人臧克家题写的“仰望东坡”。

走过石坊，是三苏祭殿。门口楹联：大川名山存千古英灵之气，皇天后土知一生忠义之心。横批：千秋景仰。

祭殿内陈列了历代文人墨客、达官显贵对“三苏”的纪念碑刻，其中“苏门六君子”之一李廌所作的《祭东坡文》，总结先生一生坎坷，给予先生中肯评价，词语奇壮，悚然而伤。祭殿门口的楹联，便选摘于其中。全文抄录如下：

德尊一代，名满五朝。道大莫能容，才高为累。惟才能之盖世，致忌嫉之深仇。

久蹲蹬于禁林，不遇故去，遂飘零于瘴海，卒老于行。方幸赐还，勿闻亡鉴。识与不识，罔不尽伤，闻所未闻，吾将安仿！

皇天后土，知一生忠义之心；名山大川，还千古英灵之气。系斯文之兴废，与吾道之盛衰。兹乃公议之共忧，非独门人之私议。

祭殿的后面就是三苏墓园。庭院深深，柏木森森，葱茏苍翠，遮天蔽日。三座朴素的黄土坟茔，掩映在树荫之下，一字排开。坟前墓碑分别刻：“宋老泉苏先生墓”“宋东坡子瞻苏先生墓”“宋颍滨子由苏先生墓”。墓碑前摆放一石案，案上摆放有石瓶、香炉等，供人祭拜。

三苏坟的旁边，还有许多较小的坟茔。据考证，苏东坡有十三个孙子，其中有六个孙子被埋葬在这里，他们是苏簟、苏符、苏箕、苏筌、苏籥、苏筹。另外，还有苏辙的长媳梁氏墓，次子苏适夫妇合葬墓。其他坟茔由于年代久远，多被夷为平地。

“六子晨耕箪瓢出，众妇夜绩灯火共。”(《过于海舶，得迈寄书、酒。作诗，远和之，皆粲然可观。子由有书相庆也，因用其韵赋一篇，并寄诸子侄》)先生生前四处漂泊，流离失所，死后能够居家团聚，儿孙绕膝，也算是一件幸事。

“三苏”生于西南，葬于中原。与故乡眉山远隔万水千山，思乡之情在所难免。泉下有知，地上有灵。园中近千棵挺拔的柏树，都集体向西南方向生长，叹为奇观，堪称奇迹，被人们称为“思乡柏”。

东坡先生的诗文，最爱用“清风明月”显为人节操，又爱用“夜雨对床”表兄弟思念。据说，清代郏县县令张笃行曾拜谒“三苏”，夜宿坟院。半夜忽听雨声大作，开门视之，好像重现东坡先生《记承天寺夜游》中的景象，“积水空明，水中藻荇交横，盖竹柏影也”(《记承天寺夜游》)，唯树叶沙沙，月白风清。遂记录如下：“风声瑟瑟，雨声哗哗，风大不鼓衣，雨大而不湿襟。”后人疑惑，却又屡试不爽，故称其为“苏坟夜雨”。

三苏坟的西南面，是广庆寺和三苏祠，前寺后祠，是全国唯一的祠寺合一的古代建筑。门口楹联：大江东去思居士，花雨西来念法师。

东坡先生为官为文，出入禅佛，性情空明，超然物外，祠寺合一是对先生最好的纪念。据说他生前就曾与广庆寺的僧人谈空说无，晚年曾给自己起了“行脚僧”“苦行僧”的佛号。东坡先生去世后，宋高宗赵构曾亲为广庆寺赐名，要求僧人守护坟院，每逢忌日都要超度亡灵，自此广庆寺因苏坟而愈加香火旺盛。

三苏祠雕梁画栋，庄严古朴。门口楹联：在天为星辰朗照千秋万代，在地为河岳滋润万树千花。

殿内的元代彩色泥塑三苏画像，苏洵居中，苏轼、苏辙分列左右，虽年代久远，但依然活灵活现，栩栩如生。据说是国宝级的文物。

最后，一定要参观一下东坡碑林，这可是书法艺术的宝地。门头榜书“东坡碑林”，由启功先生书写。门口楹联：文悬日月八万里忠魂犹在，公归净土九百年神韵犹存。

为纪念东坡先生仙逝九百周年，从1997年到2000年，郏县政府经约稿、雕刻、建廊、镶嵌等过程，历时三年，东坡碑林竣工。碑林规模宏大，由东坡大江东去碑园、东坡诗文碑园、东坡手迹碑园和东坡礼赞碑园四部分组成。当年，还举办了全国百名著名书法家书写《念奴娇·赤壁怀古》活动，文人骚客们借先生之灵气，抒心中之豪迈，挥毫泼墨，各显神通，篆隶真草，异彩纷呈，洋洋洒洒，蔚为壮观！

若东坡先生泉下有知，也许会吟“兴来一挥百纸尽，骏马倏忽踏九州。我书意造本无法，点画信手烦推求”(《石苍舒醉墨堂》)。

万里家在岷峨

——眉山生“三苏”

“归去来兮，吾归何处，万里家在岷峨。”（《满庭芳·归去来兮》）在北宋江山的西南边陲、成都平原的西南角、邛崃山余脉的峨眉山下，有一座县城，因峨眉山而得名，名曰眉山。这里“山川灵秀，物产丰富，甲于西蜀”。长江的支流岷江穿眉山县城而过，使这座小县城依山傍水，灵气十足。

纱縠行的家

“吾家蜀江上，江水清如蓝。”（《凤翔八观·东湖》）从江边弃船登岸，走进一条名叫纱线街的老街，街道两边，“夹以槐柳，绿荫蓊然”（《通义志》）。这里很多人家“以诗书为业，以故家文献为重，夜燃灯，诵声琅琅相闻”。街上有一个经营棉绢的纱縠行，主人家是一个从乡下搬到城里的家庭。经过多年的努力，不仅在街上购置了宅院，还在宅院旁边买得五亩田园，成为一个殷实的小康之家。

宋仁宗景祐三年，农历丙子鼠年腊月十九（1037年1月8日），一个小生命诞生在这个家庭，他就是苏东坡。两年后，又一个小生命诞生，他就是苏辙。

他们的父亲就是《三字经》中的“苏老泉，二十七，始发愤，读书籍”的主人公——苏洵。苏洵出生于宋真宗大中祥符二年（1009），由于父亲健在，没有养家之累，少时不好读书，却热衷像李白和杜甫的任侠与壮游。

在苏东坡之前，苏洵还生过一个儿子和三个女儿，其中儿子和两个女儿夭折，三姑娘八娘自幼聪慧，能诗善文，却因嫁给表哥程子才后感情不和而备受虐待，过门不到两年就郁郁而终。

苏洵求子心切，从道观里请来送子之神张仙画像，每日烧香祷告，祈求子嗣。

两个孩子诞生后，苏洵倍加呵护，分别取名轼和辙。“轼”原意为车前的扶手，取其默默无闻却扶危救困，不可或缺之意。“辙”是车轮印，车翻车覆，印痕都在，寓意有存在感，但又处于福祸之外。

苏家的家世，最早追溯到汉代苏章。苏章年少博学，汉安帝时，举贤良方正，为议郎，年老安家赵郡栾城。栾城的苏家在唐朝武则天时期，出了个宰相苏味道，后被贬谪到眉州当刺史，老死眉山。苏味道的一个儿子定居眉山，从此苏姓在此繁衍生息。

苏东坡的祖父苏序，性情开朗，颇能诗文，心地善良，爱护乡里。据说，每到饥馑之年，他都会打开自家粮仓周济乡邻，深受爱戴。他有三个儿子，长子苏澹，次子苏涣，苏洵是老三。

次子苏涣于1024年考中进士，轰动乡里。苏东坡、苏辙年幼时，记得一次伯父回乡，“乡人叹嗟，观者塞途”(《谢范舍人书》)，“乡人皆喜之，迓者百里不绝”(苏辙《伯父墓表》)。可见，这个进士伯父，给两个侄子留下了多么深刻的印象。

当然，受刺激的还有他们的父亲苏洵，他虽才智奇绝，但不谙章句声律之学，屡试不第，心灰意冷，经常弃学游荡于四方，直到父亲苏序去世，才匆匆回家服丧。

苏洵在外游荡期间，苏东坡慢慢长大，六岁开始跟随天庆观道士张易简学习。

“旧书不厌百回读，熟读深思子自知。”(《送安惇秀才失解西归》)在近百个孩子当中，苏东坡聪明灵动，博闻强记，深得张道士的喜爱。

一次，张道士给出一个上联：“无山得似巫山好”，要求学生对出下联。苏东坡毫不犹豫站起来回答：“何叶能如荷叶圆”。这时候，弟弟苏辙也不甘落后，答道“何水能如河水清”，引得满堂喝彩。

在张道士那里，苏东坡知道了天下之大，知道了还有韩琦、范仲淹、欧阳修、富弼等名宿大儒，高居庙堂之上，闯荡江湖之间。于是，他心中暗暗埋下一颗追随人杰、致君尧舜、施展抱负的勃勃雄心。

可以说，在宋神宗之前，北宋王朝是中国文人最幸福的朝代，他们“以通经学古为高、以救时行道为贤、以犯颜纳说为忠”(《〈六一居士集〉叙》)，使得朝廷上下、君臣之间，和而不同，争而不仇。这主要是因为北宋崇文抑武的治国方略和“不杀文人士大夫”的祖训。

苏东坡的母亲程氏，是眉州青神县人，大理寺丞程文应之女，出身名门，大家闺秀，自幼熟读诗书，深明大义，“闻古今成败，辄能语其要”(苏辙《亡兄子瞻端明墓志铭》)。她自觉承担家庭重担，不断勉励夫君和两个儿子一起读书，“教以学问，畏其无闻”(苏洵《祭亡妻文》)。

苏洵在外游学期间，程氏亲自教授苏东坡读史书。苏辙曾记录下了母亲与兄长的一段对话：

> 太夫人尝读《东汉史》，至《范滂传》，慨然太息。公侍侧曰：轼若为滂，夫人亦许之否乎？太夫人曰：汝能为滂，吾顾不能为滂母耶？公亦奋厉，有当世志。太夫人喜曰：吾有子矣！(苏辙《亡兄子瞻端明墓志铭》)

范滂，东汉人，官居光禄主事。为人清廉正直，气节高尚，不畏权贵，最后舍生取义，为后世称颂。程夫人读《范滂传》后，十分感动，深为叹息。在旁边的苏东坡说：“我将来做范滂这样的人好吗？”程夫人说：“你若是范滂，我不就是范滂深明大义的母亲吗？”苏东坡从此愈加刻苦读书，暗暗立下了建功立业的壮志。

苏东坡十一岁时，到眉山城西寿昌院跟随刘巨学习。曾有这样一个传说：某日，刘巨吟一首诗，自觉不凡，便在学生面前展示“鹭鸟窥遥浪，寒风掠岸沙；渔人忽惊起，雪片逐风斜”。这时，苏东坡大大方方地站起来说，老师，把“雪片逐风斜”改为“雪片落蒹葭”如何？刘巨沉吟片刻，感觉平仄工整，立意新颖，不禁对苏东坡赞赏有加，预见此人必有一番事业。

苏洵服完父丧，已近四十岁，决定“绝意于功名，而自托于学术”（欧阳修《故霸州文安县主簿苏君墓志铭》），并教养两个孩子。他“大究六经百家之说，以考质古今治乱成败、圣贤穷达出处之际，得其精粹，涵蓄充溢，抑而不发”（欧阳修《故霸州文安县主簿苏君墓志铭》），陆续撰写了《几策》《权书》《衡论》《六经论》《史论》等传世名作，同时高起点地启发教育孩子。

毕竟是孩子，贪玩调皮是其本性，但苏洵对他们的管束从不心软。直至晚年，苏东坡还能在梦中被父亲的苛刻管教吓醒：

> 夜梦嬉游童子如，父师检责惊走书。
>
> 计功当毕春秋余，今乃始及桓庄初。
>
> 怛然悸寤心不舒，起坐有如挂钩鱼。（《夜梦》）

在父亲的严格教育下，悟性过人的兄弟两个熟读史书，知识渊博，文采斐然，“闭门书史丛，开口治乱根”（苏辙《初发彭城有感寄子瞻》），为后来的科举考试、从政治学打下了坚实基础。

据说，苏东坡还被父亲送到青神县的中岩寺书院学习过一段时间，并在那里结识了他后来的妻子。

宋仁宗至和元年（1054），十九岁的苏东坡结婚了，娶眉州青神乡贡进士王方之女王弗为妻。王弗比他小，容貌娇美，知书达理，聪慧谦谨，善解人意。两人郎才女貌，一见钟情。

雅安成都之行

同一年，张方平来益州做太守。张方平，字安道，号乐全居士。诗学杜甫，又法佛老，风格清新淡远，慷慨有气节，为朝廷重臣，知守成都就是为了稳定西部边境、改善西部民生。来到成都的第二年，他开始在成都寻访乡贤、发现人才，为社稷选材，振民间学风。在雅安太守雷简夫的推荐下，他读到了苏洵的文章，听说了苏氏父子三人的才学，并邀请他们于成都一会。

宋仁宗嘉祐元年（1056）初，苏洵带着苏轼、苏辙前往雅安，拜见自己的老朋友雷简夫。雷简夫字太简，同州郃阳人。曾因读苏洵《洪范论》《史论》，识眉山苏洵，二人相见恨晚，遂成为朋友。这次相见，四人纵论时事，文韬武略；谈古论今，引经据典。雷简夫为苏洵两个儿子的才华所倾倒，遂以书信投老友益州太守张方平、欧阳修等人。

接着，他们又来到成都，拜谒了一代文臣名儒张方平。张方平敬重苏洵的学问，更爱惜苏轼、苏辙的才华，当即修书，举荐父子三人给朝廷重臣韩琦和欧阳修。

宋仁宗嘉祐元年（1056）四月，苏洵带着二十一岁的苏轼和十八岁的苏辙，怀揣着张方平的推荐信，发成都，越剑门，北出秦岭，过眉县，东出长安，直奔汴京，应试赶考去了！

这一去，“三苏”父子将名震朝野，惊艳天下。

三苏祠景区

如今，眉山县已经改名为东坡区，以文化名人命名县区，并不多见。由此，东坡先生在人们心中的地位可见一斑。东坡区也自称为千载诗书之城。

过去苏东坡学习的天庆观乡校、寿昌院已无遗迹可考，只有那条老街和他生活过的宅院依然完好。老街改名为纱縠行老街。老宅就在纱縠行南街，是一座富有四川特色的古典式园林建筑，元代延祐三年（1316）改建为祠堂。

三苏祠历经战火，又历经重建。明朝洪武年间，祠堂设置了启贤堂、木假山堂和大殿。

清朝康熙至光绪年间，相继修建了瑞莲亭、碑亭和东西开轩，修筑了云屿楼、抱月亭、披风榭、百坡亭、洗砚池等。

新中国成立后，三苏祠焕然兴举，2009年被国家文物局评定为国家二级博物馆，2010年被国家旅游局评定为国家AAAA级旅游景区。

游览眉山三苏祠，要比游览河南省郏县的三苏祠多了一份轻松。郏县更多的是缅怀，而眉山更多的是景仰。

门前万竿竹，堂上四库书。高树红消梨，小池白芙蕖。常呼赤脚婢，雨中撷园蔬。(《答任师中家汉公》)

我们好像穿越时空，来到苏东坡的青少年时期，与他一起经历这浸润书香的美妙青春。

三苏祠外，红墙环抱，绿荫出墙。大门檐牙高啄，古色古香。正门之上，“三苏祠”三个字，黑底金字，苍劲有力，为清代大书法家何绍基所书。门柱对联：北宋高文名父子，南州胜迹古祠堂。

祠内绿水萦绕，“竹柏杂花，丛生满庭”(《记先夫人不残鸟雀》)，亭台楼榭掩映其中，“三分水，二分竹”，错落有致，形同岛居。

两棵参天古柏，森然矗立，据说是苏轼、苏辙兄弟的化身。后面还有一株古老的黄荆树，盘根错节，枯木逢春，据说是苏洵的化身。苏宅古井，绿苔印履，据说井水甘洌，远接清泉。

明清时期的中式庭院，前厅三楹四柱二室，后为四合小院，穿庭而过，进入正殿。殿内供奉着“三苏”父子的雕像，正中悬挂一匾：“养气”。前廊两侧，一边置铁铸钟一口，另一边置大鼓一架；殿两侧各一门廊，西书“文渊”，东写“学薮”。

正殿后面是启贤堂，是供奉苏家祖先神位的祭堂。堂前有正殿、东厢房和快雨亭三间，构成不规则的四合庭院。这里曾经是苏洵夫妇居住待客的地方。

启贤堂的后面，为木假山堂。苏洵偶得一座木假山，山有三峰，甚为奇特，于是购置家中，并撰写《木假山记》。

文中感叹其不幸而为风之所拔，漂沉汩没于湍沙之间，脱泥沙而远斧斤之幸者；赞叹其“中峰魁岸踞肆，意气端重，若有以服其旁之二峰。二峰庄栗刻削，凛乎不可犯，虽其势服于中峰，而岌然决无阿附意”。他以木假山峰所昭示的不朽精神和高风亮节，隐喻自己父子三人。

参观过木假山堂，穿过廊桥，来到来凤轩。这里曾经是苏轼兄弟的卧室兼“书堂”。之所以取名来凤轩，一说是源于梅尧臣送给苏洵的诗句“日月不知老，家有雏凤凰”（梅尧臣《题老人泉寄苏明允》）；另一说是源于眉山的桐花凤。

苏东坡《记先夫人不残鸟雀》云：“少时所居书堂前，有竹柏杂花，丛生满庭，众鸟巢其上。武阳君恶杀生，儿童婢仆，皆不得捕取鸟雀。数年间，皆巢于低枝，其鷇可俯而窥。又有桐花凤，四五日翔集其间。此鸟羽毛至为珍异难见，而能驯扰，殊不畏人。闾里间见之，以为异事。”

据说苏东坡小时候所住书堂前，满院竹柏，杂花丛生，群鸟在花树上筑窝。母亲讨厌杀生，小孩儿、婢仆都不得捕捉鸟雀。数年间，鸟窝都筑在低枝上，能低头看到窝里的雏鸟。还有桐花凤，四五天都飞集到这里。这种鸟的羽毛特别珍贵罕见，能驯化，不怕人。邻里的人偶尔看到了，以为是怪事。

可见，苏东坡宽厚仁慈的心肠也离不开母亲的言传身教。

“念昔各年少，松筠闷南轩。”（苏辙《初发彭城有感寄子瞻》）“忆我故居室，浮光动南轩。”（《正月十八日蔡州道上遇雪次子由韵二首》其一）不知此处的“南轩”与“来凤轩”“书堂”，是否为同一建筑。

“昔我先君子，仁孝行于家。家有五亩园，幺凤集桐花。”（《异鹊》）“家有粗险石，植之疏竹轩。”（《咏怪石》）园内的景点很多都是后来新建的，集中在正殿、启贤堂的西部，我想那里应该是当年苏家的“五亩园”和“疏竹轩”。

苏东坡年少与人玩耍时，无意在五亩园里挖到一块奇石。“轼年十二时，于所居纱縠行宅隙地中，与群儿凿地为戏，得异石，如鱼，肤温莹，作浅碧色，表里皆细银星，扣之铿然。试以为砚，甚发墨，顾无贮水处”（《天石砚铭》），形状像鱼，外表温润晶莹，为浅绿色，外表和里层都点缀着细小的银星，击打它能发出铿锵的声音。拿它当砚台使，很能发墨，只是缺少贮水的地方。苏洵把它称为天石砚，赞叹曰：“是文字之祥也”（《天石砚铭》）。

这块砚台是上天赐给苏东坡的宝贝，就像贾宝玉的通灵宝玉一样伴随他的一生，使得苏东坡的诗词书画如文曲星高照，文采斐然，散发着仙风神韵。

少年盛壮日千里

——初到开封

“人生本无事，苦为世味诱。富贵耀吾前，贫贱独难守。”(《夜泊牛口》)宋仁宗嘉祐元年（1056）五月，苏氏父子三人经过近两个月艰难的长途跋涉，北出秦岭，东出函谷关，经渑池，过郑州，来到开封，住进了太平兴国寺浴室院。

开封，地处中原腹地、黄河之滨。夏朝开始筑城，名大丘。春秋时期因郑庄公“启拓封疆”改名启封；西汉因避汉景帝刘启之讳得名开封。夏朝，战国时期的魏国，五代时期的后梁、后晋、后汉、后周，北宋和金，相继在此定都，素有“八朝古都”之称。

开封在北宋时期最为鼎盛，是当时世界上规模最大、人口最多、经济最发达、商业最繁华、文化最繁荣的国际化大都会。

一到开封，兄弟俩就被眼前的一切所震撼：皇宫大殿，富丽堂皇；亭台园囿，鸟语花香；勾栏瓦舍，鳞次栉比；茶坊酒肆，彩旗飘荡；汴河码头，商船云集；高官过街，仪仗开道；仕子骑马，女眷坐轿；楼台歌女，歌舞曼妙；车水马龙，熙熙攘攘；商贩叫卖，嘈杂热闹。

“粗缯大布裹生涯，腹有诗书气自华。”(《和董传留别》)来自边陲乡野的苏轼，既有些自惭形秽，又心潮澎湃。感叹如此盛世，定要一展抱负，不负韶华。

当时任翰林学士的欧阳修，读到苏洵的文章时，不禁大为赞叹：“予阅文士多矣，独喜尹师鲁、石守道，然意常有所未足。今见君之文，予意足矣！”(苏辙《颍滨遗老传上》)

这是何等高的评价！尹师鲁、石守道乃是古文运动的先锋，是当时有名的古文大家。苏洵的文章能超过他们，就意味着他的文章天下第一。当时的枢密使韩琦、宰相富弼也给予苏洵很高的赞誉。从此，天下文人纷纷读苏洵、学苏洵。屡试不中的苏洵，由此声名鹊起，名闻天下。

而苏轼兄弟和大多数生员一样，要通过科举考试来显露才华，谋取前程。

北宋的科举考试分为三个阶段，即解试、省试、殿试。解试，又称州试（乡试），一般在秋季举行，故称“秋闱”。每逢科考之年，在八月十五日开考，连试三天，逐场淘汰。只有通过考试的举子，才有资格参加第二年春天的省试。省试由礼部主持，在礼部贡院举行，称为“春闱”。省试是士人能否及第的关键考试，及第率一般在百分之十以下。省试合格方能参加殿试。殿试又称御试，由皇帝亲自主持。殿试合格者才算正式登科，进士及第。录取分为三甲，一甲三名，为状元、榜眼、探花；二甲若干名，赐“进士出身”的称号；三甲若干名，赐“同进士出身”的称号。

> 当时共客长安，似二陆初来俱少年。有笔头千字，胸中万卷，致君尧舜，此事何难？（《沁园春·赴密州早行马上寄子由》）

由于没有参加过眉州的解试，苏轼兄弟必须在开封府参加考试。当年的八月，在开封府举办的解试中，兄弟俩旗开得胜，双双中举。

就在这个时候，益州太守张方平奉诏入朝，担任三司使。苏洵立刻带着苏轼兄弟前去拜访。为了检验兄弟俩的才华，张方平将他们留在家里，出了六道题测试他们。第一道题较为生僻，语出《管子》；第二道题是张方平自己杜撰的题目，没有出处。两人拿到题目后，各自静坐思考。张方平和苏洵则在隔壁静静地观察着兄弟俩的举动。

谁知第一道题就把苏辙难住了，但他知道外边有人盯着，于是指着题目示意哥哥。苏东坡不敢直接告诉弟弟答案，轻敲自己的笔管，提示弟弟。聪明的苏辙一下子就知道了此题目出自《管子》。第二道题，苏辙依然不知出处，苏东坡却意识到这是个“陷阱”，于是举笔勾掉，苏辙立刻会意。

考试完毕，张方平仔细阅卷，赞叹不已，对苏洵说：“二子皆天才，长者明

敏尤可爱，然少者谨重，成就或过之。”（涵芬楼《瑞桂堂暇录》）

“长者明敏尤可爱”是说苏东坡不动声色帮助弟弟；“少者谨重”则是说苏辙做事谨慎。这一评价不正暗合了苏洵给苏轼、苏辙兄弟所起名字的含义吗？

“当年踏月走东风，坐看春闱锁醉翁。”（《和子由除夜元日省宿致斋三首》其一）第二年的春天，礼部主持的省试开考了。主考官是欧阳修，宋诗开山鼻祖、国子监直讲梅尧臣参与阅卷。

苏东坡以“刑赏忠厚之至论”为题，以忠厚立论，援引古仁者施行刑赏以忠厚为本的范例，阐发了儒家的仁政思想，洋洋洒洒，一气呵成。文章通篇六百余字，结构严谨，说理透彻，轻快明丽，通晓畅达，既没有骈体文的繁文缛节，也没有太学体的生涩偏僻，更没有西昆体的贫乏空虚。

和苏洵一样，梅尧臣也因不善做科举文章而屡试不中，打心眼儿里厌恶八股流俗。因此对苏东坡如此清秀的文章，连声赞叹，大加推许，请求欧阳修将其录为第一。这篇文章也令欧阳修青眼有加，暗暗揣度：如此文采出自谁手呢？莫非是自己的门生曾巩？也只有他有如此才华。我若将其录为第一，不免招来不必要的闲话。于是，欧阳修为了避嫌，只得忍痛割爱，将苏东坡文章判为第二名。

试卷一拆封，欧公哑然，追悔莫及。他对梅尧臣说道：“读轼书，不觉汗出，快哉快哉！老夫当避路，放他出一头地也，可喜可喜！”（欧阳修《与梅圣俞》）

在苏东坡的文章中，引用这样一个典故：“当尧之时，皋陶为士，将杀人。皋陶曰杀之三，尧曰宥之三。故天下畏皋陶执法之坚，而乐尧用刑之宽。”意思是，尧帝时候，司法官皋陶三次要杀死一个犯人，尧帝三次给予赦免。因此天下人惧怕皋陶执法严厉，而乐见尧帝用刑宽仁。

欧阳修和梅尧臣虽博览群书，却不知出自何处，后来专门询问苏东坡。后者坦白地说，这是他根据《后汉书》孔融传想当然编造出来的：当年，曹操消灭袁绍，将袁绍漂亮的儿媳妇赏赐给立功的儿子。孔融十分气愤，讽刺曹操说：当年周武王伐纣，就将纣王的宠妃妲己赏赐给了周公旦。曹操忙问，这出自何典。孔融说，今天能发生这样的事情，古人可能也在所难免。苏东坡自诩自己和孔融一样，也是这样“想当然”的。

听了他的解释，欧阳修十分赞赏，文章编造不可怕，最重要的是能自圆其说。后来，他多次对别人盛赞苏东坡：这后生善于读书，活学活用，举一反三，以后文章一定会独步天下。

嘉祐二年（1057），经过仁宋皇帝殿试，苏轼、苏辙两兄弟同科进士及第。这一年的科考，注定会被载入史册，欧阳修担任知贡举，各科录取八百余人。欧阳修和梅尧臣以其惊人的识人能力，将一批杰出的人才选拔出来。以文学著名的有苏轼兄弟、曾巩，以理学名世的有程颢、张载，以改革著称的有曾布、吕惠卿。另外，除苏轼兄弟外，太常博士曾易占一家有六个人，曾巩、曾牟、曾布、曾阜兄弟和妹夫王无咎、王彦深全部高中，十分轰动，传遍了京城的街头巷尾。

当时，仁宗皇帝在城西郑门外的琼林苑里，举办了盛大的琼林宴会。宴会上，君臣仕子欢聚一堂，欢宴的排场十分罕见。仕子们借着酒兴，畅想未来，踌躇满志。在这八百多人当中，有的后来成了苏东坡的政敌，譬如章惇、朱光庭、曾布等；有的成了苏东坡的好友，如蒋之奇、曾巩、晁端彦等。

“琼林花草闻前语，罨画溪山指后期。”（《次韵蒋颖叔》）常州阳羡人蒋之奇对自己家乡的精彩描述，令苏东坡与其订立了隐居常州的“鸡黍之约”，为他致仕以致后来病死于常州早早埋下伏笔。

一辈子屡试不中的苏洵，想想自己的屈辱经历，再看看两个孩子的出色表现，感慨万千：

> 莫道登科易，老夫如登天；莫道登科难，小儿如拾芥！（苏洵《感言》）

此时，好友雷简夫来信，举荐苏洵参加仁宗皇帝亲自在紫薇阁学士院的招考。苏洵思虑再三，考虑到两个孩子已经高中，自己的文章也已轰动了朝野，此时不退，更待何时，于是便称病辞考。

苏东坡进士及第后，曾拜见欧阳修、梅尧臣，答谢知遇之恩。在欧阳修的引荐下，又拜会了韩琦、富弼等。这些北宋政坛核心人物，对苏东坡的期许很深，“皆以国士待轼，曰：恨子不识范文正公”（《〈范文正公文集〉叙》）。希望他能成为像范仲淹一样“先天下之忧而忧、后天下之乐而乐”的政治文化新星。

欧阳修在给苏洵的“墓志铭”里，记录了“三苏”父子的这段经历：

> 当至和、嘉祐之间，与其二子轼、辙，偕至京师，翰林学士欧阳修得其所著书二十二篇献诸朝。书既出，而公卿士大夫争传之。其二子举进士，皆在高等，亦以文学称于世。眉山在西南数千里外，一日父子隐然名动京师，而苏氏文章遂擅天下。（欧阳修《故霸州文安县主簿苏君墓志铭》）

“三苏”父子可谓一飞冲天，光耀四方。此时，文坛领袖欧阳修已经发现苏东坡身上的潜力，把他看作下一代的文坛宗主。他预言：“三十年后，世上人更不道着我也！”（朱弁《风月堂诗话》）

从苏氏父子名动京师的过程中，我们可以看出，除与他们惊人的才华分不开外，也是与高人的推荐和帮助分不开的。雷简夫、张方平、欧阳修、梅尧臣、司马光等，这些高官大儒都成了他们生命中的贵人，成了他们生活中的良师益友，让他们以最短的时间声名远播，融入几乎高不可攀的士大夫阶层，受到了各方的呵护和追捧。

但过多的赞誉也为苏轼兄弟的前程埋下了隐忧。“人有悲欢离合，月有阴晴圆缺”(《水调歌头 · 明月几时有》)。就在“三苏”父子春风得意，享受着鲜花和掌声的时候，宋仁宗嘉祐二年（1057）五月，远在四川眉山的老家传来了程夫人因病去世的消息。这位贤惠淑德的妻子和慈祥大义的母亲，多么希望自己的夫君和儿子能出人头地啊，但她未等到喜讯，就离开了人世。

人生无常。苏轼兄弟第一次感受到人生大喜大悲的消长和生命本然的悲剧底蕴。于是，父子三人仓皇西顾，回乡奔丧丁忧。

西南归路远萧条

——一返眉山

“西南归路远萧条，倚槛魂飞不可招。”(《题宝鸡县斯飞阁》) 宋仁宗嘉祐二年（1057）六月，苏氏父子顺着出川的来路，风餐露宿，跋山涉水，日夜兼程，仅用一个多月的时间，匆匆忙忙回到眉山。离家不到一年的时间，纱縠行老宅因程夫人的去世，已经“一团纷乱，篱墙倾倒，屋顶穿漏，形如难民家园”(林语堂《苏东坡传》)，分外破落萧条。

老翁泉葬母

斯人已去犹忆影。归来空堂，哭不见人，年近半百的苏洵悲伤之至，挥笔写下了《祭亡妻文》:

> 呜呼!
>
> 与子相好，相期百年。不知中道，弃我而先。
>
> 我徂京师，不远当还。嗟子之去，曾不须臾。
>
> 子去不返，我怀永哀。反复求思，意子复回。
>
> 人亦有言，死生短长。苟皆不欲，尔避谁当?
>
> 我独悲子，生逢百殃。有子六人，今谁在堂?
>
> 唯轼与辙，仅存不亡。咻呴抚摩，既冠既昏。
>
> 教以学问，畏其无闻。昼夜孜孜，孰知子勤?
>
> 提携东去，出门迟迟。今往不捷，后何以归?
>
> 二子告我：母氏劳苦。今不汲汲，奈后将悔。

大寒酷热，崎岖在外。亦既荐名，试于南宫。
文字炜炜，叹惊群公。二子喜跃，我知母心。
非官实好，要以文称。我今西归，有以藉口。
故乡千里，期母寿耇。归来空堂，哭不见人。
伤心故物，感涕殷勤。嗟予老矣，四海一身。
自子之逝，内失良朋。孤居终日，有过谁箴？
昔予少年，游荡不学。子虽不言，耿耿不乐。
我知子心，忧我泯没。感叹折节，以至今日。
呜呼死矣，不可再得！安镇之乡，里名可龙。
隶武阳县，在州北东。有蟠其丘，惟子之坟。
凿为二室，期与子同。骨肉归土，魂无不之。
我归旧庐，无不改移。魂兮未泯，不日来归。

该文情真意切，字字如泪，句句当哭。程氏娘家是青神的大户人家，程氏自小受到过良好的教育。程氏知书达理，贤德淑慧。自从嫁到苏家，勤勤恳恳，吃苦耐劳。生有六个孩子，其中两女一男夭折。她一边侍奉老人孩子，一边经营纱縠行的业务，使苏家产业不断壮大，以至于苏洵可以常年在外游荡不学。程夫人虽不满丈夫的行为，但也隐忍在心，从无怨言。只是越发启蒙、管教苏轼、苏辙兄弟二人，期望他们能够读书成才。

几年前，程氏唯一的女儿八娘（在堂姐妹中排行第八）嫁给了程氏的亲侄子。然而，婚后不到两年，她因备受虐待，郁郁而终。（传说中的苏小妹，只是后世文人的美好附会而已。）苏洵气急败坏，断然宣布解除两家的亲戚关系，并修建“苏氏族谱亭”，撰写碑文大骂程氏一家人，以解心头之恨。

“乡中某人，恶行贯豪门，道德尽沦丧；逐幼侄独霸家产，宠侍妾欺压正妻。父子同饮纵情淫乐，家中女子丑名远播。全家势利小人欺下媚上，本人嫌贫爱富使人侧目……”谩骂可谓畅快淋漓。苏洵自己是痛快了，却忽略了程夫人的感受。一边是亲闺女，早早去世，伤心程度不比苏洵小；一边是娘家哥哥、自己的亲侄子，如此辱骂，自己又情何以堪。从此，程夫人落下一块心病。她伤心且又隐忍，只有用更加勤恳的劳动来掩盖自己的心情。父子三人进京赶考之后，家里空空荡荡。那边遥遥万里，杳无音讯，不知是吉是凶，从此愈加抑郁，忧思成疾，一病不起，直至撒手人寰。

为了安葬程夫人，也为了自己的身后之事，苏洵对坟地的选择可谓十分精心。在眉州的东北，武阳县境内的安镇山下有一老翁泉，山势如环，泉居其下。泉边地势平坦，非常适合墓葬。他的《老翁井铭》对墓地作了详细的介绍：

安镇之山，山之所从来，甚高大壮伟，其末分而为两股，回转环抱。有泉坌然，出于两山之间，而北附右股之下，蓄为大井，可以日饮百余家。……他日乃问旁之民，皆曰："是为老翁井。"问其所以为名之由，曰："往岁十年，山空月明，天地开霁，则常有老人，苍颜白发，偃息于泉上。就之，则隐而入于泉，莫可见。"盖其相传如此者，久矣。因而筑亭于其上，又甃石以御水潦潦之瀑。而往往优游其间，酌泉而饮之，以庶几得见所谓老翁者，以知其信否。

程氏被安葬在老翁泉旁之后，苏洵从此自号"老泉"。多年后，苏洵病亡，苏轼兄弟遵遗嘱也将父亲安葬于此，实现了他"凿为二室，期与子同""魂兮未泯，不日来归"的愿望。这是一位了不起的女性，可惜她并没有享受到"三苏"带来的名望和利益，只是在死后获得了朝廷的一个空泛的"武阳君"称号。

根据当时儒家传统规制，朝廷官员若父母去世，无论居何官职，都必须辞官回乡，为父母丁忧守制二十七个月。丁忧制度是从汉朝开始的，已经成为一种伦理文化，根深蒂固。官员如不为父母守制丁忧，不仅会受到严厉惩处，还会遭受世人唾弃。

苏轼兄弟也不能例外，居丧守礼，蛰居在家。然而，这也成了苏东坡与王弗小别后的新婚生活。他们回到了离眉山不远的青神县，那是他们结缘的地方，也是苏东坡曾经求学的地方。

青神县之缘

青神县，距离眉山三十多公里，是个山清水秀的好地方。青神县城南九里处得岷江东岸的中岩山，岩壑隽秀，青峰冥壑，流泉响石，风景不减峨眉山，号称“川南第一山”，也是著名佛教圣地。

山上有寺，名中岩寺，传说是十六罗汉之第五罗汉的道场，其佛法弘大，古与峨眉山齐名。内有千佛洞、罗汉岩、千佛长廊等数处景观。此地香火旺盛，游人如织。

寺内有著名的中岩寺书院，苏洵的同窗好友眉州青神乡贡进士王方，就在书院任教。王方是青神的乡绅名流，大户人家。苏东坡十四岁的时候，曾被父亲送到他这里求学。

中岩寺旁边，悬崖峭壁之下，花竹如绣，有一泓潭水，潭水深不可测，有鱼潜隐其间，游人一拍手，鱼儿便应声而出。苏东坡因恋此潭山光水色，也常流连于此，临潭观景，拍手唤鱼。

很多人提议给潭水命名。于是，老师王方邀请当地名流汇聚一堂，相约投笺荐名。王方的爱女王弗，也在其中。独有她和苏东坡心有灵犀，不谋而合，同书“唤鱼池”，风流文雅，深切情景。

王方大喜，即命苏东坡手书“唤鱼池”三个大字，刻于崖壁之上，并知会苏洵，将爱女王弗许配苏东坡为妻，佳偶天成。

重回青神中岩，苏轼夫妻可谓衣锦还乡，游山玩水，踏青访友，诗酒年华，真是一段幸福快乐的日子。

在这里，他遇见了“二十七娘”——王弗的堂妹，后来取名王闰之。这位聪明伶俐、性格温顺、知足惜福的妙龄女子，仰慕苏东坡的人品和才华，虽暗恋姐夫，却不能直接表达。在后来的日子里，她心甘情愿地默默相守在苏轼夫妇左右，不离不弃，无论繁华与坎坷。

与益州太守论治蜀之道

在苏东坡丁忧期间，宋真宗时期的名相王旦之子王素转任益州太守。王素为名门之后，以直言敢谏著称朝野。苏东坡仰慕其大名想去拜访，但有孝在身。于是，他热情地写了一封信，与其探讨治蜀之道。

> 国家蓄兵以卫民，而赋民以养兵，此二者不可以有所厚薄也。然而薄于养兵者，其患近而易除。厚于赋民者，其忧远而难救。(《上知府王龙图书》)

苏东坡认为，养兵和爱民是治理地方的两大关键，需要平衡好。养兵的费用不足，祸患马上就会出现，但容易解决；向百姓收取的赋税过重，一时不会发生祸乱，但隐患却很深远，且难以解决。一般的官员只知道安抚士兵，而不爱护百姓，这是为政短视的表现。

> 蜀人之为怯，自昔而然矣。民有抑郁，至此而不能以告者。且天下未尝无贪暴之吏，惟幸其上之明而可以诉，是以犹有所恃。(《上知府王龙图书》)

他说，四川人怕事，是很久以前就有的。人民心中有解不开的疙瘩，没有可以诉说的地方。天下不可能没有贪暴的官吏，但所幸上级官员是贤明的，人们还可以申诉，这就是大家所期待的。一句话：爱护百姓，及早了解并解决百姓疾苦。老百姓富裕了，国家自然富强。这封书信，是苏东坡离开眉州之前发出的，是他地方治理才能和方略的初步显现。他爱这片生养自己的土地，爱这片土地上像自己母亲一样辛苦劳作的百姓。离开家乡之后，他不知道什么时候才能回来。因此，他给新任太守写信，期望他能够体恤百姓造福家乡。

成都大慈寺

苏东坡虽然从小受的是儒家思想的熏陶和教育，所处环境却是寺庙禅院。他虽迷恋禅佛的神秘，却也厌恶身边僧佛队伍的鱼龙混杂。他们有的投机取巧，逃避劳役；有的弄虚作假，不守戒律；还有的故弄玄虚，欺骗公众，以使自己立于不败之地。其实，只不过是为了混吃混喝而已。

但也有一心向善、悉心礼佛的有真才实学的信徒，成都大慈寺的惟庆(文雅)、惟简(宝月)两位法师，就是苏东坡最初的僧禅朋友。

嘉祐四年（1059）秋，苏轼兄弟母丧解除。在回东京开封之前，他们专门慕名游览成都大慈寺，拜见惟庆、惟简法师，与其切磋经学感悟。从此，苏东坡开始与佛教结下不解之缘。

大慈寺也称古大圣慈寺，位于四川省成都市内，建于公元三世纪至四世纪，兴盛于唐宋，规模宏大，高僧辈出，被誉为“震旦第一丛林”。622年玄奘年满二十岁，正式在此寺受具足戒，唐玄宗曾赐额“敕建大圣慈寺”。

惟庆、惟简两位僧人，气度超凡，博学多闻，事佛极为虔诚，给苏东坡留下了深刻印象。他们心意契合，相谈甚欢，从此结为终身朋友。

> 吾昔者始游成都，见文雅大师惟度，器宇落落可爱，浑厚人也。能言唐末、五代事传记所不载者，因是与之游，甚熟。惟简则其同门友也。其为人，精敏过人，事佛齐众，谨严如官府。二僧皆吾之所爱。(《中和胜相院记》)

成都临别时，他们相约在嘉州相见，共同瞻仰大佛形象，共同谈论佛家经典。但苏东坡南行水路回开封的时候，在嘉州等了两天，不知什么原因，没见到惟简法师，一直引为憾事。

元丰三年（1080），苏东坡被贬谪到黄州，亲友多惊散远离，而惟简却在他到黄州后不久就派徒孙悟清前来探望，并希望苏东坡为成都大圣慈寺新建成的专供收藏佛经的“大宝藏”作记，希望他以佛养心。苏东坡听从他的建议，以佛经相伴，参禅悟道，度过了那段最晦暗的时光。

“诗为禅客添花锦，禅是诗家切玉刀。”(元好问《答俊书记学诗》)从此，苏东坡文章出入禅佛，意味悠长，踏出了一条“也无风雨也无晴”(《定风波·莫听穿林打叶声》) 的康庄大道。

大江东去浪淘尽

——水路返京

“家托舟航千里速，心期京国十年还。乌牛山下水如箭，忽失峨眉枕席间。”（苏洵《初发嘉州》）四川以盆地为中心，四面环山，只有一条长江与外界相通。自古出川两条道：一是走旱路，翻剑阁，越秦岭，东出函谷关；二是走水路，顺长江，穿三峡，下江陵，北上中原。苏氏父子第一次出川和入川，走的都是旱路，这次他们选择了水路。

宋仁宗嘉祐四年（1059）十月，父子三人连同两个儿媳妇，携苏东坡刚出生的儿子苏迈、王弗的妹妹二十七娘等一家九口人，沿岷江而下，经嘉州到宜宾，入长江，过泸州、渝州、忠州、夔州，穿三峡，直达江陵，登岸北上，踏上了返回京都开封的行程，这一走就是四个月。

嘉州之游

长江流水源自冰川，汇于高原，从高山峡谷以近千米的落差，汹涌而下，直奔东部平原，其中一百九十多公里的长江三峡极为凶险。因此，临行前，苏洵请了观世音菩萨、势至菩萨、天藏王、地藏王、解冤王者、引路王者六尊菩萨像，把他们分别安放在两个镀金的佛龛中，供奉于眉山极乐寺如来佛殿里。希望这六路菩萨保佑自己和两个儿子前途似锦，保佑一家老小安全抵达京城。

岷江流经嘉州，与大渡河和青衣江三江交汇。在三江汇流的岷江东岸，有一座七十一米高的弥勒佛摩崖石刻造像。造像为弥勒佛坐像，依凌云山雕凿，临江危坐。它头与山齐，足踏三江，双手扶膝，体态丰腴，庄严肃穆，俯瞰众生。大佛始建于唐玄宗开元初年，由凌云山上凌云寺长老海通和尚首先募资修建。海通圆寂后，剑南川西节度使韦皋征集工匠，继续修建，朝廷也诏赐盐麻税款予以资助。历时九十年大佛终告完成，名称嘉州凌云寺大弥勒石像，后人统称乐山大佛。

苏东坡在此逗留了两天，目的是与成都大慈寺惟简法师相见，以便共同朝拜大佛，谈禅论道。在这两天里，他和父亲、弟弟共同观瞻大佛，并游览了凌云山、九顶山等其他嘉州名胜。

凌云山上有凌云寺，九峰环抱，寺宇恢弘，丹墙碧瓦，绿树掩映，因为大佛在此，又称大佛寺。寺内有新建的亭子，苏东坡受寺僧邀请为其命名，他沉思片刻，随手书“清音”两个大字，从此该亭名为“清音亭”，至今仍在。

凌云山有拥翠峰，峰后有“治易洞”，是郡守吴秘向易经大师刘牧学习研究《易经》的地方。洞口有郡守的题字：“见易”。来此洞口，苏东坡在崖壁上手书十二个大字，记载了这段故事，“圣作易，晦其数，刘传吴，识易祖”，并题诗一首：

自昔遥闻太守高，明爻象彖日忘劳。洞中陈迹今如扫，斯道何曾损一毛。(《治易洞》)

在凌云山上，苏东坡遇到了当时无人不识、无人不晓的河西弓箭手、猛士郭纶。宋仁宗康定元年（1040），西夏入侵时郭纶曾固守城门杀敌无数，战功赫赫，名震一方。但战争结束后却没得到与战功相匹配的封赏，贫得连回家的路费都没有，只落得个嘉州监税的差事。此时，这位曾叱咤风云的猛士落寞地站在江畔，细数江上过往舟船，消磨无聊的时光。英雄末路、其境凄凉的郭纶，令苏东坡十分同情，为他写下了这样的诗句：

河西猛士无人识，日暮津亭阅过船。路人但觉骢马瘦，不知铁槊大如椽。因言西方久不战，截发愿作万骑先。我当凭轼与寓目，看君飞矢集蛮毡。(《郭纶》)

谁曾想到，多年后的某一天，苏东坡也像郭纶一样伫立江边，落寞而又惆怅。

嘉州城东有九龙山，山下有龙泓寺。寺旁有一岩洞，名烂柯洞。据说“观棋烂柯，已过百年”的故事就流传于此。苏东坡手书“烂柯岩洞”四个大字之后，意犹未尽，留诗一首：

> 但得身闲便是仙，眼前黑白漫纷然。请君试向岩中坐，一日真如五百年。(《白水寺》)

在嘉州待了两天，仍然没有见到成都惟简法师的踪影。苏东坡感到十分遗憾，但又不得不离开嘉州。

> 朝发鼓阗阗，西风猎画旂。
> 故乡飘已远，往意浩无边。
> 锦水细不见，蛮江清更鲜。
> 奔腾过佛脚，旷荡造平川。
> 野市有禅客，钓台寻暮烟。
> 相期定先到，久立水潺潺。(《初发嘉州》)

岷江因大渡河和青衣江的汇入，而显得更加宽广汹涌。初发嘉州，苏东坡显然有些兴奋，但也流露出浓郁的乡愁。从此，就要离开家乡青山绿水的养育与呵护，去面临波涛汹涌，去经受巨浪滔天。禅堂友人的爽约，更让他感受到人生无定，命运无常。他久立水边，凭栏北望，那孤单失落的身影，让人好像提前看到了多年后的赤壁岸边。

子云山藏书楼

船行至犍为，岸上即子云山，山上有子云亭，传说是汉代大儒扬雄结庐隐居之地。江上氤氲的晨雾逐渐消散，远远地可以看到藏书楼的绮窗与画阁。身旁谷泉奔响，耳边山猿悲啸，前面石头上的岩花，则在春鸟儿婉转的吟唱里盛开。山谷幽深，树林茂密，远远看到一座宏伟的楼观掩映其中。苏氏父子登岸探奇，原来是当地学者王齐万家的藏书楼。藏书已历七世，多达万卷，蔚为大观。苏氏父子慕名拜访，但主人远赴边关戍边，人去楼空，只留下万卷图书被灰尘覆盖。是啊，自古就有书生投笔从戎的实例，可又有几个人能像诸葛亮一样淡定指挥三军呢？看到藏书楼内满是尘埃，苏东坡不由心生悲凉，感慨万千：

树林幽翠满山谷，楼观突兀起江滨。
云是昔人藏书处，磊落万卷今生尘。
江边日出红雾散，绮窗画阁青氛氲。
山猿悲啸谷泉响，野鸟嘐戛岩花春。
借问主人今何在，被甲远戍长苦辛。
先登搏战事斩级，区区何者为三坟。
书生古亦有战阵，葛巾羽扇挥三军。
古人不见悲世俗，回首苍山空白云。（《犍为王氏书楼》）

年轻的苏东坡，尽管此时已经功名在身，但并不急着到京，就像这冬季的岷江，水绿如翠，水流平缓，他更多的是想一路游览名胜古迹，凭吊古人，深入乡野，了解民情，寄情山水。母亲的去世使他怀疑自己苦苦追求的功名前程，是否还会有以往的团聚安宁。

牛口码头之夜

当又一个夜幕降临的时候，一家人停靠在戎州的牛口码头。戎州，唐朝称义宾，北宋避皇帝赵光义名讳，改名宜宾。牛口是一个官府驿站，距离岷江与金沙江的交汇处约三十公里。夕阳西下，江上薄雾升起，岸上炊烟袅袅。一家人拾级上岸，夜宿牛口。

日落红雾生，系舟宿牛口。
居民偶相聚，三四依古柳。
负薪出深谷，见客喜且售。
煮蔬为夜飧，安识肉与酒。
朔风吹茅屋，破壁见星斗。
儿女自咿嚘，亦足乐且久。
人生本无事，苦为世味诱。
富贵耀吾前，贫贱独难守。
谁知深山子，甘与麋鹿友。
置身落蛮荒，生意不自陋。
今予独何者，汲汲强奔走。(《夜泊牛口》)

在苏东坡的笔下，乡村虽然偏远，但很恬静；虽然贫穷，却自足。嗜欲甚少的田园生活，也有着不同的乐趣。而自己却“苦为世味诱”“贫贱独难守”，随着一家老小“汲汲强奔走”。

蛮荒的牛口之夜，凄清的月亮爬过山头，江水如练，夜鸟时鸣，犬吠零落声声，人们早早地进入梦乡。苏东坡起床披衣出户，仰望明月，思绪万千：

掩窗寂已睡，月脚垂孤光。
披衣起周览，飞露洒我裳。
山川同一色，浩若涉大荒。
幽怀耿不寐，四顾独彷徨。
忽忆丙申年，京邑大雨滂。
蔡河中夜决，横浸国南方。
车马无复见，纷纷操筏郎。
新秋忽已晴，九陌尚汪洋。
龙津观夜市，灯火亦煌煌。

新月皎如昼，疏星弄寒芒。

不知京国喧，谓是江湖乡，

今来牛口渚，见月重凄凉。

却思旧游处，满陌沙尘黄。(《牛口见月》)

在这“山川同一色”的月夜，他忽然想起那年夏天在京城考取进士的往事。适逢滂沱大雨，蔡河决堤泛滥，城内争抢筏木，救生逃命。皎洁的月亮，照得京城如同白昼，星星散发着清冷的光芒。京城嘈杂吵闹，虽有荣华富贵，但也时时有生命之忧；这里虽“甘与麋鹿友”“生意不自陋”，却是个隐居的好地方。牛口的“寂”与京城的“喧”，牛口的“见月重凄凉”与京城的“满陌沙尘黄”，形成了强烈反差。

诗人的心里疑虑重重，不知自己能否忍受住京城喧哗的考验，是否又会重回这虽贫穷寂寞但恬静的世外桃源。

长江之旅

苏东坡从小在眉山道观学习，师从道士张易简，因此对道教十分感兴趣。船行至泸州，岸上有安乐山，传说道教始祖张道陵曾在山中居住。张天师得道成仙后，他作法所用的道符都变成了树叶。登山察看，树叶叶面上果然长有像文字一样的符号。“真人已不死，外慕堕空虚。犹余好名意，满树写天书。”(《过安乐山，闻山上木叶有文，如道士篆符，云此山乃张道陵所寓，二首》其二)

岷江流经泸州，与金沙江交汇，江水变深，江流变急，舟船陡然加速。“船上看山如走马，倏忽过去数百群。前山槎牙忽变态，后岭杂沓如惊奔。”(《江上看山》)

从泸州，经渝州，过涪州，到达忠州。在忠州的丰都县，有一座道教名山，曰平都山。山上有一道观，名仙都观。传说曾有一位道士与一头白鹿在此修行，最后道士得道升天。据说，汉朝方士阴长生、王方平也曾在此山修炼成仙。于是，苏东坡和父亲一起上岸，登平都山，寻访仙都道观。

山前江水流浩浩，山上苍苍松柏老。
舟中行客去纷纷，古今换易如秋草。
空山楼观何峥嵘，真人王远阴长生。
飞符御气朝百灵，悟道不复诵《黄庭》。
龙车虎驾来下迎，去如旋风抟紫清。
真人厌世不回顾，世间生死如朝暮。
学仙度世岂无人，餐霞绝粒长辛苦。
安得独从逍遥君，泠然乘风驾浮云，
超世无有我独行。(《留题仙都观》)

平都山风景优美，一座古朴的道观掩映在苍松翠柏之中，香火旺盛，游人如织。但大多数人不是祈请得道，而是祈请荣华，保佑平安。而真正得道的人，早已脱离尘世，羽化登仙了,就连那头白鹿，也消失得无影无踪。

苏东坡感到自己就像是那头被遗留下来的白鹿，离得道很近，却又很远，一片渺远空无的景象。这种隐逸的诗人情怀，对于尚未入世的苏东坡，其出世的心态已经初露端倪。

日月何促促，尘世苦局束。
仙子去无踪，故山遗白鹿。
仙人已去鹿无家，孤栖怅望层城霞。
至今闻有游洞客，夜来江市叫平沙。
长松千树风萧瑟，仙宫去人无咫尺。
夜鸣白鹿安在哉，满山秋草无行迹。(《仙都白鹿》)

时间如长江的流水，逝者如斯，匆匆忙忙、熙熙攘攘的人们被困扰在这尘世的喧嚣之中。而矗立江畔的平都山上，却有着独特的幽静与安然。仙都观的传说，更增添了它令人向往的神秘色彩。漫游山中，苏东坡有一种神游仙界的感觉。

> 平都天下古名山，自信山中岁月闲；午梦任随鸠唤觉，早朝又听鹿催班。（《失题二首》其二）

人们根据这句“平都天下古名山”，把平都山改为“名山”。后来，人们又把仙都观改称“苏公祠”，好像苏东坡也在这里得道成仙了。

行至夔州奉节，天色将晚。船家有夜“不可过夔门天险”的规矩，于是苏东坡一行在此稍作停留。忠州有一座屈原塔，因为屈原家乡在下游的秭归，而这里却建有一座屈原塔，苏东坡十分诧异，前往瞻仰。一到塔前，他那“山中岁月闲”的思想，立即消失了许多。屈原宁死不折的高洁品质，使这位未曾入世的年轻诗人心潮澎湃，大丈夫当“奋厉有当世志”（苏辙《东坡先生墓志铭》）。

> 楚人悲屈原，千载意未歇。
> 精魂飘何处，父老空哽咽。
> 至今沧江上，投饭救饥渴。
> 遗风成竞渡，哀叫楚山裂。
> 屈原古壮士，就死意甚烈。
> 世俗安得知，眷眷不忍决。
> 南宾旧属楚，山上有遗塔。
> 应是奉佛人，恐子就沦灭。
> 此事虽无凭，此意固已切。
> 古人谁不死，何必较考折。
> 名声实无穷，富贵亦暂热。
> 大夫知此理，所以持死节。（《屈原塔》）

这首诗，就像苏东坡入世前的宣言，以屈原为偶像，预示着他在未来的官场，也会有刚正不阿、不妥协、不苟合的政治态度。

穿越三峡

大江顺流而东，终于到达了三峡。长江三峡西起奉节县白帝城，东至宜昌南津关，全长一百九十三公里。沿途两岸奇峰突兀，峭壁林立，自西向东依次为瞿塘峡、巫峡和西陵峡。瞿塘峡位于奉节境内，长八公里。入口处，两岸如刀削，岩壁高万仞，大江在悬崖绝壁间汹涌奔流。瞿塘峡虽短，却“镇渝川之水，扼巴鄂咽喉”，有“西控巴渝收万壑，东连荆楚压群山”的恢弘气势。两岸相距不足百米，形如门户，名曰“夔门”，旁边岩壁上刻有“夔门天下雄”五个雄浑的大字。这是出入四川最关键、最凶险的一段通道。

入峡初无路，连山忽似龛。
萦纡收浩渺，蹙缩作渊潭。
风过如呼吸，云生似吐含。
坠崖鸣窣窣，垂蔓绿毵毵。
冷翠多崖竹，孤生有石楠。
飞泉飘乱雪，怪石走惊骖。
…………
独爱孤栖鹘，高超百尺岚。
横飞应自得，远飏似无贪。
振翮游霄汉，无心顾雀鹌。
尘劳世方病，局促我何堪。
尽解林泉好，多为富贵酣。
试看飞鸟乐，高遁此心甘。(《入峡》)

这段行程是整个行程中最迅速、最精彩，也是最惊险的一段。过三峡，就像苏东坡未来的人生，一路上既宏伟壮丽，又险象环生。不入三峡，便看不到三峡精彩的一面。但苏东坡“独爱孤栖鹘”，他想像山中的鹘鸟一样“振翮游霄汉”，快乐自由地生活，免受颠沛流离之苦，“高遁此心甘”。

入峡喜巉岩，出峡爱平旷。吾心淡无累，遇境即安畅。(《出峡》)

船出三峡，进入荆州地界，两岸宽阔，水流平缓，苏东坡一行的水路行程将在江陵画上句号。就要登岸北上京都开封了，苏东坡“高遁此心甘”的心理陡然消失，少年意气，云志冲天：

北行运许邓，南去极衡湘。楚境横天下，怀王信弱王。(《荆州十首》其十)

长江上两个多月的行程，沿途经过了十一个郡，二十六个县，父子三人“舟中无事，博弈饮酒，非所以为闺门之欢，而山川之秀美，风俗之朴陋，贤人君子之遗迹，与凡耳目之所接者，杂然有触于中，而发于咏叹”(《〈南行前集〉叙》)，所作诗文达一百多篇。

嘉祐四年（1059）岁末，一家人终于登岸江陵，打算在这里过春节。宿住江陵驿站后，父子三人将沿途的诗作汇编成册，命名《南行前集》，并由苏东坡作叙。其中，苏东坡个人的作品达四十多篇，这既是他最早的一批诗作，也是他第一次公开发表自己的作品，更是他文学生涯的起点。仔细阅读，我们可以隐约感到这些作品初显的“江水”“明月”“栖鹘”“道士”等意象，与其后来的作品，有着千丝万缕的联系。

江陵陆行进京

“新春始涉五，田冻未生麦；相携历唐许，花柳渐牙折。”（苏辙《辛丑除日寄子瞻》）过罢春节，嘉祐五年（1060）的正月初五，当江陵还沉浸在节日的喜庆之中时，一家人离开江陵，陆行北上。过邓州、汝州，经许州直奔京都开封。

一路上，苏东坡看到初春时节的田野，土地荒芜，庄稼稀疏，百姓贫困，乞讨者处处可见。一股悲天悯人的情怀油然而生。

到了许州，苏东坡受到时任许州签判的范纯仁，即范仲淹次子的热情接待。范纯仁邀请他泛游许州西湖，但见大批的民夫在开挖城边沟渠，以连通西湖。一问方知，原来是太守宋莒公为了供城里人游玩，动用民力，引湖入城，劳民伤财。苏东坡想想一路的民生凋敝，乡村的满目荒凉，不禁感叹：城里人醉酒游乐，哪里知道乡野百姓之苦啊！

西湖小雨晴，滟滟春渠长。
来从古城角，夜半传新响。
使君欲春游，浚沼役千掌。
纷纭具畚锸，闹若蚁运壤。
夭桃弄春色，生意寒犹怏。
惟有落残梅，标格若矜爽。
游人坌已集，挈榼三且两。
醉客卧道旁，扶起尚偃仰。
池台信宏丽，贵与民同赏。
但恐城市欢，不知田野怆。
颍川七不登，野气长苍莽。
谁知万里客，湖上独长想。(《许州西湖》)

这是苏东坡即将进入京都开封，准备入世做官前的一篇难得的诗作。在这首诗里，他把“城市之欢”与“田野之怆”做了对比，首次质疑了这种现象的合理性，指出了它们之间的必然性。这种同情百姓疾苦的诗人情怀，首次在其作品中显现，并随着他人生阅历的不断增加而逐渐深入，最终成为他救民于水火的方向，成为其渗入脊髓的文化性格，也为其坎坷不平的为官之路埋下伏笔。

动地文章震九州

——再到开封

“梁国百尺彩云连，春色年年锦绣群。万点照天红杏火，千门如水绿杨烟。”（清代无名氏诗作）嘉祐五年（1060）二月底，京都开封的春天万木葱茏，繁花似锦，梦幻般的杨柳絮像雪花一样飘满全城。苏东坡一家人经过近半年的旅途之苦，终于来到了京都开封，暂时租居在西岗一个约半亩大小的宅院。由于几年来的出川入川、婚丧嫁娶，家里的积蓄已经消耗殆尽，不用说买房，就连租房，也有点力不从心。

租居雍丘

“居梁不耐贫，投杞避糠核。”（苏辙《辛丑除日寄子瞻》）因此，租居不久，他们又不得不迁居距离开封东四十里的雍丘。一家人“寓居雍丘，无故不至京师”（苏洵《谢赵司谏书》）。

这时候，苏洵因欧阳修和殿中御史赵抃的极力推荐，被皇帝免试授予秘书省试校书郎，这是他梦寐以求的，因为他这辈子受尽了考试的羞辱，几乎达到了谈考色变的程度；苏轼和苏辙也被分别授予河南福昌县主簿和渑池县主簿，但是他们都没有赴任，因为北宋多年不遇的制科考试就要到来了。

制科考试是唐宋时期一种特殊的考试制度，是朝廷为了选拔“非常之才”而举行的不定期的非常规考试。它不像科举考试那样每三年一次。考试的程序比科举考试烦琐，难度也远高于科举。参加制科考试的人必须先由朝廷中的大臣推荐，然后根据制科的题目，向皇帝进献自己的策、论五十篇，系统地表达自己的理论思想，并给出施政的意见和建议，然后再由皇帝亲自出题。对于天下学子来说，这无疑是直通朝堂的最佳路径。

由于门槛高、要求严，制科考试开设次数较少。据说两宋三百多年间，制科考试只举行过二十二次，四万多进士成功通过制科考试的只有四十一人，可谓千里挑一。成绩分一至五等，但一等、二等皆为虚设，最高级就是第三等，接着是第三次等、第四等，最低的是第四次等，第五等就是不合格。若能进入第三、第四等级，就能得到较快的提拔，故又称为“大科”。

这次制科考试名“贤良方正能直言极谏科”，简称“贤良科”，就是选拔德才兼备、直言善谏的中正之士的考试。仁宗皇帝求贤若渴、抱负满怀，希望天下有志之士大胆批评朝政，为大宋江山建言献策。苏轼和苏辙分别被欧阳修、杨畋等名臣推荐入围。这是一个千载难逢的好机会，一个最高最大的政治舞台，正等着苏轼兄弟去展现自己满腹的经纶和才华！

就在这个时候，眉山城西寿昌院的老师刘巨，听说苏轼兄弟即将参加制科考试，十分激动，来信祝贺并赠诗一首：“惊人事业传三馆，动地文章震九州。老夫欲别无他祝，以愿双封万户侯。”（叶寘《爱日斋丛钞》）

寓居怀远驿

为了这次考试，苏洵花大价钱将兄弟两个封闭在丽景门外汴河南岸的怀远驿。怀远驿是京城四大名馆之一，条件十分优越，是专门接待外宾和高级官员的地方。

“忆在怀远驿，闭门秋暑中。”（《初秋寄子由》）在怀远驿，兄弟两个同住一屋，对床而眠。一日夜里，他们正在诵读唐代韦应物《示全真元常》中“宁知风雨夜，复此对床眠”的时候，忽然门外风雨大作。他们非常兴奋，又突然想起白居易《雨中招张司业宿》中“能来同宿否，听雨对床眠”的诗句，感觉好像上天对自己有所暗示。于是他们相约，待到功成名就之后，一定功成身退，夜雨对床，安享生活。

在怀远驿里，苏轼兄弟把自己的所学所识、所思所想，仔细切磋琢磨，用连珠妙语撰写成了近百篇的策论华章，进献给了皇帝。然后，又顺利通过了内阁院的“密阁六论”考试。后来，苏东坡曾回忆起当年的考试情形：

忆昔射策干先皇，珠帘翠幄分两厢。
紫衣中使下传诏，跪捧冉冉闻天香。
仰观眩晃目生晕，但见晓色开扶桑。
迎阳晚出步就坐，绛纱玉斧光照廊。
野人不识日月角，仿佛尚记重瞳光。(《赠写御容妙善师》)

嘉祐六年（1061）八月下旬，宋仁宗亲自在崇正殿主持考试。兄弟两个进策论、答策问，根据同一题目，一正一反两种观点，引经据典，纵横古今，罗列现实，考论是非，直言时弊，切中肯綮，字字珠玑，洋洋洒洒。内容涉及边防战事、治国养民、后宫管理等，其主旨是奉劝朝廷“励精庶政，督察百官，果断而力行！”(《辩试馆职策问札子》其二）

兄弟两个的文章可谓文义灿然，深深打动了仁宗皇帝、欧阳修、司马光等主考官，他们一致把苏轼、苏辙的对策推举为第三等。这是北宋立国以来破天荒的事情，前面也仅仅有个叫吴育的人曾获得第三次等。

考评官胡宿等人认为：苏轼被评为第三等是实至名归，把苏辙评为第三等却有些不妥，因为苏辙文章以历史上六位臭名昭著的昏君为喻，揭露了当朝粉饰太平的不良风气。虽然言辞犀利、文采斐然，但指斥时弊过于激烈，有损皇帝的面子，涉于不逊，主张罢黜。双方各执一词，结果仁厚的仁宗皇帝并没有因苏辙的尖锐批评而恼怒，还说：“吾以直言求士，士以直言告我，今而黜之，天下其谓我何？”（苏辙《遗老斋记》）于是打了个折中，评为第四等。

苏轼兄弟是欧阳修推荐的，取得如此好的成绩，使得欧阳修兴奋不已，他在给别人的书信中写道：“苏氏昆仲连名并中，自前未有盛事！盛事！”（欧阳修《与焦殿丞千之》）

苏轼兄弟又一次蟾宫折桂，让仁宗皇帝再次领略了他们的耀眼才华，退朝回宫之后，他兴奋地对妻子曹皇后说：“吾今又为吾子孙得太平宰相两人。”（陈鹄

《耆旧续闻·卷二》）

苏轼兄弟再次轰动京都开封乃至整个大宋朝野。但是，有一个重要人物对苏轼兄弟的表现并不以为然，这就是时任知制诰的王安石。

王安石，字介甫，号半山，抚州临川人，著名的政治家、文学家。被神宗皇帝册封为荆国公，长苏东坡十五岁。庆历二年（1042）进士及第，历任扬州签判、鄞县知县、舒州通判、常州知州等职，政绩显著，曾给仁宗皇帝上《万言书》，请求改革，却被搁置。回朝后，朝廷多次委任他以馆阁之职，均固辞不就。后来，朝廷又任命王安石与人同修《起居注》，王安石辞谢多次才接受。现任知制诰，专门替皇帝起草任职诏令。

东坡中制科，王荆公问吕申公：见苏轼制策否？申公称之。荆公曰：全类战国文章，若安石为考官，必黜之。故荆公后修《英宗实录》，谓苏明允有战国纵横之学云。（邵博《邵氏闻见后录》）

苏东坡中制科后，王安石曾问当时的天章阁待制吕公著，苏东坡的文章怎样，吕公著大加称赞，但王安石却说，都是些战国类文章，我要是考官，一定不会录取。所幸王安石没有担任制科考官，否则苏轼兄弟的历史可能要被改写。

制科考试结束后，苏轼被任命为大理评事、凤翔府签判，苏辙被任命为商州军事推官。但根据制度，他们的任命状须由知制诰王安石签署，否则就是一个空名头，不能赴任。

王安石把苏辙的任命状搁置一边，不肯为他撰写制词。直至次年秋天，才由另一位叫沈遘的知制诰签署了任命，但倔强的苏辙却以为父亲苏洵养老为由辞去了这个官职。从此，王安石与苏家结怨。苏洵后来的千古名篇《辨奸论》，使这一怨恨大白于天下。文中，苏洵以古论今，见微知著，辱骂王安石是“衣臣虏之衣，食犬彘之食，囚首丧面，而谈诗书”之人，断定其必然是乱国祸民的大奸，“误天下苍生者，必此人也”。

所幸的是，苏东坡的任命状却很快被王安石签署了，制文如下：

敕某。尔方尚少，已能博考群书，而深言当世之务，才能之异，志力之强，亦足以观矣。其使序于大理，吾将试尔从政之才。夫士之强学赡辞，必知要然后不违于道。择尔所闻，而守之以要，则将无施而不称矣，可不勉哉！可。（王安石《应才识兼茂明于体用科守河南府福昌县主簿苏轼大理评事制》）

如此高的评价，也许官样文章，也许文如其实。但有一个事实谁都不能忽略，就是苏东坡已经名声大振，任何反对的声音，都显得不合时宜。

应似飞鸿踏雪泥

——从开封到凤翔

“人生无离别，谁知恩爱重！”(《颍州初别子由二首》其二）嘉祐六年（1061）冬，苏东坡携妻带子，冒着凛冽的寒风离开京都开封，踏上了西去陕西凤翔的遥远路途。新官即将上任，他却没有丝毫的兴奋和喜悦。弟弟苏辙和自己一样，凭借才学取得官位，本来应是双喜临门的事情，却无端受到不公平的待遇。看来，这官场之路，也绝非坦途。

渑池怀旧

“我年二十无朋俦，当时四海一子由。”(《送晁美叔发运右司年兄赴阙》）这是兄弟两个有生以来的第一次离别。弟弟苏辙送了一程又一程，一直难舍难分，直到距离开封四十多里外的郑州西门，才依依惜别，相约鸿雁传书，以诗唱和。

苏东坡不断回望弟弟的背影。当被山坡挡住时，他还要登高遥望。只见瘦削的弟弟，穿着单薄的衣服，骑着一匹瘦马，在月光下孤独而返。他的背影越来越模糊，只依稀看到晃动的乌纱帽。一股悲凉和酸楚涌上心头，不知何时还能相聚团圆，夜雨对床。

不饮胡为醉兀兀，此心已逐归鞍发。
归人犹自念庭闱，今我何以慰寂寞。
登高回首坡垅隔，惟见乌帽出复没。
苦寒念尔衣裳薄，独骑瘦马踏残月。
路人行歌居人乐，僮仆怪我苦凄恻。

亦知人生要有别，但恐岁月去飘忽。

寒灯相对记畴昔，夜雨何时听萧瑟。

君知此意不可忘，慎勿苦爱高官职。(《辛丑十一月十九日既与子由别于郑州西门之外马上赋诗一首寄之》)

接到哥哥的诗作后，苏辙估计兄长已经到了渑池县。五年前，兄弟二人随父亲进京赶考，晓行夜宿，行至陕州北崤道二陵，马匹被累死，只好骑驴到达渑池。渑池道路泥泞不堪，父子三人苦不堪言。到渑池后，曾夜宿僧舍，与老僧奉闲和尚谈禅说空，壁上题诗。并且，自己十九岁时被任命为渑池县的主簿，现又经过这里，虽没赴任，却也算有缘，于是题诗相寄。

相携话别郑原上，共道长途怕雪泥。

归骑还寻大梁陌，行人已度古崤西。

曾为县吏民知否？旧宿僧房壁共题。

遥想独游佳味少，无方骓马但鸣嘶。(苏辙《怀渑池寄子瞻兄》)

渑池之名，来源于古水池名，本名黾池，以池内注水生黾（一种水虫）而得名。渑池县位于河南省西部的崤山分水岭上，地处黄土高原的东部边缘，是秦、晋、豫三省之结合地带。北濒黄河，南连熊耳，东望洛阳，西界崤函连接陕州。它曾以战国时期秦、赵会盟于此而闻名，也因苏轼和弟弟苏辙的两首诗而增添了文学色彩。

苏东坡行至渑池，又夜宿僧舍。故地重游，他不禁回想起了五年前父子三人在渑池的情景。于是，提笔写诗，唱和弟弟：

人生到处知何似，应是飞鸿踏雪泥。

泥上偶然留指爪，鸿飞那复计东西。

老僧已死成新塔，坏壁无由见旧题。

往日崎岖还记否，路长人困蹇驴嘶。(《和子由渑池怀旧》)

在这个世界上，人是多么渺小的个体，就像到处乱飞的鸿鹄一样，四处漂泊，居无定所。所到之处，在雪地上留下一些爪印，也纯属偶然的事情。当年接待他们的奉闲老和尚已经去世，只留下一座安放骨灰的新塔。当年兄弟题诗留念的墙壁已经颓坏，再也看不到题过诗句的墨迹了。还记得当时路过渑池的崎岖旅程吗？遥远而漫长，三人困得精疲力尽，老驴累得嗷嗷乱叫。

“雪泥鸿爪”，这个苏东坡即将入世时所创造的文学意象，无意间预见了他的一生。年轻是“飞鸿”，“应是飞鸿踏雪泥”；中年是“孤鸿”，“飘缈孤鸿影”(《卜算子·黄州定惠院寓居作》)；年迈是“归鸿”，“春来何处不归鸿”(《次韵法芝举旧诗一首》)。

“涉世多艰，竟奚所为？如鸿风飞，流落四维。”(苏辙《祭亡兄端明文》)苏辙以这十六个字概括了苏轼漂泊的一生，也是对“雪泥鸿爪”的最好注解。

长安晤刘敞

从渑池西行至长安，苏东坡稍作停留，拜访了永兴军路安抚使刘敞。刘敞曾为集贤院学士，学识渊博，政绩卓然，为人正直，敢于直言，与梅尧臣、欧阳修关系很好。欧阳修说他“自六经百氏古今传记，下至天文、地理、卜医、数术、浮图、老庄之说，无所不通”(欧阳修《集贤院学士刘公墓志铭》)。

苏东坡久慕其名，曾修书一封，对刘敞的才气进行一番夸赞，自惜不能随其为官，请求拜其门下，望其风采。

轼闻天下之所少者，非才也，气也。……明公起于徒步之中，执五寸之翰，书方尺之简，而列于士大夫之上，横翔捷出，冠压百吏，而为之表。……轼远方之鄙人，游于京师，闻明公之风，幸其未至于公相，而犹可以诵其才气之盛美，而庶几于知言。惜其将遂西去而不得从也，故请间于门下，以愿望见其风采。不宣。轼再拜。(《上刘侍读书》)

天下有才的人很多，但像您一样有才气的人却不多。有才无气象，只是一介书生而已。只有才气兼备，才能气象万千，干成大事。

刘敞接到苏东坡的这封信后，对他的夸赞并不以为然，但对苏东坡的文笔和才华却深感震惊。他并没有给苏东坡回信，当时他正因为仗义执言与御史台官员发生了争执，受到一些同僚的指斥和排挤。他不堪其扰，主动请求外任。朝廷答应了他的请求，让其以翰林学士充永兴军路安抚使。接到信时，他正要起身赴永兴军任上，所以没有回信。没想到今天却在此相逢，因此刘敞对苏东坡盛情款待。他们一起畅怀痛饮，并游览石林亭、唐苑，一起观赏刘敞收集的奇石碑刻、古玩文物，并吟诗唱和。

刘敞吟诗："朝廷入忘返，山林往不还。念无高世姿，聊处可否间。"（刘敞《新作石林亭》）

苏东坡唱和："都城日荒废，往事不可还。惟余故苑石，漂散向人间。"（《次韵和刘京兆石林亭之作，石本唐苑中物，散流民间，刘购得之》）

他们虽然一个老臣、一个新官，一个年老、一个年轻，可志趣相投，相见甚欢。诗风也很相仿，直白易懂，旷达隽永。宛若两只飞鸿，遨游天空。

我初从政见鲁叟

——初到凤翔

“冬十二月岁辛丑，我初从政见鲁叟。”（《凤翔八观·石鼓歌》）凤翔古称雍，是周秦发祥之地、嬴秦创霸之区、华夏九州之一，曾作为秦国首都近三百年。唐朝“安史之乱”后，唐肃宗至德二年（757），取“凤鸣于岐，翔于雍”的祥瑞之意，将雍城改名凤翔，后沿用至今。

今天凤翔属于陕西宝鸡管辖，北宋时期宝鸡却属于凤翔管辖。当时的凤翔府，作为“古丝绸之路”重要驿站，是南通巴蜀、西达甘新的重要通道，与西夏接壤，既是关中地区的咽喉之地，又是边关重镇。府治天兴，统领天兴、岐山、宝鸡、扶风、眉县、虢县、周至、麟游、普润九县。凤翔城西北角有凤凰泉，泉水分成两股分别流向东面和南面，绕城形成护城河，再至东南角形成东湖，东湖水向南注入渭河。

宋仁宗嘉祐六年（1061）冬，苏东坡到任陕西凤翔府，担任“将仕郎、守大理寺评事、签书凤翔府节度判官厅公事”。前面两个官名都是虚的，分别代表级别和待遇，级别是从九品下，享受正九品待遇，只有最后一个是实际职务，也就是凤翔府“签判”。所谓签判，即由朝廷派驻辅佐知州或知府处理政务的判官。

具体来说，苏东坡的主要工作除“签署一局，兼掌五曹文书”外，还负责“编木筏竹、东下河渭”，供应皇家用木以及集运粮米、刍秣供给西部边防两大要务，同时还有监督衙前役的实施、减决囚犯、赈济灾害等地方性事务。可以说，凤翔是他从政生涯的起点，也是从纸上谈兵转入实战演练的第一步，让这个胸怀“致君尧舜”理想的书生完成了从理论到实践的蜕变。

凤翔府知州宋选，比苏东坡早来三个月，与司马光同在三司共事，关系过往甚密，对苏东坡早有了解，也十分赏识他的才华。他鼓励苏东坡放开手脚，施展才华，在凤翔大干一场。苏东坡“蒙顾遇之厚，何时可忘”(《与宋汉杰二首》其一)，因此“日夜厉精，虽无过人，庶几寡过”(《凤翔到任谢执政启》)。

苏贤良

“常因法以便民，民赖以少安。”(苏辙《东坡先生墓志铭》)初到凤翔，苏东坡就深入民间体察民情。他在很短的时间内，几乎走遍了所有的属县。在走访中他发现，当地自然灾害频繁，政府劳役沉重，百姓不堪重负，日子穷苦，流离失所，有的身陷牢狱。而且民所最畏者，莫过于“衙前之役”。所谓“衙前之役”，是北宋时期的差役之一，顾名思义，就是差遣百姓帮着衙门办事。办事范围虽很宽泛，如给衙门做饭、煮盐等，但主要职责是运送官家物品。

苏东坡所在的凤翔是衙前役的重灾区。当时，京城大兴土木的园囿建设所需木材，多从终南山里采伐东运；战事吃紧的西线边防所需粮草，也都要通过凤翔西运，这些都需要服衙前役的当地百姓来完成。官府“虽有优轻酬奖之名，其实不及所费百分之一”(《凤翔到任谢执政启》)。当时运输多靠渭河、黄河水路，但河水雨季滔天，旱季无流，这个时间的运输安全和时限，很难得到保证。在运送途中，如遇洪水风浪，就可能船筏倾覆；如遇干旱无水，运输时间就会延误。尤其是木筏经渭河进入黄河后，水流湍急，过三门峡时，翻船事故经常发生，许多人为此倾家荡产。有时恰逢渭河干旱，民夫只能变身纤夫，“千夫挽一木，十步八九休”(《和子由闻子瞻将如终南太平宫溪堂读书》)。物品如果丢失，服役者还要赔偿，而无力赔偿者则会被投入牢狱，许多人因此破产，也有人走投无路而远走他乡，甚至沦为盗贼。

“王事谁敢愬，民劳吏宜羞。”(《和子由闻子瞻将如终南太平宫溪堂读书》)苏东坡对这种“破荡民业，忽如春冰”(《凤翔到任谢执政启》)的现象，目不忍视，耳不忍闻，深感“救之无术，坐一自惭”(《凤翔到任谢执政启》)。

于是，他深入民间调查事故原由，了解到木筏之害本不至此，若在黄河、渭河未涨水时放筏操运，以时进止，就可无重费。造成危害的原因就是官府的衙前役不论时间，随时派发，明明有些物品并不急于运送，却还让老百姓赶在汛期出发。

“丈夫重出处，不退要当前。”（《和子由苦寒见寄》）针对了解的问题，苏东坡立即上书朝廷，请求释放因此入狱的囚犯，并说服同僚，对衙前役制度进行了修改。准许衙吏们“自择水工，以时进止”（《宋史·苏轼传》），根据汛期水势，按时令编木筏竹，对不可抗力所造成的灾害酌情处理。从此，“自是害减半”（《宋史·苏轼传》）。改革衙前役可以说是苏东坡步入仕途后，为老百姓做的第一件大事，也是使他在当地留下美名的一大政绩。

根据分工，苏东坡掌管清除政府债务积欠的工作，负责追缴百姓所欠官府债务。此前，官府依靠鞭打、捆绑百姓催债，却收效甚微。而且官府为了尽快完成催交任务，肆意搜刮，甚至动用私刑。即便适逢朝廷大赦，也敢勒索被关押的百姓。有钱行贿就释放，无钱行贿则继续关押。苏东坡经过认真的调查才发现，有许多欠账者“实侵盗欺官，而不以时偿，虽日挞无愧，然其间有甚足悲者”（《上蔡省主论放欠书》）。他们当中有很多人是无辜的，其中被确认无辜关押的多达二百多人。

他们“或管押竹木，风水之所漂；或主持粮斛，岁久之所坏；或布帛恶弱，估剥以为亏官；或糟滓溃烂，纽计以为实欠；或未输之赃，责于当时主典之吏；或败折之课，均于保任干系之家。官吏上下，举知其非辜，而哀其不幸，迫于条宪，势不得释，朝廷亦深知其无告也，是以每赦必及焉”（《上蔡省主论放欠书》）。

因此，他上书三司使蔡襄，请求放欠凤翔府二百二十五家债务，“钱七万四百五十九千，粟米三千八百三十斛”（《上蔡省主论放欠书》）。释放关押犯（前面衙前役的囚犯也在其中），使其归田生产，以养其老幼。

另外，他主张“官榷于民”。根据北宋的商税条例，老百姓的生活必需品盐、茶、酒、矾等实行官府专卖，称作“官榷”。苏东坡反对朝廷“天下之利，莫不尽收”（《策别厚货财一》）的做法，主张“尽以予民”，否则老百姓日益穷困，税收就会减少，“民日困，官日贫”（《上韩魏公论场务书》）。一旦边患发生，后果不堪设想。苏东坡将这些想法写成《进策》，进献给朝廷，但没有了下文。

他曾在上报朝廷的《策别》中直言"民者天下之本"。从其仕途的第一站凤翔开始，他便践行着这一理念。正因为此，苏东坡在凤翔三年夙兴夜寐，勤政爱民，当地百姓感其惠政，才亲切地称呼他为"苏贤良"。

《凤翔八观》

"嗟予生虽晚，考古意所耽，图书已漫漶，犹复访侨郏。"(《东湖》）凤翔是中华民族古老文化的发祥地之一，文物荟萃，古迹众多，特别是与秦、唐有关的文物很多。苏东坡在繁忙的公务之余寻迹览胜，先后寻访了八处古迹，每到一处，都要作诗述怀，汇编成《凤翔八观》，以告"欲观而不知者"。他在《叙》中说：司马子长登会稽探禹穴，不远千里；而李太白亦以七泽之观至荆州，二人"悲世悼俗，自伤不见古人"。古人尚且如此，故苏东坡到孔子庙，观石鼓；过府厅，读诅楚文；游开元寺，观王维、吴道子画；游天柱寺，观杨惠之塑维摩像；泛游东湖；登真兴寺阁；游李氏园；吊秦穆公墓。

《凤翔八观》之首篇为《石鼓歌》。《石鼓歌》洋洋洒洒，四百二十言，用词典雅，摹写入微，气势恢宏，淋漓酣畅，波澜壮阔，荡气回肠。

冬十二月岁辛丑，我初从政见鲁叟。
旧闻石鼓今见之，文字郁律蛟蛇走。
…………
当年何人佐祖龙？上蔡公子牵黄狗。
登山刻石颂功烈，后者无继前无偶。
…………
兴亡百变物自闲，富贵一朝名不朽。
细思物理坐叹息，人生安得如汝寿。

诗中追溯了制作石鼓的原委，以鼓之盛衰得失，引起周、秦兴亡之叹。无论是周宣王的忠厚还是秦始皇的暴虐，皆成陈迹。人世兴亡多变，而石鼓却永存人间。荣辱富贵都是一时的，而遗留下来的文化却能像这石鼓一样永恒。

《凤翔八观》之二为《诅楚文》。“诅楚文”相传为秦石刻文字。战国后期秦楚争霸，秦王祈求天神保佑秦国获胜，诅咒楚国败亡，因称“诅楚文”，并刻石记载。石刻共有三块，具有很高的书法、史料和文学价值，其中一块石刻是在开元寺发掘出的，苏东坡后来专门将其安放在府衙之中。

峥嵘开元寺，仿佛祈年观。
旧筑扫成空，古碑埋不烂。
诅书虽可读，字法嗟久换。
词云秦嗣王，敢使祝用瓒。
…………
吾闻古秦俗，面诈背不汗。
岂惟公子卬，社鬼亦遭谩。
辽哉千载后，发我一笑粲。

这是一篇咏史之作，透过石刻，我们看到秦的霸权行径和狡诈手段。最后两句引用魏公子卬被商鞅诱骗惨遭失败的历史故事，嬉笑嘲讽之中，指责了秦国背信弃义，王者有失礼仪的虚伪。

《凤翔八观》之三为《王维吴道子画》。唐代吴道子是著名的画家，凤翔的普门寺存有他画的佛像；王维既是诗人，又是画家，凤翔开元寺存有他画的竹子。苏东坡寓自己于其中咏画、论画、摹画、绘画，通过对他们两个人画作的评价，得出了自己“画中有诗”的绘画理论和诗画相通的审美观点。

道子实雄放，浩如海波翻。
当其下手风雨快，笔所未到气已吞。

亭亭双林间，彩晕扶桑暾。

中有至人谈寂灭，悟者悲涕迷者手自扪。

蛮君鬼伯千万万，相排竞进头如鼋。

苏东坡认为，吴道子所画的《至人谈寂灭图》，雄浑豪放，如海浪奔涌、疾风骤雨，气势逼人。所画人物形态各异，“至人”侃侃而谈，“悟者”涕泪悲泣，“迷者”扪心自问，“蛮君”无所畏惧。“出新意于法度之中，得妙理于豪放之外”。但他没有王维“得之于像外”的画外神韵。

吴生虽妙绝，犹以画工论。

摩诘得之于象外，有如仙翮谢笼樊。

吾观二子皆神俊，又于维也敛衽无间言。(《王维吴道子画》)

王维所画的《祇园弟子像》，人物骨瘦似鹤，有清羸示病之容；心如死灰，有隐形忘言之状，表现出一种寂静恬淡的精神境界。所画竹子，霜根冰节，枝叶互动，显示出高洁的品质。他们都是通过描摹对象的形貌神态，显示自己向往的精神境界，阐述了“画中有诗”的艺术魅力。

从性情上讲，苏东坡喜欢吴道子的雄浑豪放，而从审美趣味上讲，他又更推崇王维的画中有诗。当时苏东坡的绘画技艺尚未成熟，通过对这两位大家的学习，他最终选择了后者，并将文人画推到了一个新的高度。继苏东坡之后，文人画开始大行其道，并逐步成为主流。这些都是与这首诗作分不开的。

《凤翔八观》之四为《维摩像唐杨惠之塑在天柱寺》。天柱寺中，有一尊由唐朝雕塑家杨惠之所作维摩诘居士的雕像。维摩诘居士长期对佛做各种供养，聆听佛的深教诲。得悟后的维摩诘慈心悲愿犹如大海般浩瀚无际，是位很难得的在家信徒。有一次，维摩诘为了方便引导世人，乃示现病重，躺在床上，痛苦呻吟。那些崇敬他的人纷纷前来探病。他说：诸位要明白，人的身体不是永恒的，总有一天会腐朽消失，大家不要对它执着不放。这也是苏东坡早期佛学思想的体现。

今观古塑维摩像，病骨磊嵬如枯龟。

乃知至人外生死，此身变化浮云随。

他将维摩诘誉为“外生死”“浮云随”的至人，是苏东坡对这种随遇而安、自然自在居士生活的向往。可以说，苏东坡的乐观、洒脱、自在的处事根源之一就是在维摩诘身上。这个时候，他已开始思考人生并体悟人生无常。禅根已种，禅因自来。

《凤翔八观》之五为《东湖》。从山清水秀的眉山，来到“有山秃如赭，有水浊如泔”的黄土高坡，苏东坡很不习惯。仅在凤翔任职一年，他就将属地走了一遍。凤翔城东南的“饮凤池”是他闲暇之余经常光顾的地方。那里有水、有亭台、有垂柳，与家乡的环境颇为相似，只是多年淤积，流水不畅，既不能形成池水规模，也无法满足周边农田的灌溉。于是，苏东坡就以“涝则闭之蓄水、旱则泄之灌溉”为目标，倡导官民引流山泉水，疏浚饮凤池，扩大湖面，种莲植柳，建亭修桥。一则可以灌溉农田，二则可以成为凤翔府的后花园，供人们休憩游玩。

经过凤翔百姓一年的努力，饮凤池扩建工程圆满结束。在这座干旱的凤翔城东南，突兀出现一片汪洋。城墙巍巍，柳枝轻抚，饮凤池已比先前扩大了十几倍，“但见仓石螭，开口吐清甘”。站在湖边，湿润的清风扑面而来，好像回到了眉山老家的江边，苏东坡十分兴奋：

不谓郡城东，数步见湖潭。

入门便清奥，恍如梦西南。

泉源从高来，随波走涵涵。

东去触重阜，尽为湖所贪。

因湖在凤翔城东，苏东坡亲自将饮凤池改名为东湖。周围广种垂柳，绿树成荫，水光潋滟，成为凤翔人休闲观光的好地方。后人有诗云：“东湖暂让西湖美，西湖却知东湖先。”

《凤翔八观》之六为《真兴寺阁》。凤翔城中有很多豪华建筑，北宋初期凤翔节度使王彦超所建的真兴寺阁是其中的佼佼者。它雄踞城中，高十余丈，气象峥嵘。苏东坡登高望远，雄姿英发，为王彦超的功业和气度所感动，不吝词采，大加赞赏。

山川与城郭，漠漠同一形。
市人与鸦鹊，浩浩同一声。
此阁几何高，何人之所营。
侧身送落日，引手攀飞星。
…………
古人虽暴恣，作事今世惊。
登者尚呀喘，作者何以胜。
曷不观此阁，其人勇且英。

全诗俊爽高迈，写阁同于写人，正是苏东坡意气风发的壮年色彩和特征。

《凤翔八观》之七为《李氏园》。李氏园是唐代凤翔节度使李茂贞为其夫人刘氏修建的园林。如今的李氏园，虽然有些破败，但从其亭台楼阁、花鸟池树中，仍能见到它往日的兴盛。想到当时李茂贞为了这个“美园圃”，不惜“夺民田”“破千家”，残酷无比。苏东坡义愤填膺，立下誓言：为官一生“永与清景逐”。决心要勤政廉政，爱护百姓，决不让悲剧重演。

我今官正闲，屡至因休沐。
人生营居止，竟为何人卜。
何当力一身，永与清景逐。

由此，我们不难看出苏东坡清廉的为民情怀和磊落的政治胸襟。这是他从政之后一生的追求和坚持。

《凤翔八观》之八为《秦穆公墓》。在东湖旁边有一座古墓，历经风雨，墓冢已经变得低矮。墓旁有一泉水，人们往往以泉知墓。这就是春秋五霸之一的秦穆公墓葬。苏东坡游览东湖之后，经常在秦穆公墓旁观览思古。

> 橐泉在城东，墓在城中无百步。
>
> 乃知昔未有此城，秦人以泉识公墓。
>
> 昔公生不诛孟明，岂有死之日而忍用其良。
>
> 乃知三子徇公意，亦如齐之二子从田横。
>
> 古人感一饭，尚能杀其身。
>
> 今人不复见此等，乃以所见疑古人。
>
> 古人不可望，今人益可伤。

秦穆公是秦国历史上有为的君主，在位时大力起用贤良之士，成就了秦国霸业。当时贤臣子车氏的三个儿子：子车奄息、子车仲行、子车针虎，被称为“秦三良”。他们尽心辅佐秦穆公，使秦国迅速强大起来。秦穆公在位九年，死后居然用一百多个活人“以生殉葬”，其中就包括在政治和军事上都做出巨大贡献的“秦三良”。“秦三良”被殉葬后，秦国的百姓都非常悲伤，很快就在民间传唱出一首名为《黄鸟》的诗歌，用来纪念对三位贤人的不尽哀思，后被孔子收入《诗经》之中，流传至今。苏东坡认为，“秦三良”殉葬，就像齐国二子殉葬田横一样，是道义的献身。最后，他用赵盾与灵辄“一饭之恩必报”的典故，感叹现在人心不古、道义沦丧的可悲。

《凤翔八观》是苏东坡初登仕途的第一组作品，他以历史的眼光、旷达的心胸去审视文物古迹，既有对历史文化的深情讴歌，又有对壮丽河山的细致描绘；既有对艺术创作的真知灼见，又有对历史现实的沉重叹息；既有像杜甫一样针砭时弊的现实主义，也有像李白一样豪放不羁的浪漫主义。

这些作品虽然有些雕琢的痕迹，但已经显示出苏东坡纵横驰骋的艺术才华，其现实意义已远超之前的作品。

“三记一论”

如果说《凤翔八观》充满了现实主义的精神取向，那么他的“三记一论”散文创作则显示出刻意求新的审美追求。“三记”即《喜雨亭记》《凤鸣驿记》《凌虚台记》，是三篇叙事体散文，分别叙述了苏东坡在凤翔经历的三件事情，以事论理，借题发挥，翻出新意，情趣盎然。“一论”即《思治论》，是一篇政论性文章，但与其以前的论文相比更加成熟，更具现实性和可操作性。

“三年辄去岂无乡，种树穿池亦漫忙。”（《新葺小园二首》其二）到任后第二年即嘉祐七年（1062），苏东坡在府衙的北面修建了自己的宅院，除植树种竹之外，还在旁边建一座亭子。这年春天久旱不雨，亭子刚刚落成，却突然天降喜雨。这是久旱的甘霖，田里禾苗有救了，所以官员和百姓都喜不自胜。于是苏东坡将其命名为“喜雨亭”，并作文以记之。

亭以雨名，志喜也。古者有喜，则以名物，示不忘也。周公得禾，以名其书；汉武得鼎，以名其年；叔孙胜敌，以名其子。其喜之大小不齐，其示不忘一也。

予至扶风之明年，始治官舍。为亭于堂之北，而凿池其南，引流种木，以为休息之所。是岁之春，雨麦于岐山之阳，其占为有年。既而弥月不雨，民方以为忧。越三月，乙卯乃雨，甲子又雨，民以为未足。丁卯大雨，三日乃止。官吏相与庆于庭，商贾相与歌于市，农夫相与忭于野，忧者以喜，病者以愈，而吾亭适成。

于是举酒于亭上，以属客而告之，曰：“五日不雨可乎？”曰：“五日不雨则无麦。”“十日不雨可乎？”曰：“十日不雨则无禾。”“无麦无禾，岁且荐饥，狱讼繁兴，而盗贼滋炽。则吾与二三子，虽欲优游以乐于此亭，其可得耶？今天不遗斯民，始旱而赐之以雨。使吾与二三子得相与优游以乐于此亭者，皆雨之赐也。其又可忘耶？”

既以名亭，又从而歌之，曰：“使天而雨珠，寒者不得以为襦。使天而雨玉，饥者不得以为粟。一雨三日，伊谁之力？民曰太守。太守不有，归之天子。天子曰不然，归之造物。造物不自以为功，归之太空。太空冥冥，不可得而名。吾以名吾亭。”

“亭以雨名，志喜也。……”开篇点题，道出篇名由来，为全文之纲。

第二段叙述修亭经过，点明修亭之人、时间、地点及周围环境。写久旱民忧，大雨民喜，把修亭与喜雨联系起来，以忧衬喜。

第三段寓议论于对话之中，说出亭与喜雨之关系。苏东坡在酒宴上问客人：“五天不下雨可以吗？”客人回答：“五天不下雨，就长不成麦子了。”他又问：“十天不下雨可以吗？”客人回答：“十天不下雨就养不活谷子了。”他们又说：“没有麦没有谷，年成自然荒废，诉讼案件就多了，而盗贼也猖獗起来。大家即使想在这亭子上玩乐，能做得到吗？现在上天不遗弃这里的百姓，旱象一现，便降下雨来，使大家能够一起在这亭子里游玩赏乐，都靠这雨的恩赐啊！”

最后一段以歌作结，与民同乐的拳拳之心充盈于字里行间。全文如红线串珠般地层层递进，着眼于“亭”，泼墨于“雨”，却纵情于“与民同乐”。“此篇题小而语大，议论干涉国政民生大体，无一点尘俗气，自非具眼者，未易知也。”（杨慎《三苏文范》）

《凤鸣驿记》是为太守宋选修葺驿馆歌功颂德的作品。苏东坡对自己尊重的人，丝毫不吝笔墨。第一次去京都开封路过凤翔时，他到过凤鸣驿。当时，驿站馆舍简陋脏乱，破败不堪，无法入住，只好改住在旅馆里。这次到凤鸣驿一看，面貌一新，整洁清爽，不复当初模样；一打听，才知是太守宋公到任组织修缮，五十多天完工，用了三万多个工、二十一万多材料，却没有惊动当地的百姓。

古之君子不择居而安。安则乐，乐则喜从事，使人而皆喜从事，则天下何足治欤？后之君子，常有所不屑。使之居其所不屑，则躁，否则惰。躁则妄，惰则废，既妄且废，则天下之所以不治者，常出于此，而不足怪。

苏东坡说古代的君子能够随处安居，安居就快乐，快乐就乐意干实事。如果人人都乐于干实事，那么天下还何愁治理不好？后世的君子，常常认为身边之事不值得去做，如果让他做自己轻视的事，就会浮躁焦急，要不就懒惰不为。焦躁就胡作非为，懒惰就因循苟世。既胡作非为，又因循苟世，天下难于治理也就不奇怪了。

“尝食刍豢者难于食菜；尝衣锦者难于衣布；尝为其大者不屑为其小，此天下之通患也。”曾经肉食者吃蔬菜很难，曾经锦衣者穿粗布很难，做大事的人往往不屑于做小事，这是人们的通病。苏东坡由一件小事着眼，由小见大，以事及理，顺藤摸瓜，引出知人论世、天下治与不治、躁静惰怠的大道理来。修缮驿馆虽是件小事，但它可以说明宋选知州能随处而安居，安居下来就心中快乐，心中快乐就乐意干一些实事，这才是苏东坡真正赞颂的目的。《凤鸣驿记》体现了他的治世观和人生观，字里行间含有警戒提示官员们认真做事、廉洁奉公之意。他在入世之初，便从宋选身上学到了一种勤勉务实的做事风格。

宋仁宗嘉祐八年（1063），苏东坡所爱戴的知州宋选卸任凤翔知府，由陈希亮代替。陈希亮生性“面目严冷，语言确认，好面折人”“目光如冰，平生不假人以色，自王公贵人，皆严惮之。”（《陈公弼传》）而当时的苏东坡年轻气盛，不免行诸辞色，每与之争论时一点也不肯屈就退让，屡屡与陈希亮发生矛盾。陈希亮也有意要压制这个锋芒太露的后辈，对他一样端起架子，毫不客气。有一次，苏东坡去拜见陈希亮，他却闭门不见，使得苏东坡“谒入不得去，兀坐如枯株。岂惟主忘客，今我亦忘吾”（《客位假寐》）。于是，中元节的时候，苏东坡也故意不去知府厅见陈希亮。后来，陈希亮抓住这一点，上奏弹劾，导致朝廷对苏东坡严加斥责，并罚铜八斤。两人之间，成见日深。

后来，陈希亮在自家后花园修建了一座高台，名凌虚台，希望苏东坡作《凌虚台记》。苏东坡以为终于找到报复的机会，于是文思泉涌，一气呵成。

物之废兴成毁，不可得而知也。……尝试与公登台而望，其东则秦穆之祈年、橐泉也，其南则汉武之长杨、五柞，而其北则隋之仁寿，唐之九成也。计其一时之盛，宏杰诡丽，坚固而不可动者，岂特百倍于台而已哉？然而数世之后，欲求其仿佛，而破瓦颓垣，无复存者，既已化为禾黍荆棘丘墟陇亩矣，而况于此台欤？……而或者欲以夸世而自足，则过矣。

这一段是说，事物的兴盛和衰败，是无法预料的。我和陈公一起登台而望，看到其东面就是当年秦穆公祈年、橐泉两座宫殿遗址，其南面就是汉武帝的长杨、五柞两座宫殿遗址，其北面就是隋朝的仁寿宫，也就是唐朝的九成宫遗址。回想它们一时的兴盛，宏伟奇丽，坚固而不可动摇，何止百倍于区区一座高台而已呢？然而几百年之后，想要寻找它们的样子，却连破瓦断墙都不复存在，已经变成了种庄稼的田地和长满荆棘的废墟了。相比之下，这座高台又怎样呢？一座高台尚且不足以长久依靠，更何况人世的得失，本就来去匆匆岂不更难持久？如果有人想要以高台夸耀于世而自我满足，那就错了。

《凌虚台记》先写了凤翔的地理形势，又将凌虚台建设的原委、结构特征进行了必要的铺陈，然后指向明确地发起议论："物之废兴成毁，不可得而知也""夫台犹不足恃以长久，而况于人事之得丧，忽往而忽来者欤""盖世有足恃者，而不在乎台之存亡也"……

陈希亮读后，不禁大笑。他对苏东坡说："你我两家是世交，我对你父亲苏洵就像对待亲儿子一样，对你就像对待亲孙子一样。平时我不苟言笑，是因为你小小年纪就名声在外，是怕你骄傲自满，并不是我不高兴啊。"

《凌虚台记》成了他们关系僵硬的终结。于是，陈希亮将苏东坡的《凌虚台记》不改一字，刻在石碑上，流传至今。苏东坡此时方知这位刻板上司的良苦用心，官场上太志得意满、不知收敛是要吃亏的。

苏东坡十分后悔，惭愧不已。后来，他在为陈希亮写传时说："轼官凤翔，实从公二年，方是时，年少气盛，愚不更事，屡与公争议，至形于言色，已而悔之。"(《陈公弼传》)

撇开这件事情，单说这篇作品，由远及近，逐步推演，说明一个“废兴成毁”的哲理，感叹万事万物的沧桑变化。阐发了事久必衰的盛衰规律，体现了苏东坡成熟的历史观，实属佳作。但《喜雨亭记》是祝贺，《凤鸣驿记》是歌颂，《凌虚台记》是讽刺，都因事而发，由小及大，推演出自己的道理，不分伯仲，各有千秋，各具风采，皆为千古名篇，写作艺术堪为一流。

“早岁便怀齐物志，微官敢有济时心。”（《次韵柳子玉过陈绝粮二首》其三）苏东坡在参加制科考试的时候，曾经尖锐地指出北宋王朝“有治平之名而无治平之实”。来到凤翔两年多的时间，处江湖之远，他更看到了国弱民穷的残酷现实。立志“奋厉有当世志”的苏轼，对如何治理天下进行了深入思考，于是撰写出《思治论》。

在《思治论》中，苏东坡点出了北宋王朝的三大危机：“财之不丰，兵之不强，吏之不择”，指出要课百官、安万民、厚财货、训兵旅。其核心思想根源就在于“其始不立，其卒不成，惟其不成，是以厌之而愈不立也”！

他认为，治理国家要有一个统一周密的计划，然后根据这一目标，坚定不移地干下去，不能“百官有司，不知上之所欲为也，而人各有心”，政出多门，“用舍系于好恶”“废兴决于众寡”，最终导致“所用之人无常责，而所发之政无成效”。

在凤翔，苏东坡看到，要办成一件事，哪怕是一件小事，想顺利办成都很难。因为想办事的人少，想阻止和破坏的人很多；实干的人少，评头论足的人却很多。因此，他强调朝廷上下要从“知、听、行、收”四个方面下功夫。“知”就是了解国家的利弊根源，从而思治；“听”是集思广益，听取各方面的意见建议，制订计划；“行”是按照规划和蓝图，认真实施；“收”是计划实施到一定的程度和界限，就要有所收敛，防止过犹不及。

最后，苏东坡道出了一个历代统治者都关心的民心问题，“非从众多之口，而从其所不言而同然者”，不能光听言不由衷的口号，要真正地心悦诚服才行。要“思其始而围其终”，办任何事前，都要有一个全局打算、一个通盘考虑。“天下之事，莫若从众”，任何改革，都必须要符合天下百姓的利益，要有一定的民意基础。

只有这样，朝廷才能“发之以勇，守之以专，达之以强”，才能国富民强。其实，苏东坡《思治论》所反映的历史问题与治国理念，至今仍然具有现实意义。因此，凤翔人将其刻石成碑，勉励自己，警示后人。

祈雨太白山

太白山，秦岭山脉最高峰，因鹤立鸡群之势冠列秦岭群峰之首。位于秦岭北麓,在眉县、太白县、周至县三县境内。太白山峰顶有一个道观，门前有一池塘，相传雨神龙王化身为一条鱼栖息其中。

嘉祐七年（1062）春，凤翔久旱不雨，田中禾苗几乎枯萎。遭遇干旱，官府带头为百姓祈雨；遭遇大涝，官府则要带头为百姓祈晴。这是官府制度。苏东坡刚到凤翔不久，就受命带领百姓到太白山去求雨。因为太白山“去天三百，山下行军，不得鼓角，鼓角则疾风雨至”(郦道元《水经注》)，祈雨十分灵验。

按照程序，他立即撰写祈雨文状，乞求上苍普降甘露，“……上以无负圣天子之意，下以无失愚夫小民之望”。

马上续残梦,不知朝日开。
乱山横翠幛，落月淡孤灯。
奔走烦邮吏，安闲愧老僧。
再游应眷眷，聊亦记吾曾?(《太白山下早行至横渠镇书崇寿院壁》)

苏东坡带领人马，起早贪黑，翻山越岭，长途跋涉，经横渠镇，沿延生观玉真堂、仙游潭中兴寺，过玉女洞、马融石室，至楼观、郿坞，到达清湫太白山拜仙台，宣读文状，虔诚祈祷，连续三日。但收效甚微，老天仅仅下了一点小雨，对久旱待霖的禾苗来说，只是杯水车薪。必须有一场透雨方能解决旱情。

据山上道观的道士说，自从本朝某一皇帝封太白山为侯爵之后，祈雨就再不灵验了。于是，苏东坡查阅太白山祈雨历史，发现太白山在唐朝时已经被封为公爵，到了宋朝，竟被皇帝改封为侯爵，等于把爵位降了，山神很不高兴，所以祈雨不灵。找到原因后，他立即撰写《代宋选奏乞封太白山神状》，请求皇帝恢复太白山的爵位。

> 唐天宝八年，诏封太白山为神应公。迨至皇朝，始改封侯，而加以济民之号。自去岁九月不雨，徂冬及春，农民拱手，以待饥馑，粒食将绝，盗贼且兴。……且此山崇高，足亚五岳，若赐公爵，尚虚王称，校其有功，实未为过。

乞状写好后，迅速上报朝廷。然后他与太守斋戒沐浴，派特使敬告神灵。两天之后，果然天降大雨，连续三日。《喜雨亭记》就是因此而生。

随后，朝廷准奏，封太白山神为“明应公”。苏东坡专程前往清湫太白山神庙，亲自书写《告封太白山明应公祝文》，并高声诵读：“天作山川，以镇四方。俾食于民，以雨以旸。惟公聪明，能率其职。……今皇神圣，惟民是忧。……舍旧即新，以佑我民。”

嘉祐八年（1063）秋，苏东坡第三次在此受命祈雨，经过太白山脚下的磻溪。磻溪出秦岭，北入渭河。相传，姜子牙垂钓于磻溪，以待周文王。磻溪石上有姜子牙跪坐时留下的痕迹。苏东坡有诗：

> 墨突不暇黔，孔席未尝暖。
> 安知渭上叟，跪石留双骭。
> 一朝婴世故，辛苦平多难。
> 亦欲就安眠，旅人讥客懒。（《磻溪石》）

三游终南山

终南山是秦岭山脉的一段，西起眉县，东至蓝田县，在古城长安之南，是长安城高大坚实的依托和屏障，是道教全真派发祥圣地，素有“仙都”、“洞天之冠”

和“天下第一福地”的美称。

在凤翔三年，苏东坡竟然三次游历，给本来就文化厚重的终南山更增添了诗韵。“君问终南山，心知白云外。”（王维《答裴迪辋口遇雨忆终南山之作》）

第一次，到属县宣皇帝诏，游终南山。嘉祐七年（1062）二月，朝廷为了抗击各地灾害，下令各地州府“减决囚禁”。苏东坡刚刚到任不久，就受命前往凤翔府所属宝鸡、眉县、虢县、周至四县执行任务。公事完毕，他即兴游览终南山。“十七日轼谒太平宫，…… 十八日循终南山而西，游崇圣观、大秦寺、延生观、仙游潭，宿中兴寺 …… 十九日，轼归至郿，二十日回府。”（孔凡礼《三苏年谱》）

溪上有堂还独宿，谁人无事肯重来。古琴弹罢风吹座，山阁醒时月照杯。（《重游终南子由以诗见寄次韵》）

第二次，到太平宫溪堂读书，游终南山。嘉祐八年（1063）三月，宋仁宗驾崩，十月葬永昭陵，凤翔府监督伐木，任务繁重，工期紧张，又遭遇秋季大旱，人心惶惶。再加上与新任太守陈希亮关系紧张，苏东坡心力交瘁，急需休息调整，于是请求到太平宫溪堂读书，其间游历了终南山。

人生百年寄鬓须，富贵何啻葭中莩。
惟将翰墨留染濡，绝胜醉倒蛾眉扶。
…………
终朝危坐学僧趺，闭门不出间履凫。
下视官爵如泥淤，嗟我何为久踟蹰。
岁月岂肯为汝居，仆夫起餐秣吾驹。（《将往终南和子由见寄》）

牢骚之意见诸笔端，他第一次品尝到了官场的失意与愤懑，甚至萌生了退隐之心。这次终南山之行，苏东坡潜心阅读由唐太宗御赐北帝宫的一部《道藏》，读书、求道、养心。这一经历对苏东坡的人格修养和艺术魅力，起到了至关重要的磨砺作用。

至人悟一言，道集由中虚。

心闲反自照，皎皎如芙蕖。

千岁厌世去，此言乃籧篨。

人皆忽其身，治之用土苴。

何暇及天下，幽忧吾未除。(《读道藏》)

苏东坡对照《道藏》检点自我，“心闲反自照，皎皎如芙蕖”。尽管官场复杂多难，但他还能守身如莲，出淤泥而不染。道家的修炼，就是要用宁寂虚无的意境去感知世界，发现真谛，才能从容应对万事万物。他提醒自己，做人要虚静专一，内心无忧，杂念尽除，然后方能胸怀天下，潜心求治，不管归隐还是入世，都要保持自身如莲花般的纯洁。

第三次，和好友章惇同游终南山。周至县楼观说经台碑廊里，有块“老子显见碑”，其阴面有东坡题字，记录了他的第三次游历：“章子厚自长安来终南会轼，而西还岐下，因同游南山。轼三年连三至此，然与子厚游，其乐如始至也。甲辰正月十一日。赵郡苏轼子瞻题。”

三次游历，苏东坡已经爱上了这个地方，不仅风光优美，而且充满灵气，他多么想将家安在南溪，终生与溪堂为邻啊。

结交朋友

“相逢一醉是前缘，风雨散、飘然何处。”(《鹊桥仙 · 七夕送陈令举》) 苏东坡心地善良，对人坦诚、率真，“眼前见天下无一个不好人”(贾似道《悦生随抄》)。少年时爱好交友，师从张易简时，有好朋友陈太初；解除母丧出四川前，与成都大慈寺惟简法师是好朋友；路过许州时，与范仲淹的儿子范纯仁结为好友；到开封时与“穷士”马正卿结为好友；等等。在凤翔的三年时间，他以工作交友，以诗酒会友，也结交了几个朋友，给他的生活带来了很多乐趣。许多朋友在苏东坡落魄时送来温情无数，在其身处逆境时给予了很多安慰，使其在最困难的时候仍能鼓起生活的勇气。但也有个别朋友为其带来了灾难。

先说说陈慥。陈慥是太守陈希亮的儿子，与苏东坡年龄相当，性格相投。苏东坡虽然与陈太守不睦，但并不影响与陈慥的关系。陈慥就是苏东坡笔下的方山子，“少年使酒好剑，用财如粪土”。陈慥打猎时，“从两骑，挟二矢，游西山。鹊起于前，使骑逐而射之，不获。方山子怒马独出，一发得之。因与余马上论用兵及古今成败，自谓一世豪士”(《方山子传》)。十九年后，陈慥隐居黄州，彼此多有来往，是苏东坡危难时候的忠实朋友。

再说说文同。文同，字与可，是苏东坡的表哥。只是到凤翔后，两人才认识：“我官于岐，实始识君”。文同是个画家，才气超人，“甚口秀眉，忠信而闻，志气方刚，谈词如云”“脱口成章，粲莫可耘，驰骋百家，错落纷纭”(《黄州再祭文与可文》)。艺术上的息息相通，使这对表兄弟联系紧密，给苏东坡枯燥的生活增添了很多乐趣。文同善画竹子，据说苏东坡画竹就是受文同的感染，得文同的技法。

第三，说说王彭。王彭，字大年，是凤翔府的监军，是苏东坡工作上的搭档和好朋友，他们“居相邻，日相从”，过从甚密。王彭很有个性，不畏权贵，“时太守陈公弼驭下严甚，威震旁郡，僚吏不敢仰视”，只有王彭“侃侃自若，未尝降色词”。王彭“博学精练，书无所不通”，精通佛学，尤其喜欢苏东坡的文章，“每出一篇，辄拊掌欢然终日”(《王大年哀词》)。苏东坡后来钻研佛学，就是受到他的启发。

第四，说说董传。董传，字至和，举进士，家住洛阳。当苏东坡离开京城到凤翔赴任时，他自愿跟随苏东坡当贴身童仆，以求学问。三年后，他离开苏东坡进京赶考。董传虽家庭贫寒，衣衫朴素，但饱读诗书，满腹经纶，平凡的衣着掩盖不住他乐观向上的精神风骨。“其为人，不通晓世事，然酷嗜读书。其文字萧然有出尘之姿，至诗与楚词，则求之于世可与传比者，不过数人”(《上韩魏公一首》)。苏东坡与他分别时，留别赠诗：

粗缯大布裹生涯，腹有诗书气自华。

厌伴老儒烹瓠叶，强随举子踏槐花。

囊空不办寻春马，眼乱行看择婿车。

得意犹堪夸世俗，诏黄新湿字如鸦。(《和董传留别》)

后来董传病死，竟然无钱安葬，苏东坡与朋友们一起筹钱相赠其家，并写信给韩魏公，希望他也能助其一臂之力。

最后，不得不说的就是章惇了，他曾救苏东坡于虎口，也曾把苏东坡直接贬谪到儋州，差点让苏东坡命丧海岛。

章惇，字子厚，福建人，比苏东坡年长。他生性倔强，争强好胜。与苏东坡一样为嘉祐二年（1057）进士及第，但因其族侄章衡考中状元，章惇耻于居章衡之下，拒不受敕，扔掉敕诰回家，又于嘉祐四年（1059），再次参加科举考试，进士及第。

苏东坡在凤翔期间，章惇为商州推官。嘉祐七年（1062）秋，刘敞主持长安永兴军路、秦凤路解士考试，二人同去做考官，相见甚欢，引为莫逆之交。一次，两人一起游玩，对酒当歌，痛饮山中，有些微醺时，忽然听说有老虎在附近出没。他们仗着酒劲，竟然骑马前去观看。眼见着老虎越来越近，座下马匹受惊不前。苏东坡对章惇说，马都吓成这样了，咱们还是快逃吧。章惇却突然鞭马前行，在距离老虎很近的地方，拿出一个破锣，在石头上猛然撞击，老虎受惊而逃。回来后，他骄傲地对苏东坡说："以后你肯定不如我！"

还有一次，两人出游，过一座独木桥，桥下是万丈深渊。章惇怂恿苏东坡沿独木桥到对面石壁上题字记游。苏东坡因为惧怕，不敢前行。章惇却若无其事，从容而过，在石壁上题写"章惇、苏轼来游"。苏东坡看得惊心动魄，说老兄以后可以杀人。章惇问何出此言。苏东坡笑说，你连自己的命都不顾，更何况是别人的。

苏东坡认为章惇"奇伟绝世，自是一代异人。至于功名将相，乃其余事"（《与章子厚参政书二首》其一）。一次苏东坡从外面回来，章惇正坦腹而卧，他摸着肚子问苏东坡，你知道这里面都装着什么东西吗？苏东坡大笑说：那里面都装着些谋反的家事！两人熟悉友好的程度可见一斑。只是后来两人政见不合，越走越远，几乎成了仇人，将苏东坡贬谪至海南岛，就是章惇的主意。

苏东坡天真率性，坦坦荡荡，嬉笑嘲讽，口无遮拦，使他赢得了很多朋友，但在官场，也给自己埋下了很多祸根。妻子王弗经常告诫他“子去亲远，不可以不慎”(《亡妻王氏墓志铭》)。文同、章惇等也曾写信劝诫他要慎言，但性格使然，难以改变。

宋英宗治平元年（1064）冬，苏东坡的凤翔任期结束了。凤翔是他宦途第一站，在这里，苏东坡的才干和品格已经初步显露，他的从政思想和为文风格也初步形成，后面的路还很长，等待苏东坡的将是怎样的人生之路呢？

尽是死生离别处

——三到开封

“人生不满百，一别费三年。”（《和子由苦寒见寄》）宋英宗治平元年（1064）年底，苏东坡结束了三年凤翔之任，挈妇将雏，离开凤翔。途经长安，游华清池、骊山墓，过华阴，东行回京都开封。

长安晤石苍舒

行至长安，苏东坡拜会石苍舒。石苍舒，字才叔，陕西人，是黄庭坚的学生，精通书画。石家蓄藏图书甚多，还藏有褚遂良《雁塔圣教序》真迹。曾任礼部尚书的大书画家文彦博主政长安时，曾向石苍舒借阅赏玩，并临摹一本。然后专门宴请僚属，拿出两本要座客辨别真假，座客都高度赞誉临摹本为真，反说石苍舒所收那本为假。石苍舒没有分辩，只是笑着说：“今天我才知道自己地位低下。”令文彦博和在座僚属们都很尴尬。

苏东坡仰其才高，敬其为人，相互切磋书画，畅饮长谈。后来，应石苍舒之邀，苏东坡为他作了一首堪称经典的《石苍舒醉墨堂》。该诗提出了书法艺术崇尚自然的可贵观点：摆脱羁绊，放笔快意，追求创作的最大自由，只有长期积累、艰苦学习，才能水到渠成。

人生识字忧患始，姓名粗记可以休。
何用草书夸神速，开卷惝恍令人愁。
我尝好之每自笑，君有此病何年瘳。
自言其中有至乐，适意无异逍遥游。

近者作堂名醉墨，如饮美酒销百忧。
乃知柳子语不妄，病嗜土炭如珍羞。
君于此艺亦云至，堆墙败笔如山丘。
兴来一挥百纸尽，骏马倏忽踏九州。
我书意造本无法，点画信手烦推求。
胡为议论独见假，只字片纸皆藏收。
不减钟张君自足，下方罗赵我亦优。
不须临池更苦学，完取绢素充衾裯。

骊山思古

从长安出发东进，苏轼登骊山、看华清，思古之情油然而生。骊山位于长安临潼城南，是秦岭山脉的一个支脉。周、秦、汉、唐以来，这里一直作为皇家园林地，离宫别苑众多。相传，周幽王在此建骊宫，秦始皇时改为骊山汤，汉武帝时扩建为离宫，唐太宗营建宫殿取名汤泉宫，唐玄宗在此扩建取名华清宫，因以温泉著称，又称华清池。

骊山风景秀丽，在中国历史上留下许多发人深省的故事。西周末年，周幽王为博取爱姬褒姒一笑，烽火戏诸侯，直落得国破家亡的下场；秦朝宦官赵高指鹿为马，弄权误国，使得显赫一时的秦王朝二世亡；唐玄宗与杨贵妃在华清池过着荒淫无度的生活，结果导致安史之乱，强大的唐王朝至此一蹶不振。

历史是一面镜子。如今的大宋王朝积贫积弱、灾患不断，外有异族侵扰，内有农民起义，而统治集团却日益荒淫无度。面对古今的盛衰兴亡，初入仕途的苏东坡忧心如焚，写下了《骊山三绝句》:

其一

功成惟欲善持盈，可叹前王恃太平。
辛苦骊山山下土，阿房才废又华清。

秦始皇和唐玄宗都是历史上颇具雄才大略的皇帝，但都因贪图享乐、奢侈腐化导致了国家衰亡的命运。

其二

几变雕墙几变灰，举烽指鹿事悠哉。

上皇不念前车戒，却怨骊山是祸胎。

昏君无度，佞臣误国。后人若不念前车之鉴，只会让历史的悲剧不断重演，骊山怎么会是祸患的根源呢？

其三

海中方士觅三山，万古明知去不还。

咫尺秦陵是商监，朝元何必苦跻攀。

秦始皇为了长生不老，求仙访道，让徐福到海上寻药，一去不返。硕大的秦始皇陵也掩盖不了他难免一死的事实，但这些依然阻挡不了唐玄宗劳民伤财地修建朝元阁。

苏东坡通过三首诗借古讽今、针砭时弊，希望当时的统治者能以史为鉴，改变“后宫之费，不下一敌国，金玉锦绣之工，日作而不息，朝成夕毁，务以相新……”(《进策》) 的不良状况。

“忆弟泪如云不散，望乡心与雁南飞。”(《壬寅重九不预会独游普门寺僧阁有怀子由》) 行至华阴，苏东坡“近乡情更怯”(宋之问《渡汉江》)，思念父亲、兄弟之情愈加浓烈，于是他快马加鞭赶起路来。

三年无日不思归，梦里还家旋觉非。

腊酒送寒催去国，东风吹雪满征衣。

三峰已过天浮翠，四扇行看日照扉。

里堠消磨不禁尽，速携家饷劳骖騑。(《华阴寄子由》)

华山怒斥岳神

但行至华岳道岳神庙附近，随行的一名士兵突然遭遇“鬼缠身”，神志不清。他不断地扯下自己的衣服，手舞足蹈。苏东坡只得让人把他捆起来，但他仍癫狂大叫。随行的人说，我们来往经过岳神庙，都不曾祭拜，应该是岳神发怒，才让他中邪。于是苏东坡进庙拜谒：

> 某昔之去无祈，今之回无祷。特以道出祠下不敢不谒而已。随行一兵狂发遇祟。而居人曰：神之怒也，未知其果然否。此一小人如虮虱耳，何足以烦神之威灵哉。纵此人有隐恶，则不可知。不然以其懈怠失礼，或盗服御饮食等，小罪尔，何足责也，当置之度外。窃谓岳镇之重，所隶甚广，其间强有力富贵者，盖有公为奸慝，神不敢于彼示其威灵，而乃加怒于一卒，无乃不可乎！某小官，一人病则一事缺，愿恕之可乎？非某愚，直谅神不闻此言。(李廌《师友谈记》)

这一段是说，真的对不起了！三年前我经过这里，未曾祭拜您，今天又经过这里，还没有祭拜，是在下的过错。但您将惩罚给予一个小小兵卒，确实劳烦了您的神威。我知道您管辖的范围很广，其间有很多高官富贵为非作歹，而您却没有显示神威，严厉惩罚，单单对一个小兵卒示以厉害，实在不应该。我是个小官，身边人一人一事，不可或缺。请您恕其罪过，放他一马。

可以看出，苏东坡有责怪山神之意：你只在如蚁虱之小卒身上发威，而不敢在奸慝的富贵者身上示威，是欺软怕硬吧。

苏东坡祷告完毕，他刚出庙门，便“忽作大风，震鼓天地，砂石惊飞”(李廌《师友谈记》)，行人无法睁眼。大家都认为是苏东坡的祷告得罪了山神，苏东坡却说，我讲如此道理，难道岳神还不息怒，可见他也没什么道理可言，我不怕他！他们继续前行，人马都举步维艰。随从劝说他回庙里求饶，苏东坡说：“祸

福，天也。神怒即怒，吾行不止，其如予何？”（李廌《师友谈记》）

过了一会儿，风渐渐停了，大家都平安无事，那个士兵也恢复了神智。是啊，人应该讲道理，作为人崇敬的神更应该讲道理，神如果都不讲道理了，还是神吗？以上可以看出苏东坡爽直的性情。

失妻丧父

治平二年（1065）正月，苏东坡一家人回到开封与亲人团聚。

离朝三年，朝中发生很多大事。宋仁宗于嘉祐八年（1063）三月驾崩，因其无亲生子嗣，生前就从皇族中过继了一个儿子，名叫赵宗实。嘉祐七年（1062）他被立为皇子，并改名赵曙。宋仁宗驾崩后，由宰相韩琦等人扶持赵曙继大位，史称宋英宗，改元治平。

宋英宗早闻苏东坡大名，打算效仿唐朝皇帝的做法，将其召入翰林院，授予他翰林学士，但遭到宰相韩琦的阻止。他说：“轼之才，远大器也，他日自当为天下用。要在朝廷培养之，使天下之士莫不畏慕降伏，皆欲朝廷进用，然后取而用之，则人人无复异辞矣。今骤用之，则天下之士未必以为然，适足以累之也。”（《宋史·苏轼传》）

韩琦的理由是苏东坡是大才，用他是早晚的事。一下子就重用他，恐怕会引起天下学子的异议。不如先锻炼他、培养他，以备日后大用，使天下之士都畏慕降伏！

于是，苏东坡先以殿中丞差判登闻院，然后又经过馆职学士院的考试，受职直史馆。直史馆，是重要官职的储备库，在这里任职一至二年，皇帝就要委以重任，并可超迁官阶。

“堂梨花映白杨路，尽是死生离别处。”（《与郭生游寒溪，主簿吴亮置酒，郭生喜作挽歌，酒酣发声，坐为凄然。郭生言吾恨无佳词。因为略改乐天〈寒食〉诗歌之，坐客有泣者》）宋英宗治平二年（1065）五月，苏东坡的妻子王弗离世。这是一位明理贤惠的伴侣，年方二十七岁，也是一位聪慧而低调的女子，“其始，未尝自言其知书也。见轼读书，则终日不去，亦不知其能通也。……轼有所为于外，君未尝不问知其详”(《亡妻王氏墓志铭》)。

王弗不仅悉心照顾苏东坡的生活，还经常提醒他远离奸佞小人，“子去亲远，不可以不慎”(《亡妻王氏墓志铭》)。在苏东坡官居凤翔期间，与访客交往，王弗经常立于屏风之后倾听，事后与苏东坡交流对某人为人的总结和看法。“某人也，言辄持两端，惟子意之所向，子何用与是人言”(《亡妻王氏墓志铭》)，某人“恐不能久，其与人锐，其去人必速”(《亡妻王氏墓志铭》)。结果验证，王弗无不言中。王弗的细心缜密弥补了苏东坡大大咧咧的缺点，可谓他绝佳的贤内助。

“哀哉魏城君，宿草荒新墓。”(《伯父送先人下第归蜀诗云云因以为韵》)王弗死后，被朝廷追封为“魏城君”、“崇德君”和“通义郡君”，暂殡京城西。

然而，祸不单行。同一年，对自己有警醒之恩的陈希亮去世，苏东坡刚刚为他写过墓志铭，年底时，对苏氏父子有举荐之恩的雷简夫病逝，父亲为他写了墓志铭。更令人痛心的是，宋英宗治平三年（1066)，父亲苏洵病逝，时年五十八岁。

苏洵少年不学，二十五岁始知读书，二十七岁始发愤读书，经过十多年的闭门苦读,学业大进。于是,他带领两个儿子来到汴京，一举成名。他是一位有政治抱负的人。虽然一生屡试不中，但其文章却能独步古今。苏洵和两个儿子一样，被奉为“唐宋八大家”之一。他说作文就是“言当世之要”，目的为了“施之于今”。他的文章，少或百字，多或千言，或议政或议兵，或议经或议史，都精心布局谋篇，因物赋形，工整严谨，变化万千，风格各异。他的语言，字字珠玑，句句珍宝，既古朴凝练，又生动形象，妙语连篇，内涵丰富，读后让人回味无穷。他提倡学习古文，反对浮艳怪涩的时文；主张文章应“有为而作”“言必中当世之过”；强调“得乎吾心”，写“胸中之言”。欧阳修称赞他“博辩宏伟”“纵横上下,出入驰骤，必造于深微而后止”(欧阳修《故霸州文安县主簿苏君墓志铭》)。

父亲的去世，震动朝野。朝廷重臣，纷纷前来吊唁。欧阳修亲自为其撰写墓志铭，曾巩为其致哀词。司马光前来吊唁时，应苏轼兄弟的邀请，还为苏东坡已故的母亲程氏写了墓志铭。

英宗皇帝赏赐银百两、绢百匹，韩琦、欧阳修等人也赠以银两，苏东坡均婉言谢绝了。他想到父亲一生求官却屡试不中，在大臣们的推荐下，才得到一个小小文安县主簿的禄位。便请求宋英宗赐给父亲一个合适的官位，以了父亲遗愿。于是，宋英宗“闻而哀之，特赠光禄寺丞，敕有司具舟载其丧归于蜀”(欧阳修《故霸州文安县主簿苏君墓志铭》)。

是年六月，苏轼兄弟遵父命，舟载父亲灵柩及王弗棺木，顺汴河，到淮河，转运河，入长江，逆流而上，回四川眉山，将苏洵和母亲程氏合葬，并将他的妻子王弗葬在父母身旁。

萧萧暮雨人归去

——再返眉山

“冥漠重泉哭不闻，萧萧暮雨人归去。”(《与郭生游寒溪，主簿吴亮置酒，郭生喜作挽歌，酒酣发声，坐为凄然。郭生言吾恨无佳词。因为略改乐天〈寒食〉诗歌之，坐客有泣者》) 宋英宗治平三年（1066）夏，苏东坡一行从京师开封出发，护送父亲和妻子王弗的灵柩，由汴水入淮河，“逆风三日沙吹面”(《泗州僧伽塔》)，过泗州、龟山，经洪泽湖，转运河，进入长江，逆流而上。

溯江扶柩还乡

“忆昔扁舟溯蜀峡，落帆樊口高桅亚。”(《次韵前篇》) 船行至武昌樊口，落帆歇脚。樊口是一座古镇，坐落在樊山北麓，长江南岸，正对长江北岸黄州城。站在樊口，北望暮色中的黄州小城，似曾相识。苏东坡无论如何也想不到，多年后的自己竟然被贬谪至此，并与之结下不解之缘。

逆水行舟，苦不堪言。历经秋冬，终于到达长江西陵峡入口处。接下来的行程，就要靠长江岸上的纤夫拉纤过三峡了。这是溯江而上最艰难的时候。就在他们穿越三峡的过程中，一直准备重用苏东坡的宋英宗不幸病亡，太子赵顼即位，是为宋神宗。这一消息，给苏东坡更增添了人生无常的遗憾和又失靠山的落寞。

经过数月的长途跋涉，他们终于回到了老家眉山。安顿下来后，准备择吉日安葬父亲。

葬父彭山老翁泉

“治平四年十月壬申，葬于彭山之安镇乡可龙里。”(欧阳修《故霸州文安县主簿苏君墓志铭》）这个“安镇乡可龙里”，就是现在的眉山市东坡区土地乡安镇山下。

其实，苏洵早已看中此地。早在十年前,苏洵为了安葬亡妻程氏，便在武阳县东北的安镇山附近寻得此墓地。墓地背靠安镇山，面向老翁井、岷江河，形似一把“太师椅”，俯瞰全境，酷似“太极八卦阴阳”。苏洵作《老翁井铭》记之，他希望自己百年之后，也“凿为二室，期与子同”(苏洵《祭亡妻文》)。苏辙在《坟院记》中也对老翁井作过描述：“坟之西南十余步，有泉焉，广深不及寻，昼夜喷涌，清冽而甘。冬不涸，夏不溢。”

梅尧臣看过《老翁井铭》后，很感兴趣，作诗一首：

> 泉上有老人，隐见不可常。
> 苏子居其间，饮水乐未央。
> 渊中必有鱼，与子自徜徉。
> 泉中苟无鱼，子特玩沧浪。(梅尧臣《题老人泉寄苏明允》)

梅尧臣虽先于苏洵离世，却不幸言中苏洵的归宿。苏洵死后，果然葬于老翁泉旁，“居其间”，与鱼“同徜徉”，“子特玩沧浪”。

“老翁山下玉渊回，手植青松三万栽。”(《送贾讷倅眉二首》其二）苏轼兄弟遵父亲遗愿，将父亲与母亲合葬，并在墓地周围种植松树，以示纪念。两兄弟把这块墓园称作“东茔”，并委托乡人长年看顾。

苏洵的葬礼十分隆重，来自四面八方参加葬礼的人多不胜数。朝中重臣欧阳修、曾公亮、韩琦、王珪、苏颂等都致有挽词，朝野人士写诗文纪念的，多达一百三十余人。据说，就连建设坟院的墓砖也是山中隐士赠送，分文不取。苏东坡叹为“豪杰士哉！”(钱功《澹山杂识·东坡借砖》)

根据父亲“妇从汝于艰难，不可忘也。他日汝必葬诸其姑之侧”的嘱托，苏东坡将妻子王弗“葬于眉之东北彭山县安镇乡可龙里先君先夫人墓之西北八步”(《亡妻王氏墓志铭》)，陪伴在父母身旁。

续取王闰之

王弗走后，苏东坡孑然一人，最可怜的是儿子苏迈，年仅六岁，丧失母爱，令人心疼。王弗的堂妹二十七娘，性情敦厚，温柔漂亮，又知足惜福，自幼跟随王弗，既仰慕姐夫才华，又被姐夫对姐姐的深情所感动。其实，她已经暗恋苏东坡很久，从不让人谈论自己的婚嫁，情愿跟随姐姐、姐夫终身。现在堂姐去世，姐夫和侄子需要照顾，于是二十七娘自愿承担起了姐姐所有的责任。

苏东坡自然明白二十七娘的心思，很喜欢她温顺善良的性格，也知道唯有二十七娘作为继室，幼儿苏迈才会得到精心呵护。宋神宗熙宁元年（1068），苏东坡娶二十七娘为妻，并为其取名闰之，字季璋。王闰之在才学上不如堂姐，在性格上不如后来的王朝云，却是陪伴苏东坡时间最长、照顾他最多的女子。王闰之默默陪伴苏东坡，辗转于朝野，历经坎坷与繁华，度过他们人生中最重要和最动荡的二十五年。

成都北上进京

熙宁元年（1068），苏轼兄弟解除父丧，携家人离开眉山，走陆路回京都开封。路过成都时，苏东坡到大慈寺拜见好朋友惟简法师。当年嘉州爽约，彼此遗憾，此次相见，分外高兴。苏东坡来此，一是会见好友，另外还有一事相托。

父亲苏洵一生，虽为布衣，却酷爱字画，“而致画与公卿等”（《四菩萨阁记》）。苏东坡在凤翔为官时，购得吴道子四幅菩萨画像，送给父亲。父亲珍爱有加，以其为至宝。

苏东坡临行，将四幅菩萨画像送与惟简法师，希望他能够代为收藏。惟简法师十分重视，向苏东坡发誓“吾以身守之。吾眼可霍，吾足可斫，吾画不可夺”，并“以钱百万度为大阁以藏之”（《四菩萨阁记》），阁上供父亲苏洵画像。为表示感谢，苏轼兄弟承担其中一部分费用，并手书“精妙冠世”四个大字，希望父亲在天之灵，能够在这天府之国幸福飞翔，悠游自在。

“故人送我东来时，手栽荔子待我归。”（《寄蔡子华》）临别时，同门兄弟及旧时好友纷纷相送，大家共同栽种一棵荔枝树，以期待他们功成名遂早还乡。苏轼兄弟洒泪而别，翻越秦岭到凤翔，东行长安，直奔京都开封，从此再未踏入蜀地一步。但是，他们所创造的文化、所焕发出的精神，却像这棵荔枝树一样，虽历经风雨，依然枝繁叶茂，生生不息。

眼看时事力难胜

——四到开封

“眼看时事力难胜，贪恋君恩退未能。”（《初到杭州寄子由二绝》其一）宋神宗熙宁二年（1069），经过几个月的长途跋涉，苏轼兄弟回到京都开封。也就是在这个时候，宋神宗起用王安石为参知政事，进行全方位政治、经济、文化改革，这就是著名的王安石变法。在这场波涛汹涌的改革变法中，作为政坛新星的苏轼兄弟，无可避免地被改革的洪流所裹挟，卷入其中，不能自拔。他们兄弟的一生也随着这场改革力量的消长，起落沉浮。

王安石变法

说到王安石变法，就必须从北宋建国时说起。960年，手握重兵的后周大将赵匡胤通过“陈桥兵变”黄袍加身，取得了政权。此后，为了防止下属将领如法炮制，篡夺政权，赵匡胤及其后世的历代皇帝便将行政权、财权、军权逐步集中到中央，采用分化事权的方式，大力加强中央集权。

政治上，实行文人治国，一职多官。宰相职位一般由多人担任，同时还设置参知政事、三司使来分割相权。在高级官员中实行恩荫制，一个官员一生中可以推荐数十个亲属当官。另外，朝廷大兴科举，取士人数连年增加，导致机构臃肿，冗员增多。

军事上，朝廷奉行养兵政策，守内虚外。为了防范军事割据，实行更戍法。频繁调动武将，导致兵无常帅、帅无常师。同时，调兵权直属中央太尉府，导致武将有兵卒却无权调动，中央有权调兵却无兵卒的局面。另外，为了稳定社会秩序，朝廷荒年募兵，招收流民入军，军队数量虽有增加，战斗力却严重下降。

军队战斗力被削弱，直接导致与邻国西夏、辽屡次战争的失败，战争赔款一直不断。即便是战争获胜，为了息事宁人，减少战事，每年仍送给邻国“岁币”。

另外，朝廷放任地方豪强兼并土地，使得富者有田无税，贫者负担更加沉重。一遇到自然灾害，就会频发农民暴动。

这一系列的情况，最终形成北宋积贫积弱的局面。因此，社会上要求改革的呼声日趋高涨。宋仁宗庆历三年（1043），宋仁宗任命范仲淹为参知政事，开启韩琦、富弼等人共同参与的改革，史称“庆历新政”。但不久，改革因遭遇重重阻力而失败。范仲淹、富弼、韩琦等人也因此遭到贬谪外放任职。

宋仁宗驾崩之后，宋英宗继位。宋英宗重新重用韩琦、欧阳修等人准备改革，但又发生了“濮议之争”。所谓“濮议之争”，是宋英宗为了生父的名分引发的一场持续十八个月的论战。因为宋仁宗无嗣，所以死后以濮安懿王允让之子赵曙继位，是为宋英宗。即位次年，宋英宗诏议崇奉生父濮王典礼。侍御史吕诲、范纯仁、吕大防及司马光、贾黯等力主称仁宗为皇考，濮王为皇伯，而苏东坡的恩师宰相韩琦、参知政事欧阳修等则主张称濮王为皇考。旧史称之为“濮议之争”。

结果，支持宋英宗立其生父为皇考的韩琦、欧阳修一方取得胜利。而以吕诲、范纯仁、吕大防、司马光为代表的另一方，除司马光以外，全部被贬出京城。宋英宗这种重小家轻国家违反继承法度的行为，直接导致了朝廷大臣的分裂，为后来北宋王朝的“党争”埋下了种子。

宋英宗治平四年（1067），苏轼兄弟在眉山守孝，朝廷已经更新换代。宋英宗早逝，宋神宗即位。宋神宗虽是英宗的亲生儿子，但他对当年“濮议之争”中父亲的行为颇不以为然，更不认同支持父亲的韩琦、欧阳修等人。因此，在他继位的当年，就解除了韩琦、富弼、欧阳修等人的宰相、枢密使、参知政事之职，将他们贬出京城出任地方官。这些人，大多是“三苏”父子“优游浸渍”(《贾谊论》）的朋友，是苏轼兄弟的恩师和靠山。他们的退出，无疑为苏东坡后面的道路蒙上了阴影。

王安石，字介甫，号半山，江西临川人，进士及第。当年的那场考试，不亚于苏轼兄弟进士及第的那一年，共录取进士四百多人。王安石因政治观点偏激，诗赋水平欠佳只名列第四名。在这榜进士中，后来出了王安石、王珪、韩绛三位宰相，被誉为“二甲出三相”。

随后，王安石历任扬州签判、鄞县知县、舒州通判等职。在地方为官期间，宦游南北各地，深刻了解民间疾苦，深知朝廷弊端。因此，他体恤民情，除弊兴利，立下了“矫世变俗”之志，政绩显著。宋仁宗嘉祐三年（1058），王安石在任三司度支判官时，曾向宋仁宗上万言书，言时弊，求改革，提出了“因天下之力，以生天下之财；取天下之财，以供天下之费”（王安石《上仁宗皇帝言事书》）的理财原则，受到了仁宗皇帝的高度赞赏，虽没有因此进行改革，但他已经决定重用王安石。

在宋神宗继位之后，久有忧患之虑、胸怀改革之志的他，与王安石的改革思想一拍即合。宋神宗以君权之力，支持王安石变法：改革赋税之法以富国，改革差役之法以强兵，改革科举之法以取士。

王安石在朝廷政权之外，建立了一个负责制定户部、度支、盐铁三司条例的专门机构：“制置三司条例司”。作为主持变法的新机构，并由王安石亲自负责，开始变法。三司条例司引进了一批与苏轼兄弟同年的青年才俊，如程颢、曾布、吕惠卿、章惇等。而刚刚回京、名声远播的苏东坡却被拒之门外，只给了一个“判官告院”的闲差事，理由是王安石“素恶其议论异之”（《宋史·苏轼传》）。弟弟苏辙，在宋神宗的亲自关照下，被安排在了“制置三司条例司”。

其实，对苏东坡的排斥，也给王安石的改革带来隐忧。毕竟，苏东坡的才华是遮不住的，他多年来“优游浸渍”的政治资源，也不可能因为不被重用而丢弃。

“自言静中阅世俗，有似不饮观酒狂。”（《送刘道原归觐南康》）正当苏东坡打算安静下来，读书作文，静观时事的时候，宋神宗熙宁二年（1069），朝廷发布诏书，进行科举制度的改革，并要求各级官员根据新法提出意见建议。科举考试的内容，“罢诗赋、明经诸科，以经义、论、策试进士”（马端临《文献通考》卷三十一）。苏东坡精通诗赋，并以此进士及第，进入官场。知道诗赋创作需要才华，而经义策论则只需死记硬背。前者能选拔有才华的人，而后者多产生书呆子。

“鸟囚不忘飞，马系常念驰。”(《秀州僧本莹静照堂》）苏东坡坚决反对科举制度改革，于当年上书皇帝：“贡举之法，行之百年，治乱盛衰，初不由此”(《议学校贡举状》)，对新法提出不同意见。神宗皇帝看后，十分重视，随即诏见他，问道：“何以助朕？”苏轼说：“臣窃意陛下求治太急，听言太广，进人太锐，愿陛下安静以待物之来，然后应之。”(苏辙《亡兄子瞻端明墓志铭》）议题本是贡举，说起来却是整个改革。

畅谈之后，神宗皇帝认为苏东坡确实是不可多得的人才，打算起用他入朝“修中书条例”，却被王安石阻止。他劝皇帝说：“轼与臣所学及议论皆异，别试其事可也。”(黄以周《续资治通鉴长编拾补》卷四）于是，苏东坡进入朝廷中枢的机会，因王安石的阻挠错过了。

同年，皇帝要求大臣们举荐御史台谏官，张方平以自身声望做担保，举荐苏东坡和李大临，说苏东坡“文学博通，议论精正……不如所举，臣甘同坐”(张方平《乐全集》卷十三《举李大临、苏轼充谏官》)，但因为王安石，神宗只任用了李大临，苏东坡又一次被放弃。

王安石变法的初衷无疑是正确的，北宋王朝已经到了不得不改革的地步，包括苏东坡本人也赞同进行改革。因此，改革一开始就收到了一定的成效，国库的收入有明显增加。但在改革实施的过程中，“求治太急”，用人不察，“进人太锐”，重用亲信，导致一部分道德低下的人混入其中。为了邀功请赏，或虚报瞒报，或强行摊派，导致改革变形变味，致使百姓负担更加沉重。比如，本来是为了贷款给农民的“青苗法”，被简单执行为每岁平添二历税钱的荒唐行为。

而此时的王安石为了坚定不移地推进改革，已经听不进不同意见，任何反对的声音都会被他视为异己而坚决地抵制。他依托神宗皇帝把持朝政、独断专行的面目已经显现，激起了很多官员的愤怒。首先发难的是御史台长官吕诲，除了毁议新法之外，还对王安石的人品提出了质疑。宋神宗很不以为然，竟然把弹劾奏章退给了吕诲。但按照宋朝的惯例，言事官所言若不被采纳被退回的话，言官是要自我辞职的。若不辞职，被弹劾者也要戴罪停职。于是吕诲要求辞职，王安石也请求辞职，双方相持不下，逼迫皇帝做出选择。于是，宋神宗做出决定，罢黜吕诲，支持王安石改革。

但是，反对王安石的声音并没有因皇帝的态度而减少，反而随着改革的不断推进，愈来愈烈。宋神宗为了改革大局，继续支持王安石。同一年，谏院长官范纯仁、刑部官员刘述、御史刘琦、钱顗等一批老臣，皆因反对王安石而纷纷被罢免、外任。苏辙因反对“青苗法”，在条例司与王安石和吕惠卿闹到了无法共事的地步，自请离开条例司，获准任河南府推官。

这时候，王安石“一人之下，万人之上”的独断专行地位已经形成，围绕支持改革与否的“新党”“旧党”之争的雏形已经初现，甚至开始演变成了官场的相互倾轧与人身攻击。“我生本自便江海，忍耻未去犹彷徨。”(《送吕希道知和州》）王安石对苏东坡的排斥，使得苏东坡无法接近权力的中心，施展自己的抱负，这令他无比的烦恼。其实，王安石又何尝不想让苏东坡为自己所用，只是担心他所依靠的和引领的这一批人，会成为反对自己的力量。只要苏东坡能低下姿态，“少加附会，进用可必”(《杭州召还乞郡状》)，王安石定能收为己有，为我所用。毕竟在此时的政坛，苏东坡已经有了相当高的威望。而这个时候的苏东坡已经视王安石为自己前途中的障碍，断不会为了自己的前途而俯首低眉，改变自己。

宋神宗熙宁二年（1069），苏东坡受命为国子监聚仁考试官，他带着对王安石的极端不满情绪，出了这样的考试题目：“晋武平吴以独断而克，苻坚伐晋以独断而亡；齐桓专任管仲而霸，燕哙专任子之而败。事同而功异，何也？”（黄以周《续资治通鉴长编拾补》卷七）很显然，是要考生议论独断专行的问题。王安石很明白，这是苏东坡在暗讽自己，非常震怒。他知道，苏东坡已经成长为自己一个可怕的政敌。

同年，当司马光再次推荐苏东坡为谏官的时候，王安石激烈反对，对皇上说：苏东坡“邪险之人，臣非苟言之，皆有事状。作《贾谊论》，言优游浸渍，深交绛、灌，以取天下之权。欲附丽欧阳修，修作《正统论》，章望之非之，乃作论罢章望之，其论都无理。非但如此，遭父丧，韩琦等送金帛不受，却贩数船苏木入川。此事人所共知。司马光言吕惠卿受钱，反言苏轼平静，斯为厚诬。陛下欲变风俗、息邪说，骤用此人，则士何由知陛下好恶所在？此人非无才智，以人望人诚不可废，若省府推判官有阙，亦宜用”（黄以周《续资治通鉴长编拾补》卷六）。

这一番对苏东坡有理有据的指责，让宋神宗听得哑口无言。他只好不用苏东坡，并按照王安石的建议，以殿中丞、直史馆判官告院授开封府推官。这一职务虽仍在京城，但已经不在朝官之列。这样，苏东坡被变相地赶出朝廷。

开封府推官

推官，主要负责狱诉官司。开封府作为京城的首善之区，官司比其他地方更多、更复杂，更容易受到朝廷干扰。王安石想“以多事困之”，免得苏东坡在朝廷中影响其改革的进程。然而，苏东坡不仅文学才能卓越，行政能力亦十分突出。“公决断精敏”，分门别类，实事求是，英明果断，迅速解决了一系列的冤假错案，“声闻益远”（苏辙《东坡先生墓志铭》），深得百姓爱戴和同行的赞誉。

“有中旨下开封府，减价买浙灯四千余枝”（黄以周《续资治通鉴长编拾补》卷六）。这是皇宫的惯例，地方必须以低价购买如此多的花灯，呈送朝廷。苏东坡不以为然，认为朝廷不仅“丰财”无术，而且“用财”无度，且与百姓争利，影响朝廷形象。于是，他立即上书皇帝：

> 陛下游心经术，动法尧舜，穷天下之嗜欲，不足以易其乐，尽天下之玩好，不足以解其忧。而岂以灯为悦者哉？此不过以奉二宫之欢，而极天下之养耳。（《谏买浙灯状》）

宋神宗听从了苏东坡的建议，罢免了如此恶俗，并要求以后不得再有这样的事情发生。“世事徐观真梦寐，人生不信常辘轲。”（《送蔡冠卿知饶州》）宋神宗的态度，无疑鼓励了苏东坡的政治热情。十多天后，他试探性地上书皇帝，谨慎地指出王安石变法的一些不足：“臣之所以欲言者，三言而已。愿陛下结人心，厚风俗，存纪纲……国家之所以存亡者，在道德之浅深，不在乎强与弱；历数之所以长短者，在风俗之薄厚，不在乎富与贫”(《宋史·苏轼传》)，他反对“生天下之财”的青苗法、方田均税、均输法等。苏东坡说：“臣非敢历诋新政，苟为异论。刊定任子条式、修完器械、阅习鼓旗，皆陛下神算之至明，乾刚之必断。”(《上神宗皇帝书》)可见，苏东坡并没有完全反对新法，他仍然希望受到皇帝的青睐，得到皇帝的重用。

但这一上书，引起了王安石的高度警觉，他隐约感到以司马光、张方平等为旗帜的旧党，正在试图通过皇帝来逐步影响改革的思路，进而阻碍改革的进程。于是，王安石立即面见皇帝：“(司马)光虽好为异论，然其才岂能害政。但如光者，异论之人倚以为重，今擢在高位，则是为异论之人立赤帜也。光朝夕所与切磋琢磨者，乃刘攽、刘恕、苏轼、苏辙之徒而已。”(黄以周《续资治通鉴长编拾补》卷七)意思很明显，擒贼先擒王，要想消除旧党对改革的影响，先罢黜司马光等要臣，使其树倒猢狲散。

改革求治心切的宋神宗听从了王安石的建议，于宋神宗熙宁三年(1070)，罢黜了司马光枢密副使的职务，仍保留原来的爵位，让其到长安永兴军路任职了。司马光在长安不到一年，因不愿意推行新法，自愿请辞，回洛阳老家闭门著书立说去了。另外，同道中人被纷纷外派地方，罢黜张方平判尚书省职务，到陈州任知州，刘攽被贬为泰州通判，曾巩被贬为越州通判，苏辙自请改差陈州，跟随恩师张方平任州学教授。

落寞无助的苏东坡并没有放弃，反而愈战愈勇，甚至也达到了一种过激的地步。因为在开封任推官的这段时间，他更加了解了地方因肆意推行新法带给老百姓的痛苦。他再次上书皇帝，全面反对新法：“陛下自去岁以来，所行新政，皆不与治同道。立条例司，遣青苗使，敛助役钱，行均输法，四海骚动，行路怨咨。”“今日之政，小用则小败，大用则大败。若力行不已，则乱亡随之。”(《再上皇帝书》)其奏疏措辞激烈，直指新法。

司马光的下台并没有挫败旧党反对新法的声音，也没有能够完全阻止人们对苏东坡的推崇。同年，翰林学士兼侍读、礼部侍郎范镇再次举荐苏东坡为谏院谏官。

王安石彻底绷不住了，立即唆使自己的姻亲、侍御史知杂事谢景温诬告弹劾苏东坡，说他在为父丁忧归蜀期间，载物货，卖私盐，赚取大钱，并冒充朝廷差遣，向地方借用兵卒。但是，经过皇帝下诏八路查问，谢景温所言俱不属实。可见，王安石所代表的新党对苏东坡旧党的攻击，已经到了不择手段的地步，欲置苏东坡于死地而后快。

这时，还未离开京城的司马光也被激怒了，他急匆匆地面见神宗皇帝，要求立即离开这个满是是非的地方。他说："今忤安石者，如苏轼辈，皆毁其素履"（司马光《涑水记闻》），使得朝堂污秽不堪，实在不能容忍。所谓"素履"，就是一个官员应具备的道德品质，攻击别人的道德品质，就是极其恶毒且不能容忍的行为。

神宗皇帝同意了司马光的离开，并且对他说："苏轼非佳士，卿误知之。"（司马光《涑水记闻》）同时，批准了范镇请求退休的奏疏。可见，苏东坡在皇帝心目中的形象已经十分不堪，周围环境十分凶险，他顿感危机四伏。

北宋的管制，重内轻外。京官中与宰相政见不同者，若不议罪贬窜，则以出任相应级别的地方官为最常见的"下野"方式。于是，有自知之明的苏东坡"孑然独处"(《与杨济甫书》)，不敢自辩，并乞补外任。

熙宁四年（1071），苏东坡得到了知杭州通判的职务。不久，他离开开封，开赴杭州，暂时逃离了这个新旧党争的是非之地。他离开的时间同司马光回到洛阳老家的时间大体相近。他们的离开标志着旧党人士反对变法的运动接近失败。

此时，身在馆阁任职的好友文同，对苏东坡是非分明的过激行为并不以为然。宋人叶梦得在《石林诗话》记载了当时的情景："（文同）与苏子瞻为中表兄弟，相厚。为人靖深，超然不撄世故，……熙宁初，时论既不一，士大夫好恶纷然，同在馆阁，未尝有所向背。时子瞻数上书论天下事，退而与宾客言，亦多以时事为讥诮，同极以为不然，每苦口力戒之，子瞻不能听也。"因此，在给苏东坡送行的时候，文同告诫他到了杭州，要言语谨慎，切莫祸从口出。"北客若来休问事，西湖虽好莫吟诗。"

我行日夜向江海

——去京赴杭

“我行日夜向江海，枫叶芦花秋兴长。”（《出颍口初见淮山，是日至寿州》）宋神宗熙宁四年（1071）七月初，虽已入初秋，仍烈日当空，天气炎热难耐，苏东坡冒着酷暑，带着失意的悲凉和离开斗争旋涡的轻松，携家眷离开京都开封，舟行赴杭州。

苏东坡原本应顺汴河东流而下，入淮河，过洪泽湖至楚州，转运河到达杭州。但他却选择了沿蔡河南下，入颍河，再入淮河的线路。因为他想先到陈州拜望在此任太守的恩师张方平和当州学教授的弟弟苏辙。然后，从蔡河入颍河，至颍州，看望致仕后在此隐居的恩师欧阳修。

“鸟乐忘罝罦，鱼乐忘钩饵。”（《出都来陈，所乘船上有题小诗八首，不知何人作，有感余心者，聊为和之》其二）两年半的京城生活，希望与失望交织，喧嚣而又沉闷。一心指点江山的自己，没想到已经陷入危机四伏的境地，皇帝的一句“苏轼非佳士”的评价，使他致君尧舜的理想几乎灰飞烟灭。

陈州兄弟情

“车马尘中久已倦，湖山胜处即为归。”（张方平《送苏学士钱塘监郡》）舟至陈州，弟弟苏辙早早在岸边等候。这是一对好朋友一样的兄弟，同甘共苦，荣辱与共，“患难之中，友爱弥笃，无少怨尤，近古罕见”（《宋史》卷三百三十九）。

陈州，又名宛丘，今天的淮阳县，隶属于河南周口市。北宋时期为陈州淮阳郡，是中华文明的发祥地之一，华夏始祖伏羲就埋葬在这里，建有伏羲太昊陵。陈州是重要的水路码头，是京城走蔡河入淮河的必经之路。陈州城有龙湖，因湖边柳树环绕，又称柳湖，城湖相连，四面环水，湖中有城，城中有湖，景色优美。即便是炎热的夏天，也空气清新，凉爽宜居，是避暑的好地方。苏东坡的到来，给宛丘城带来了不小的轰动，过往文人学士纷纷拜访。张方平亲自设宴招待他，并作诗唱和，劝其像阮籍一样远离是非之地，避免无妄之灾。

> 趣时贵近君独远，此情于世何所希。
> 车马尘中久已倦，湖山胜处即为归。
> 洞庭霜天柑橘熟，松江秋水鲈鱼肥。
> 地邻沧海莫东望，且作阮公离是非。（张方平《送苏学士钱塘监郡》）

细心的苏辙十分理解哥哥匆匆离京的心情，于是挽留哥哥在陈州住了两个月。一方面以亲情相慰，让他散散心情；另一方面，也使他免受酷暑奔波之苦。

“便知有此恨，留我过秋风。”（《颍州初别子由二首》其二）在陈州的七十多个日日夜夜里，兄弟两个朝夕相处，四处游玩，夜雨对床，重新回到了少年时期的日子。

“子今憔悴众所弃，驱马独出无往还。惟有柳湖万株柳，清阴与子共朝昏。”（《次韵子由柳湖感物》）当年的柳湖，本该碧波万顷，但由于干旱，湖水干涸，湖区内仅有片片池塘。塘内荷叶翻动，荷花连连。柳湖岸边，柳树成荫，游人如织。“年来烦恼尽，古井无由波”（《出都来陈，所乘船上有题小诗八首，不知何人作，有感余心者，聊为和之》其八），兄弟两人扁舟戏浪，漫游荷花丛中，一洗所有烦恼。

“太昊祠东铁墓西，一樽曾与子同携。”（《和子由柳湖久涸，忽有水，开元寺山茶旧无花，今岁盛开二首》其一）柳湖岸边，有两座大墓：一座是中华人文始祖太昊伏羲氏的大型墓葬，规模宏大，肃穆庄严，被誉为天下第一陵；另一座俗称铁墓，据说是用铁封固的坟墓，是西周初年陈国国君陈胡公之墓。

旁边还有两座寺庙。一座叫厄台寺，当地人说是“孔子厄于陈、蔡时所居”（《记铁墓厄台》）。苏东坡纠正了他们的错误，实际是东汉时期，为了抗击黄巾起义军，扼其进攻城池而修建的弓弩台，后改建为寺庙。另一座叫开元寺，香火旺盛。只是寺内一棵山茶树虽枝繁叶茂，却多年不开花，可能是烟熏火烤的缘故吧。多年之后，苏东坡想起此事，仍引以为憾。

颍州拜会六一翁

“忆赴钱塘九月秋，同来颍尾一扁舟。”（苏辙《癸丑二月重到汝阴寄子瞻二首》其一）两个月很快过去，官差在身的苏东坡不得不离开陈州。是年九月，苏辙送苏轼到达颍州。颍州即今天的安徽阜阳，北宋时期为汝阴县，隶属颍州郡。颍州地势平坦开阔，河流纵横，东清河、中清河、西清河贯穿城区流入颍河，史称“三清贯颍”。城边有颍州西湖，位于城西北新泉河两岸，是古代颍河、清河、小汝河、白龙沟四水汇流处。西湖风光旖旎，不亚于江南水乡。多年后，苏东坡来此任知州，并疏浚西湖，这是他当时没想到的事情。

对苏东坡有知遇之恩的文坛领袖欧阳修早年曾在此任太守，致仕后隐居于此，过着悠然自得的生活，并自称“六一居士”。他解释说，我有琴一张、棋一局、酒一壶、书一万卷、金石一千卷，加上我一个老翁，正好“六个一”。

到达颍州的那一天，适逢欧阳修生日，苏轼兄弟在西湖上和一群文人雅士参加了寿宴。他们把酒临风，诗词唱和，谈诗论文，好不快活。

谓公方壮须似雪，谓公已老光浮颊。
揭来湖上饮美酒，醉后剧谈犹激烈。
湖边草木新着霜，芙蓉晚菊争煌煌。
插花起舞为公寿，公言百岁如风狂。
赤松共游也不恶，谁能忍饥啖仙药。
已将寿夭付天公，彼徒辛苦吾差乐。
城上乌栖暮霭生，银缸画烛照湖明。
不辞歌诗劝公饮，坐无桓伊能抚筝。（《陪欧阳公燕西湖》）

其间，他们谈起了好朋友文同。苏东坡说起文同的两句诗："美人却扇坐，羞落庭下花。"（文同《秦王卷衣》）欧阳修听后，十分赞赏，说：这哪里是文同的诗啊，这简直是上天成就的诗句，文同只不过是捡拾到了而已。苏东坡也赞叹说：人们都知道文同绘画好，却不知道他的诗歌也如此精妙。

临别时，欧阳修还把自己在杭州的好友僧人惠勤介绍给了苏东坡。西湖僧人惠勤文采飞扬，擅长诗歌，到杭州后，可找他做朋友。这是苏轼兄弟最后一次见到欧阳修，第二年，欧阳修就因病去世了。

其一

征帆挂西风，别泪滴清颍。……

其二

人生无离别，谁知恩爱重。…… 秋风亦已过，别恨终无穷。…… 悟此长太息，我生如飞蓬。（《颍州初别子由二首》）

在欧阳修和苏辙的陪同下，苏东坡在颍州停留了半个月，于九月末离开颍州，顺流而下。

淮河之旅

入淮河，抵达涡口。涡口，在涡河入淮处，即今天的安徽怀远。船刚停泊靠岸，忽起大风。"孤舟系桑本，终夜舞澎湃。"（《十月一日，将至涡口五里所，遇风留宿》）不停晃动的小船，让他感叹这多么像自己摇摆不定、四处漂泊的人生。

"寿州已见白石塔，短棹未转黄茅冈。波平风软望不到，故人久立烟苍茫。"（《出颍口初见淮山，是日至寿州》）出颍口，到寿州，风平浪静。船行至濠州停了下来。濠州，今安徽凤阳，因濠河而得名，南边是涂山，北边是淮河湾，名胜古迹很多。苏东坡游兴大发，游览涂山、彭祖庙、逍遥台、观鱼台、虞姬墓、四望亭和浮山洞，并分别作诗七首，称为《濠州七绝》。

“我生飘荡去何求，再过龟山岁五周。身行万里半天下，僧卧一庵初白头。”（《龟山》）过临淮，游龟山，观泗州僧伽塔。他想起了五年前护送父亲灵柩回川时，路过此地。当时也是狂风大作，行舟困难。行至洪泽湖，风更大，白浪滔天。“洪泽三十里，安流去如飞。……何劳弄澎湃，终夜摇窗扉。”（《发洪泽，中途遇大风，复还》）

十月十六日，苏东坡乘着月色夜发淮阴，直抵山阳。“风高月暗水云黄，淮阴夜发朝山阳。山阳晓雾如细雨，炯炯初日寒无光。”（《十月十六日记所见》）

一过平山堂

过洪泽湖，转运河。几天后，苏东坡到达扬州。扬州，春秋时称“邗越”，秦、汉时称“广陵”“江都”，北周改广陵为吴州，隋开皇九年改吴州为扬州。隋唐时期最为兴盛。宋仁宗庆历八年（1048），欧阳修在此任扬州知府时，于扬州市西北郊蜀冈中峰大明寺内修建一大堂。坐此堂上，江南诸山，历历在目，似与堂平，因此取名平山堂。平山堂是专供士大夫、文人吟诗作赋的场所。诗人叶梦得曾称赞此堂壮丽，为淮南第一。

苏东坡后来有词《西江月》“三过平山堂下”，这是第一次。在这里，他遇到了三个和自己一样，因与新法不合而被放外任的朋友：“去年送刘郎，醉语已惊众”（《广陵会三同舍，各以其字为韵，仍邀同赋·刘贡父》），将赴泰州任通判的刘攽；“我褊类中散，子通真巨源”（《广陵会三同舍，各以其字为韵，仍邀同赋刘贡父·孙巨源》），将去海州任知州的孙巨源；“士方在田里，自比渭与莘”（《广陵会三同舍，各以其字为韵，仍邀同赋·刘莘老》），将赴衡州任监仓的刘挚。

他们本都不想离开朝堂，但若违反心志而留下，还不如远离朝堂，超然世外，独守初心。同样的命运、同样的心情，偶然相聚，惺惺相惜，诗酒畅游。

镇江游三山

宋孝宗游金山寺曾题诗："崒然天立镇中流，雄跨东南二百州。"十一月初，行船至金山。金山隶属镇江，镇江三山：金山、焦山、北固山风景秀丽，远近闻名。古代金山在镇江之北，是坐落于长江中流的一个岛屿，为南来北往要道，有"江心一朵美芙蓉"之称誉。

"树影中流见，钟声两岸闻。"（张祜《题润州金山寺》）山上有寺，名江天禅寺，又名金山寺。寺院大门西开，正对江流，依山就势，山寺一体。山顶矗立慈寿塔，山被寺裹，山高塔拔。苏东坡登上金山，站在寺院大门，昂首西望，滚滚江水顺着夕阳的余晖迎面而来。源头岷江岸边的家乡，遥遥万里，而自己像这江水一样，被裹挟而下，不知道将会在哪里落脚。

我家江水初发源，宦游直送江入海。
闻道潮头一丈高，天寒尚有沙痕在。
中泠南畔石盘陀，古来出没随涛波。
试登绝顶望乡国，江南江北青山多。（《游金山寺》）

游罢金山，苏东坡放船焦山。焦山也是被长江四面环抱，林木蓊郁，绿草如茵，满山苍翠，宛然碧玉浮江，因东汉焦光隐居山中而得名。上有普济禅寺，寺里长老竟然是自己的同乡。异地听乡音，十分亲切。"老僧下山惊客至，迎笑喜作巴人谈。自言久客忘乡井，只有弥勒为同龛。"（《自金山放船至焦山》）

北固山，北临长江，山壁陡峭，形势险固，故名北固。南朝梁武帝曾题书"天下第一江山"赞其形胜。甘露寺，雄居山巅，建于东吴甘露年间，因刘备求娶孙权之妹而闻名。

苏东坡游北固山甘露寺，观"诸葛亮狠石""萧衍铁镬""李德裕手植古梅"，作《甘露寺》长诗一首，怀古叹今：

江山岂不好，独游情易阑。

但有相携人，何必素所欢。

我欲访甘露，当途无闲官。

…………

缅怀卧龙公，挟策事琱钻。

…………

萧翁古铁镬，相对空团团。

…………

古今共一轨，后世徒辛酸。

聊兴广武叹，不待雍门弹。

苏州之旅

苏州，是苏东坡到任杭州通判前的最后一站。在这里，他游虎丘，观王禹偁画像，结识僧人道潜和尚。

虎丘，原名海涌山，据《史记》记载，吴王阖闾葬于此，传说葬后三日，有“白虎蹲其上”，故名虎丘。也有人说是因“丘如蹲虎”，以形为名。虎丘中有虎丘塔，为中国第一斜塔，又名云岩寺塔；有剑池，当年秦始皇与孙权都曾来这里挖过剑，剑池就是由他们挖成的。“剑池”二字，浑厚遒劲，传为大书法家王羲之所书。另有真娘墓，传说凄美动人。苏东坡游后感叹：到苏州不游虎丘，乃憾事也！

王禹偁，字元之，北宋时期的诗人、直臣，因敢于直谏遭贬谪黄州，曾在苏州长洲县为官。苏东坡路过长洲时看到他所留画像，想到他的为人，不禁大为感慨，引为学习的榜样。但苏东坡当时怎么也不会想到，多年之后，他竟然也步其后尘，被贬谪黄州。

苏东坡有才，也爱才。在姑苏归湖之上，经过临平，遇见当地道潜和尚，因欣赏他的一首诗，而和他交了朋友。“风蒲猎猎弄轻柔，欲立蜻蜓不自由；五月临平山下路，藕花无数满汀州。”（道潜《临平道中》）

道潜，本名昙浅，号参寥子，俗姓何，当地著名诗僧。自幼不食荤腥，聪颖过人，熟背《法华经》。擅长作文，尤其喜欢诗歌。两人因诗结缘，来往不断，结下了深厚的友谊。苏东坡在给表兄文同的信中这样夸赞：“诗句清绝，可与林逋相上下，而通了道义，见之令人萧然！”(《与文与可十四首之十三》)

游遍钱塘湖上山

——初到杭州

“地有湖山美，东南第一州。”（宋仁宗《赐梅挚知杭州》）杭州，古时名余杭。夏禹南巡，舍其杭于此，故名“余杭”。又说，夏禹至此造舟以渡，人称“禹杭”，后讹“禹”为“余”，乃名“余杭”。秦朝时称钱塘郡，隋王朝于开皇九年废郡为州，始名“杭州”，是五代十国时期吴越国的首都。

杭州位于杭州湾西端、钱塘江下游、京杭大运河南端、吴山之下、西湖之边。北宋时期，杭州人称“东南第一州”，辖钱塘、仁和、余杭、临安、于潜、昌化、富阳、新登、盐官九县。当时人口已达十余万户，为江南人口最多、商业最繁华的州郡之一。北宋著名词人柳永的《望海潮》，形象地刻画了杭州当时的富丽繁华景象：

> 东南形胜，三吴都会，钱塘自古繁华。烟柳画桥，风帘翠幕，参差十万人家。云树绕堤沙，怒涛卷霜雪，天堑无涯。市列珠玑，户盈罗绮，竞豪奢。
>
> 重湖叠巘清嘉，有三秋桂子，十里荷花。羌管弄晴，菱歌泛夜，嬉嬉钓叟莲娃……

据说，当时南宋近邻金国皇帝完颜亮读罢《望海潮》，极度羡慕词中“三秋桂子，十里荷花”的秀美景色，竟然起了“提兵百万西湖上，立马吴山第一峰”（完颜亮《题临安山水》）的侵略野心。

“前生我已到杭州，到处长如到旧游。”（《和张子野见寄三绝句·过旧游》）

熙宁四年（1071）冬，经过近半年的长途跋涉，苏东坡第一次踏上了杭州的土地。他将在这里履行三年的通判之职。所谓通判，是为了防止地方长官（知州）大权专断而设立的职位，品衔虽较知州低，但以联合签署公文的形式对知州进行监督，所以又称监州，是地方政府的二把手。

苏东坡虽然暂时离开了纷纷扰扰的京都，却无法摆脱王安石“新法”对他的困扰。中央的变法机构“三司条例司”，在各地都设立了“提举”官员，他们独立于地方政府之外，且又凌驾于地方政府之上，专门督导新法的运行。苏东坡刚刚到任，就摊上了“提举两浙盐事”(《宋史·食货志》) 卢秉严厉打击盐贩子的政策。浙江沿海的老百姓虽守着大海，却不能熬盐、卖盐。卢秉为了获得大量的盐税向朝廷邀功，使得许许多多的私盐贩子锒铛入狱，各地监牢人满为患，等着苏东坡这位通判去审讯发落。

同时，为了保证“官盐”的运输，朝廷还要在此开通一条运盐河，苏东坡受命巡行诸县，监督开河工程的进展，又被派往湖州。

熙宁六年（1073），在王安石的倡导下，朝廷又设立了“经义局”，修订《诗经》《尚书》《周礼》三部书的解释，统一了解释标准，形成了标准的答案，当时谓之“三经新义”，用于科举考试。如此一来,“新学”成为权威意识形态，所有希望通过科举走向政坛者都必须先接受和背诵王安石的“三经新义”，改变了以往以诗歌艺术为主要内容的科举考试，使得科举考试开始逐步走向了八股取士的僵化局面。读书人若迷恋于诗文，不熟读经义，必然会被关在科举大门之外。这使得苏东坡不但作为一个官员陷入违心行政的困境，而且因为一个非正统的文化人而尴尬。就连受其感染的学生秦观，也深受其害。论才学，秦观可谓才华横溢，就因为没有熟读经义，而屡试不中。于是，苏东坡不得不违心地劝说秦观，对“三经新义”也下点功夫。

再加上各地在执行新法过程中，简单粗暴，偏离主旨，只为税收，不顾百姓疾苦，使得苏东坡目睹了很多的伤农害民的事情。可以想见，被自己所反对的事情弄得身心俱疲的苏东坡，将会以什么样的心情去工作。

“三年走吴越，踏遍千重山。”(《祈雪雾猪泉出城马上作赠舒尧文》) 就是在这样的心态之下，苏东坡积极从政，与三任杭州太守精诚合作，救荒救灾，整治河湖，发展生产。

他在除夕之夜还在忙着审问监狱囚犯。

熙宁五年（1072）初，苏东坡开始负责监督青苗法、免役法、市易法等在各地的执行。不久，又负责监督盐法的施行，并参与督促兴修水利。七月及闰七月巡行余杭、临安、无锡等县。随后，他于中和堂监杭州贡试。后因过度劳累，得病卧床。十二月，开始监督开挖运盐河，并到湖州“相度堤岸利害”，到秀州筹备修筑松江大堤。

熙宁六年（1073），他巡行富阳、新城等县。而后，随陈襄太守和杭州百姓一起，翻修西湖六井。随后又开始巡行于潜、昌化、临安等县。同年，他陪同京城“提举官”沈括到各地检查新法的施行情况。也是在这一年，苏东坡奉命到常州、润州、苏州、秀州等赈济灾民。

直到熙宁七年（1074）才返回杭州，就是在这个时候，他接到了调离杭州，赴山东密州任太守的诏命。

“昔年苏夫子，杖屦无不之。三百六十寺，处处题清诗。”（苏辙《偶游大愚见余杭明雅照师旧识子瞻能言西湖旧游将行赋诗送之》）两年七个月的时间，苏东坡以杭州为中心来往奔波，几乎走遍了杭州的山山水水，也留下了一篇篇或针砭时弊或讴歌人民或歌颂山水的经典诗文。

当然，由于他的一些诗文揭露了新法的一些弊端，表达了对新法的不满，直接嘲讽了朝廷的新政，为苏东坡以后的政治生涯埋下了深深的隐患。

政虽无术心在民

作为封建士大夫官吏，积极的报国之志十分普遍，但强烈的怜民、爱民、为民情怀却是十分难得的。苏东坡并不是彻底反对新法，对新法中促进生产、有利于百姓的政策也认真执行，他所反对的是新法中的弊端，是执行新法时对老百姓的侵害。“政虽无术，心则在民”（《谢晴祝文》）。初到杭州，苏东坡“因法以便民”，以自己微薄之力，躬身为民。无能为力的时候，就拿起笔来，指斥现实，为百姓而呼。

除夕叹囚

熙宁四年（1071）除夕之夜，苏东坡初到杭州仅一个月，在杭州衙署大厅值夜班。这时候，因为推行榷盐法，百姓因犯禁而被羁押的非常多，整个牢狱人满为患。官府与百姓争利，老百姓只要自己生产或贩卖食盐，就会被抓起来。小小的杭州，竟然关押有一万七千多人。阖家团圆的除夕之夜，这么多老百姓不能回家团圆，而自己却“平生所惭今不耻，坐对疲氓更鞭棰”(《戏子由》)，简直是为官者的羞耻：

> 除日当早归，官事乃见留。
> 执笔对之泣，哀此系中囚。
> 小人营糇粮，堕网不知羞。
> 我亦恋薄禄，因循失归休。
> 不须论贤愚，均是为食谋。
> 谁能暂纵遣。闵默愧前修。(《前诗》)

他甚至厌倦自己的差使，渴望摆脱这种生活，“不见钱塘游宦客，朝推囚，暮决狱，不因人唤何时休”(《和蔡准郎中见邀游西湖三首》其一)，对朝廷的不满情绪可见一斑。

疏浚钱塘六井

当年，西湖是个浅海湾，被沙洲陆地环绕，其水质带有海水的苦涩，不适合饮用，周围除山泉水之外，其他包括地下水都是咸水。每遇大旱，泉水干涸，吃水和灌溉就成了问题。唐德宗年间，杭州刺史李泌经过实地勘探，发现西湖有暗泉数十道流经地下。于是，他就带领百姓在西湖西北地区开凿了相国井、西井、方井、金牛井、白龟井和小方井“六井”，将淡水引来供当地百姓饮用，使他们摆脱了缺乏淡水的痛苦，促进了杭州地区的经济发展。

但由于地下引流全靠竹管，需要经常更换维修。一旦竹管破裂或腐朽，就会造成堵塞，导致六井干涸。唐代诗人白居易在此任刺史的时候，进一步治理了西湖，疏浚了六井。但因年代久远，六井又逐渐淤积，以致被荒废搁置。北宋嘉祐年间，沈遘来杭州做知州的时候，又专门修一座大井，以解决居民用水，人称"沈公井"。

苏东坡来到杭州的时候，适逢天气干旱，六井和沈公井都遭遇堵塞，杭州极度缺水，别说灌溉，就是百姓吃水都成了问题。他和太守陈襄走访民间，考察民情，及时了解到了缺水原因。于是，他们开始组织百姓修复六井。修复工作具体由苏东坡负责。他走访了当地七十多岁精通水利的老僧人子珪，寻求治井方法。子珪从小生活在此，了解六井原理，知道它的淤积原因所在。他认为，竹管引水容易损毁，提出烧制瓦管替代竹管，并在瓦管外盛以石槽，"底盖坚厚，锢捍周密，水既足用，永无坏理"(《乞子珪师号状》)。苏东坡依言而行，果然奏效。另外，他还拓展工程，将六井之水引到仁和门外的五座军营，并再开凿两口水井，使得"西湖甘水，殆遍一城，军民相庆"(《乞子珪师号状》)。第二年，江浙一带再次大旱，"自江淮至浙右井皆竭"(《钱塘六井记》)，民众灌溉吃水都十分困难，而杭州百姓依赖六井，安全度过了旱灾。

苏东坡并未把这个功劳归于自己，而是完全归功于当初为治理六井出主意的子珪。他特地上书朝廷，恳请朝廷赐以子珪"惠迁"名号，"取《易》所谓'井居其所而迁之'"(《乞子珪师号状》)的意思。

治理蝗灾

苏东坡来杭的时候，水灾过后就是旱灾，旱灾之后大多会伴有蝗灾。"宦游逢此岁年恶，飞蝗来时半天黑"(《梅圣俞诗中有毛长官者今于潜令国华也圣俞没十五年而君犹为令捕蝗至其邑作诗戏之》)。他亲眼看到蝗虫从西北天际飞来，声音如钱塘江之涛声，遮天蔽日，所过之处赤地一片，颗粒无收。

天灾也罢，最可恶的是人祸。一些地方官吏，为取悦朝廷，竟然瞒报灾情，虚报蝗不为灾，甚至还宣称蝗虫能除田间之草。苏东坡因此常常奔波于镇江、无锡、新登、富阳等地，跟踪检查捕蝗工作，赈灾济民，竭尽全力解决百姓的困难。

其一

西来烟障塞空虚，洒遍秋田雨不如。

新法清平那有此，老身穷苦自招渠。

无人可诉乌衔肉，忆弟难凭犬寄书。

自笑迂疏皆此类，区区犹欲理蝗余。

其二

霜风渐欲作重阳，熠熠溪边野菊黄。

久废山行疲荦确，尚能村醉舞淋浪。

独眠林下梦魂好，回首人间忧患长。

杀马毁车从此逝，子来何处问行藏。(《捕蝗至浮云岭山行疲苦有怀子由弟二首》)

诗的前两句描写蝗灾的严重情况，飞蝗成阵，像铺天盖地的烟尘一样扑面而来，落地比雨点还密。接下来两句，直刺地方官吏为了附会朝廷新法，蓄意隐瞒灾情，所以他以揶揄的口吻调侃是自己招来的蝗虫。“区区犹欲理蝗余”，虽然满腔义愤，但也没有别的办法，只有身先士卒，竭尽全力做好蝗灾的善后工作。

监督盐事

当时的盐税政策，其实是官府在与民争利。严格执法的结果是使老百姓陷入靠海却没有盐吃并且为此铤而走险的窘境。苏东坡虽非常反对，但被安排去监督盐事。熙宁五年（1072）秋，他被派往汤村，督役开挖专门运送食盐的运河。

盐事星火急，谁能恤农耕。

薨薨晓鼓动，万指罗沟坑。
天雨助官政，泫然淋衣缨。
人如鸭与猪，投泥相溅惊。
下马荒堤上，四顾但湖泓。
线路不容足，又与牛羊争。
归田虽贱辱，岂识泥中行。
寄语故山友，慎毋厌藜羹。(《汤村开运盐河雨中督役》)

当时适逢大雨，河床里流沙滚动，但由于工期紧急，民夫还要冒雨劳作。到了寒冷的冬天，民夫们尽管衣衫褴褛、忍饥受冻，依然要拼命干活、疲惫不堪。苏东坡很同情他们，却不能帮助他们，深深感到这是自己为官的耻辱。

新月照水水欲冰，夜霜穿屋衣生棱。
野庐半与牛羊共，晓鼓却随鸦鹊兴。
夜来履破裘穿缝，红颊曲眉应入梦。
千夫在野口如麻，岂不怀归畏嘲弄。(《盐官部役戏呈同事兼寄述古》)

推行新法

苏东坡到杭州后，当地正在如火如荼地推行盐法、青苗法、水利法、免役法、市易法等。新法在推行过程中所产生的危害，势必转移到老百姓身上，伴随着的必然是他们的痛苦和眼泪。

特别是农业税由实物改为货币，因地方官吏的投机，一度造成了百姓有米，官不要米；百姓无钱，而官必要钱的反常局面。农民虽辛辛苦苦打下稻谷，但官府要钱，他们只好变卖稻谷，这时的谷价却贱如谷糠。因此，即便是丰年也谷贱伤农，何况灾年。

今年粳稻熟苦迟，庶见霜风来几时。
霜风来时雨如泻，杷头出菌镰生衣。
眼枯泪尽雨不尽，忍见黄穗卧青泥。
茅苫一月垅上宿，天晴获稻随车归。
汗流肩赪载入市，价贱乞与如糠粃。
卖牛纳税拆屋炊，虑浅不及明年饥。
官今要钱不要米，西北万里招羌儿。
龚黄满朝人更苦，不如却作河伯妇。(《吴中田妇叹》)

朝廷之上是太平盛世，歌舞升平，新法盛举，百姓受益。然而在乡野农村，却是另一番景象：百姓穷苦不堪，许多人为躲避新法，离乡背井，流离失所。

“竹篱茅屋趁溪斜，春入山村处处花。无象太平还有象，孤烟起处是人家。”(《山村五绝》其一）山村幽美的春光反衬出山村农民的贫穷。整个村庄只有一缕孤烟，这也能叫“太平无象”?

“烟雨濛濛鸡犬声，有生何处不安生。但教黄犊无人佩，布谷何劳也劝耕。”(《山村五绝》其二）盐法峻急，贫穷老百姓被迫放弃耕稼而要佩戴刀剑去贩卖私盐，使得大面积的耕地错过农时，荒芜一片。

“老翁七十自腰镰，惭愧春山笋蕨甜。岂是闻韵解忘味，迩来三月食无盐。”(《山村五绝》其三）七十岁的老人吃不上盐，山中笋蕨虽然很甜，但少了盐的味道，也愧对这一美食了。苏东坡借用孔子听到韶乐，可以“三月不知肉味”的典故，责问：山中百姓三个月不知盐味，难道也像孔子一样“闻韶解忘味”吗?

“杖藜裹饭去匆匆，过眼青钱转手空。赢得儿童语音好，一年强半在城中。”(《山村五绝》其四）本意很好的青苗法，在无良官吏的执行下，变质为辗转放高利贷、收取利息的苛政，大大影响了农业生产。农民们纷纷争着跑到城里去借钱，却在城里胡乱花掉，跟在大人身后的小孩只是学会了一些城里的口音，农作物的生产却荒废了。

“窃禄忘归我自羞，丰年底事汝忧愁。不须更待飞鸢坠，方念平生马少游。”

(《山村五绝》其五）苏东坡不忍心看到农民在丰年也忧愁的景象，想抽身引退，像马少游一样优游乡里，了此一生。

“蚕欲老，麦半黄，前山后山雨浪浪。农夫辍耒女废筐，白衣仙人在高堂。”(《雨中游天竺灵感观音院》) 蚕老麦黄的时节，正是农忙的时候，许多普通百姓却因违反新法遭受牢狱之灾，农事荒废，而官员们却高高在上，坐享清闲。

诗中写的都是王安石新法的弊端，讽刺那些达官显贵尸位素餐，不知体察民生疾苦，真实表现了诗人对人民疾苦的深切同情和焦虑。这本是关注现实、同情苦难的真情表达，但在后来的“乌台诗案”中，却被新党作为攻击苏东坡的证据。他们以此攻击他“包藏祸心，怨望其上，讪讟谩骂，而无复人臣之节”(《监察御史里行舒亶札子》)，欲置他于死地。

画扇判案

民间纠纷，往往情况复杂，难以调解。苏东坡却是这方面的高手，这主要源于他一腔无私的爱民情怀。画扇判案就是一桩调解民间纠纷的趣事，被传为美谈。

据宋人何薳《春渚纪闻》记载：一天，苏东坡刚随太守到望湖楼公干，碰见一对拦路喊冤的母女，后面还追来一群喊打的人。太守责成苏东坡问案。原来这对母女欠人两万钱绫绢，过期未还，债主追逼至此。母女被逼无路，拦住官轿喊冤。苏东坡责问母女二人为何欠债不还。这对母女说：我家经营团扇，赊买他家两万钱绫绢，做成了扇子，怎奈今年夏天雨多天凉，团扇没有卖出去，实在无法还钱，并非有意拖欠，请求明年还钱，可债主却追逼至此。

苏东坡追问债主，为何不暂缓追债。债主说，生意难做，欠钱的太多，自己的生意马上就要关张了，不得不这样。得知原因后，苏东坡便让这对母女把卖不出去的团扇取来二十把，挥毫泼墨，在每把团扇上画画题字，不一会儿，二十把团扇“化茧成蝶”，普通的扇子一跃成了二十幅署名苏东坡的艺术作品。围观之人纷纷高价购买。母女二人不仅还清了债务，还略有盈余，皆大欢喜。

填词判案

唐宋时期，官场应酬会宴都有官妓侍候。官府的官妓，一般来自因大户人家被抄家后的女眷，也有自小专门培养入妓的。她们虽然社会地位低下，但常常琴棋书画样样精通，文化水平也比一般百姓家的女子出众。但纵使一身才艺，其出身却被人瞧不起，因此很多官妓都渴望能赎身从良。而要想脱离身份，必须经过官府批准。

有两个名叫郑荣和高莹的官妓，多才多艺，相貌俊美，和大多数女子一样向往自由。她们都不想为妓，一个要落籍，一个要从良，曾多次请求官府，都没有得到批准。听说苏东坡为官清正，为人和善，于是拿着牒文，求判于他。

苏东坡很同情她们的身世，当即提起判笔，分别在她们的牒文上题写了两首《减字木兰花》：

其一

郑庄好客

容我尊前先堕帻

落笔生风

籍籍声名不负公

其二

高山白早

莹骨冰肌那解老

从此南徐

良夜清风月满湖

众人看后，虽感到文字优美，词句雅丽，意境隽永，却不知道其中奥妙。苏东坡告诉大家这是两首藏头词，众人皆惊，大呼巧妙：“郑容落籍”，“高莹从良”！两位官妓得偿所愿，从此过上了普通人的生活。

冷泉判案

苏东坡除在衙门办理案件外，还常常携带文书公案来灵隐寺冷泉亭判案。把诉讼事件搬到公共场所来办理，可以说是他的一大创举。在这里，苏东坡才思敏捷，效率很高，纷争辩讼，谈笑间就迅速准确地判决。办案结束，与同僚开怀畅饮，吟诗作文，逛游山林，兴尽而返。

苏东坡在冷泉亭判决的一例凶杀案十分有名。灵隐寺里有一个和尚，名叫了然，此人佛口蛇心，耐不住青灯孤影，贪图淫乐，经常与一娼妓李秀奴厮混。后来，李秀奴对其产生厌倦，拒绝与其来往。但了然和尚仍死乞白赖，纠缠不放。一天夜里，了然又被李秀奴拒绝，恼羞成怒，便将李秀奴活活打死。苏东坡接到案件，立即将了然押解到游人众多的冷泉亭，当众判决。这个和尚竟然无耻地在自己的胳膊上刺写了颇有韵味的两行字：但愿同生极乐园，免教今生苦相思。苏东坡大怒，这厮不学正道，弄些风月笔墨，却做些凶狠之事。义愤填膺之中，苏东坡填词《踏莎行》一首，判决如下：

这个秃驴，修行忒煞。云山顶上持斋戒。一从迷恋玉楼人，鹑衣百结浑无奈。　　毒手伤人，花容粉碎。空空色色今何在？臂间刺道苦相思，这回还了相思债。

写完判词，当众宣读后，立即将了然绑赴九里松，斩首示众。

游遍钱塘湖上山

“游遍钱塘湖上山，归来文字带芳鲜。”（《送郑户曹》）苏东坡几乎每到一处，都要留下诗文。这些诗文，很多充满灵性、脍炙人口、通俗优美，一经流传，就家喻户晓，成为千古绝唱，为这座繁华的商业之都披上了艺术的盛装。

孤山访僧

“孤山孤绝谁肯庐，道人有道山不孤。”（《腊日游孤山访惠勤惠思二僧》）刚到杭州三天，人生地不熟的苏东坡忽然想起路过颍州时，欧阳修给自己介绍的朋友西湖僧人惠勤。于是，苏东坡在一个天阴欲雪的日子，特意到孤山报恩院拜访惠勤。

孤山是西湖中最大的岛屿，面积有二十多公顷，山高几十米，四周碧波环绕，山间树木繁茂，报恩院就隐藏其中。此时西湖烟雾缭绕，孤山依稀模糊，报恩院若隐若现。苏东坡的来访，让惠勤、惠思兄弟十分兴奋。惠勤说六一公（欧阳修号“六一”）如同天人一般，只是暂时寄寓人间。他虽然从没到过杭州，却能写出《有美堂记》（有美堂在杭州最高峰吴山之巅）这样意韵深远、颇具特色的好文章来。他以为杭州西湖只不过是欧阳修几案上的一个物件罢了。

苏东坡没想到在如此“孤绝”幽静的环境里竟然住着这样的世外高人，虽然过着竹屋纸窗、褐衣坐禅的清苦生活，却文采飞扬，萧疏淡泊，超凡脱俗。而自己纷扰于仕途，纠结于官场，郁闷不堪。

天欲雪，云满湖，楼台明灭山有无。
水清石出鱼可数，林深无人鸟相呼。
腊日不归对妻孥，名寻道人实自娱。
道人之居在何许？宝云山前路盘纡。
孤山孤绝谁肯庐？道人有道山不孤。
纸窗竹屋深自暖，拥褐坐睡依团蒲。
天寒路远愁仆夫，整驾催归及未晡。
出山回望云木合，但见野鹘盘浮图。
慈游淡泊欢有余，到家恍如梦蘧蘧。
作诗火急追亡逋，清景一失后难摹。（《腊日游孤山访惠勤惠思二僧》）

苏东坡与惠勤兄弟相见恨晚，促膝长谈，直到夜色苍茫，才恋恋不舍，踏上归途。临别相约，明年腊日，再来孤山相会。果然次年的同一日，正在湖州公事的苏东坡谢绝湖州太守的挽留，匆匆返回杭州，如期赴约。“去年腊日访孤山，

曾借僧窗半日闲。不为思归对妻子，道人有约径须还。”（《赠孙莘老七绝》其七）

熙宁五年（1072）秋，苏东坡听到欧阳修去世的消息，专门到孤山去报知，与惠勤兄弟同哭于报恩院。“故人已为土，衰鬓亦惊秋。犹喜孤山下，相逢说旧游。”（《哭欧公孤山僧惠思示小诗，次韵》）

游灵隐寺

“溪山处处皆可庐，最爱灵隐飞来孤。”（《游灵隐寺，得来诗，复用前韵》）苏东坡来杭州不久，老乡眉山人李杞前来拜访。苏东坡兴致勃勃地与他一起游览了西湖灵隐寺。灵隐寺，始建于东晋，毁于战火。五代时期，吴越王钱镠命请永明延寿大师重兴开拓，并赐名灵隐新寺。灵隐寺背靠吴山北高峰，面朝飞来峰，峰峦叠秀，古木参天，溪水潺潺；寺内香火旺盛，晨钟暮鼓，梵音袅袅。

君不见，钱塘湖，钱王壮观今已无。
屋堆黄金斗量珠，运尽不劳折简呼。
四方宦游散其孥，宫阙留与闲人娱。
盛衰哀乐两须臾，何用多忧心郁纡。
溪山处处皆可庐，最爱灵隐飞来孤。
乔松百丈苍髯须，扰扰下笑柳与蒲。
高堂会食罗千夫，撞钟击鼓喧朝晡。
凝香方丈眠氍毹，绝胜絮被缝海图。
清风时来惊睡余，遂超羲皇傲几蘧。
归时栖鸦正毕逋，孤烟落日不可摹。（《游灵隐寺，得来诗，复用前韵》）

寺院里香烟缭绕，气清神爽，如果在僧房地毯上美美地睡上一觉，那简直胜过传说中的古帝王羲皇和几蘧了。难怪后来，他听说好朋友唐林夫要栖居灵隐寺，当即作诗相寄，以示祝贺：“我在钱塘六百日，山中暂来不暖席。今君欲作灵隐居，葛衣草屦随僧蔬。”（《闻林夫当徙灵隐寺寓居戏作灵隐前一首》）

灵隐寺对面的飞来峰下有一洞，名曰玉女洞，洞中有一泓泉水，称为玉女泉。泉水如注，取水沏茶，茶香四溢，甘洌爽口。苏东坡经常让寺僧为其取水。为了防备水被作假，他让人破竹为契，一剖为二，各藏一半。每次捎来泉水，都要带此竹契，以为符验。后来，人们把苏东坡留下的竹契，称为“调水符”。

飞来峰下有座冷泉亭，丹柱黛瓦，绿树笼罩，因白居易题写匾额，并作《冷泉亭记》而闻名。由于时间久远，“冷泉亭”的“亭”字风化消弭，苏东坡一时兴起，挥毫补笔，珠联璧合，传为佳话。

如今，灵隐寺前的“春淙亭”与“壑雷亭”就是来源于他的这首《灵隐前一首赠唐林夫》：“灵隐前，天竺后，两涧春淙一灵鹫。不知水从何处来，跳波赴壑如奔雷。”

西湖情缘

西湖，是一个潟湖。秦汉时期，它还是一个和钱塘江相连的小海湾，南北有吴山和宝石山环抱。由于潮汐泥沙的常年冲击，山下逐渐变成沙洲。日积月累，沙洲不断延展，形成一片冲积平原，把海湾和钱塘江分隔开来，变成了一个内湖，西湖由此诞生。在唐代以前，西湖有武林水、明圣湖、金牛湖、龙川、钱源、钱塘湖、上湖等名称。唐朝时期，因其在杭州城西而称西湖。

苏东坡初到杭州，就被西湖美景征服。在一个春雨霏霏的日子，他乘坐画舫泛游西湖之上。眼前山水相连，雨雾茫茫。人在湖上，宛如仙境。苏东坡沉浸其中，飘飘欲仙：“水光潋滟晴方好，山色空濛雨亦奇。欲把西湖比西子，淡妆浓抹总相宜。”（《饮湖上初晴后雨二首》其二）把西湖比作美女西施，如此美妙、贴切，一笔写尽了西湖的曼妙优美，成为历代赞美西湖诗词中的千古绝唱。从此，西湖又称“西子湖”。

苏东坡爱西湖，不论春夏秋冬，不论昼夜晨夕，更不论阴晴霜雪。他常常和友人流连于西湖，尽享西湖婀娜多姿，以无限的诗情美意讴歌千姿百态的西湖美景。

西湖的春天，繁花似锦，游客如云：

献花游女木兰桡，细雨斜风湿翠翘。无限芳洲生杜若，吴儿不识楚辞招。(《六月二十七日望湖楼醉书五绝》其四)

西湖的夏天，莲叶蹁跹，十里荷香：

放生鱼鳖逐人来，无主荷花到处开。水枕能令山俯仰，风船解与月徘徊。(《六月二十七日望湖楼醉书五绝》其二)

西湖的秋天，天高云淡，气象万千：

春来濯濯江边柳，秋后离离湖上花。不羡千金买歌舞，一篇珠玉是生涯。(《绝句》)

西湖的冬天，寒潮袭来，大雪纷飞，压白万山巅，衬黑一湖水，霎时就分不清天与云、山和水：

天欲雪，云满湖，楼台明灭山有无。水清石出鱼可数，林深无人鸟相呼。(《腊日游孤山访惠勤惠思二僧》)

西湖的春天蒲柳清新，西湖的夏天湖阔水深，西湖的秋天落木萧萧，西湖的冬天飞雪暗日。苏东坡春观桃李夏观荷，秋赏桂子冬赏梅，“湖上四时看不足，惟有人生飘若浮。”(《和蔡准郎中见邀游西湖三首》其一)可以说，在杭州的这段日子里，西湖成了他的精神乐园、休憩之所。

未成小隐聊中隐，可得长闲胜暂闲。我本无家更安往，故乡无此好湖山。(《六月二十七日望湖楼醉书五首》其五)

苏东坡说自己是乡野之人，本应自在于旷野山林，却身居官场，游历四方，定无居所。好在杭州西湖这里湖光山色，是个远离喧嚣、修身养性的好地方，远远胜过自己的家乡眉山。不如享受在当下，享受这杭州美景。

西湖岸边的望湖楼，是他经常光顾饮酒喝茶的地方。望湖楼原名看经楼，始建于北宋乾德五年（967），为吴越王钱俶所建。登楼凭栏，西湖的万种风情皆呈现眼前。只见西湖如镜，碧水倒映着蓝天和群山，湖中三岛如三颗明珠闪烁，湖面画舟点点，堤岸游人如织。

一次，苏东坡正在楼上和人饮酒，忽然天色骤变，黑云翻卷，狂风暴雨骤然而至，豆大的雨点像颗颗晶莹的珠子，跳入游船之中。一会儿的工夫，狂风暴雨又像一匹奔腾而过的野马，消失得无影无踪，湖面又恢复了平静。带着醉意，苏东坡挥笔一绝：

> 黑云翻墨未遮山，白雨跳珠乱入船。卷地风来忽吹散，望湖楼下水如天。（《六月二十七日望湖楼醉书五首》其一）

从此，望湖楼声名大振。西湖暴雨如“跳珠”的意象也被永远刻画在人们心中。

养病虎跑寺

虎跑寺位于西湖西南大慈山白鹤峰下。唐元和十四年（819），高僧性空大师在此定居建寺。

说起“虎跑”，还有一个有趣的传说。据说唐朝高僧性空法师喜欢这里风景灵秀，准备定居建寺，但附近没有水源，正准备迁往别处。夜里忽然梦见一仙人，告诉他：“南岳衡山有一童子泉，当遣二虎将其搬到这里来。”第二天，他果然看见二虎跑(刨)地为穴，清澈的泉水随即涌出，故名虎跑泉。泉水晶莹甘洌，居西湖诸泉之首，被誉为“天下第三泉”。于是，性空法师便在这里建造了虎跑寺，又名祖塔院。

苏东坡的《虎跑泉》形象地概括了这个传说：

亭亭石塔东峰上，此老初来百神仰。
虎移泉眼趁行脚，龙作浪花供抚掌。
至今游人灌濯罢，卧听空阶环玦响。
故知此老如此泉，莫作人间去来想。

熙宁六年（1073）夏，苏东坡在疏浚六井、巡行诸县之后，因劳累过度而患病。为了养病，他特地来到这里品茗听泉。他穿着白葛衣，戴着乌纱帽，迎着夏日习习凉风，看着周围茂盛的李树和翠绿的黄瓜，闻着庄稼阵阵的清香，来到虎跑寺。这里远离喧哗的闹市，幽静而闲适，很适合养病，苏东坡顿感好了很多。

紫李黄瓜村路香，乌纱白葛道衣凉。
闭门野寺松阴转，欹枕风轩客梦长。
因病得闲殊不恶，安心是药更无方。
道人不惜阶前水，借与匏樽自在尝。（《病中游祖塔院》）

人间万事，得失之间，没有定数。患病是失，安闲是得，不愿舍弃，就无法拥有。只有淡然对待，方能心绪平静。“因病得闲殊不恶，安心是药更无方。”因为有病，所以有闲到庙里休息，也是不错的事情。有了病，安心就是药，不用再求药方了。

游遍吴山

吴山在杭州西湖东南，山势绵亘起伏，蜿蜒入市区。登顶吴山，有凌空超越之感。其左带钱塘江，右瞰西湖，东、北、西北多俯临街市巷陌，南面可远眺钱塘江及两岸平畴，尽揽杭州江、山、湖、城之胜。

北宋嘉祐二年（1057），龙图阁直学士、吏部郎中梅挚出守杭州，在吴山之巅建造“有美堂”，并请文坛领袖欧阳修作《有美堂记》，刻石以志。从此，吴山名震天下，历代士大夫留诗不绝。

苏东坡来杭州的时候，有美堂刚刚落成不久，其州府府邸正好在吴山旁边的凤凰山。因此，他成为了吴山的常客，几乎与吴山朝夕相处：

朝见吴山横，暮见吴山纵。
吴山故多态，转侧为君容。
幽人起朱阁，空洞更无物。
惟有千步冈，东西作帘额。
春来故国归无期，人言悲秋春更悲。
已泛平湖思濯锦，更看横翠忆峨眉。
雕栏能得几时好，不独凭栏人易老。
百年兴废更堪哀，悬知草莽化池台。
游人寻我旧游处，但觅吴山横处来。(《法惠寺横翠阁》)

前几句，采用乐府民歌的基调描写吴山朝暮多变的姿态，并由内及外，化远为近，把吴山夸饰成阁前的一幕翠帘。接着用七言抒发自己的思乡之情和对人生无常的感慨。最后，“游人寻我旧游处，但觅吴山横处来”，与开头呼应，回环婉转，真切动人。

吴山是杭州城东南隅诸山峰的总称，其周围还有瑞石山、宝山、宝莲山等山峦。山间寺院，隐约其间。暑热的夏天，在山寺午睡，最为美妙。苏东坡常常抛却杂务，到宝山上的青霞洞避暑纳凉。“七尺顽躯走世尘，十围便腹贮天真。此中空洞浑无物，何止容君数百人。”(《宝山昼睡》)

宝莲山山壁上至今还镌刻着“感花岩”三个大字，还有一首苏东坡的宝成寺赏牡丹诗：

春风小院初来时，壁间惟见使君诗。

应问使君何处去，凭花说与春风知。

年年岁岁何穷已，花似今年人老矣。

去年崔护若重来，前度刘郎在千里。(《留别释迦院牡丹呈赵倅》)

钱塘观秋潮

“八月十八潮，壮观天下无。”(《催试官考较戏作》）今天观钱塘江大潮，在海宁盐官镇，因为那里是杭州湾入口处，海潮冲入喇叭形口子内，奔腾之势骤增，波涛冲天，蔚为壮观。而在北宋，江流没有改道和变迁，涌潮从南大门而来，直冲杭州之东南，使杭州江干一带成为观潮胜地。凤凰山的望海楼、吴山的七宝峰和安济亭，都是观潮的好地方。

北宋时期，杭州人观潮从八月十一日开始，八月十八日达到高潮。据说这天是潮神伍子胥的生日，为了庆祝潮神的生日，杭州十万人家，男女盛装，倾城而出，“赖有明朝看潮在，万人空巷斗新妆”(《八月十七复登望海楼自和前篇是日榜出余与试官两人复留五首》)。苏东坡在杭三年，年年观潮，并留下了十多首观潮听涛的诗词。

熙宁五年（1072）八月，他以通判的身份到杭州考试院担任监试官，发榜前的二十多日被“关禁”，“讴吟思归出无计，坐想蟋蟀空房语”(《送刘寺丞赴余姚》)。于是，他就在凤凰山中和堂、望海楼，休息闲坐。不久，苏东坡登上望海楼，听涛观潮，喜不自胜：

八月十八潮，壮观天下无。

鲲鹏水击三千里，组练长驱十万夫。

红旗青盖互明灭，黑沙白浪相吞屠。

人生会合古难必，此景此行那两得。(《催试官考较戏作》)

碧山影里小红旗，侬是江南踏浪儿。

拍手欲嘲山简醉，齐声争唱《浪婆词》。(《瑞鹧鸪·观潮》)

一年后，熙宁六年（1073）的八月，苏东坡又随新任太守陈襄在安济亭上观潮题诗，《八月十五日看潮五绝》(其一）就是这次完成的：“定知玉兔十分圆，化作霜风九月寒。寄语重门休上钥，夜潮留向月中看。”

适逢中秋之夜，一定是天晴月圆，他要亲临海塘，沐浴着清凉的海风，趁着皎洁的明月，观看钱塘大潮。“万人鼓噪慑吴侬，犹似浮江老阿童。欲识潮头高几许，越山浑在浪花中。”(《八月十五日看潮五绝》其二）苏东坡连用两个比喻描绘潮来的威势。先写所闻，次写所见。怒潮掀天揭地呼啸而来，潮头奔涌，声响洪大，有如万人鼓噪，使弄潮和观潮的“吴侬”，无不为之震慑。前两句写潮势之大，后两句写潮头之高，越山竟好似摇摆在浪花之中了。

“江边身世两悠悠，久与沧波共白头。造物亦知人易老，故教江水向西流。”(《八月十五日看潮五绝》其三）本来是为纵览海潮的壮观而来，此刻却顿起身世之感。自己由京城调任在外，身世悠悠，魂无定所，像江边的潮水一样起落不定。可能是造物者体会到人有易老的心情，遂教江水也有西流之日，以示人生未必无再少之时。

“吴儿生长狎涛渊，冒利轻生不自怜。东海若知明主意，应教斥卤变桑田。”(《八月十五日看潮五绝》其四）两层意思，一是怜惜弄潮人的重利轻生，二是讽喻当时朝廷兴建水利多不切实际，害多利少，难有成效。

“江神河伯两醯鸡，海若东来气吐霓。安得夫差水犀手，三千强弩射潮低。”(《八月十五日看潮五绝》其五）这首诗抒发观潮所得的感想，苏东坡将“望洋兴叹”、“夫差水犀手”和“钱王射潮”的故事巧妙地结合起来，希望能因势利导，兴修水利，造福于民。全诗波澜壮阔，气象万千。有实、有虚，有感慨、有议论，有想象、有愿望。淋漓恣肆，不落常轨，体现出苏诗英爽豪迈的风格。

在杭州的第三年即熙宁七年（1074），苏东坡已经接到赴密州任太守的任命，即将离开杭州了，他的心情十分复杂，感叹人生苦短，命如尘沙：

苒苒中秋过，萧萧两鬓华。寓身化世一尘沙。笑看潮来潮去、了生涯。（《南歌子·再用全韵》）

推挤不去已三年，鱼鸟依然笑我顽。（《与毛令方尉游西菩提寺二首》其一）

一转眼间，苏东坡三年的杭州通判任期到了。三年来，他经历了沈立、陈述古、杨绘三任知州，与他们通力协作，勤政为民，唱酬往还，交谊颇深。但他对朝廷变法过程中存在的问题，依然不能苟同，并诉诸笔端。昔日在京城，苏东坡就是因为数次上书论新法不便于民，退而亦多与宾客讥诮时政，而被放逐杭州。当时他的好友，表兄文同在他临行前赠诗，其中有“北客若来休问事，西湖虽好莫吟诗”之句。但苏东坡丝毫没有收敛锋芒，虽不能上书朝廷，却以诗文表达政见，讥刺新政，抨击朝政。《山村五绝》《八月十五日看潮五绝》等，不一而足。因此，诗人自己也觉得积习难改，连那鱼鸟也要嘲笑自己的顽固不化了。

熙宁七年（1074），当听说苏东坡即将离开杭州的消息后，杭州官府、文友、学生、僧众等纷纷设宴送行。有人还专门将其在杭州的诗文编刻成书，名《钱塘集》，一经出版，马上“杭州纸贵”。此时的他，已经继刚刚去世的欧阳修之后，成为北宋文坛领袖。

是年九月，苏东坡和与自己一样异地任职的太守杨绘，依依不舍地作别杭州，经湖州、松江、苏州，过晋陵，在润州与杨绘作别，北上扬州、高邮、楚州，过淮河，到海州，最后抵达密州。

沃野便到桑麻川

——出守密州

“自从舍舟入东武，沃野便到桑麻川。”(《和蒋夔寄茶》) 熙宁七年（1074）九月，苏东坡带着十分失意和落寞的心情离开了杭州。

弟弟苏辙在《〈超然台赋〉序》叙述了他改知密州的情况：“子瞻通守余杭，三年不得代，以辙之在济南也，求为东州守，既得请高密，五月乃有移知密州之命。”苏东坡本人也在《密州谢表》中说：“请郡东方，实欲昆弟之相近。”

本来离开朝廷，通守杭州，就是为了避开京城的斗争和倾轧，他想等到局势平静时，再回到皇帝身边有所作为。但三年时间过去了，朝廷之上的新旧党争中，旧党已经全面落败，新党内部也开始了新的攻讦，并且愈演愈烈。局势对自己十分不利。在回京无望的情况下，苏东坡才退而求其次，自请调往山东，希望离在济南任掌书记的苏辙更近一点。“虽无望于功名，庶少逃于罪戾。”(《密州到任谢执政启》)

正是带着这样的心情，苏东坡踏上了赴密州的路途。

> 孤馆灯青，野店鸡号，旅枕梦残。渐月华收练，晨霜耿耿，云山摛锦，朝露漙漙。世路无穷，劳生有限，似此区区长鲜欢。微吟罢，凭征鞍无语，往事千端。　当时共客长安。似二陆初来俱少年。有笔头千字，胸中万卷，致君尧舜，此事何难。用舍由时，行藏在我，袖手何妨闲处看。身长健，但优游卒岁，且斗尊前。(《沁园春·赴密州早行，马上寄子由》)

这首词的上阕写秋天萧瑟的景色和自己孤寂的心情，下阕则从眼前转入回忆。想当年，兄弟二人像西晋的陆机、陆云一样，首入京城便少年得志，名震天下。本想“致君尧舜”，干出一番轰轰烈烈的事业，可直到今年，依然漂泊朝廷之外，袖手旁观，一事无成，不觉心灰意冷。

通判杭州，虽非所愿，但生活很优裕，杭州美丽的山水，给了他无限的慰藉，密州可不一样。“余自钱塘移守胶西，释舟楫之安，而服车马之劳，去雕墙之美，而庇采椽之居，背湖山之观，而行桑麻之野。”(《超然台记》)

北宋时期的密州，是个防御之州，古称东武，领诸城、安丘、高密、莒县、胶西五县，州治在诸城。多年来，自然灾害不断，盗贼猖獗，民不聊生。苏东坡到来时，正值“蝗旱相仍，盗贼渐炽”(《论河北京东盗贼状》)，社会已经陷入了“公私匮乏，民不堪命”(《论河北京东盗贼状》)的境地。百姓“量日计口，敛不待熟。秋天未终，引领新谷”(《祭常山祝文五首》其三)，就连苏东坡作为太守也是“斋厨索然，日食杞菊”(《超然台记》)，“以杞为粮，以菊为糗”(《后杞菊赋》)。杞和菊是密州两种常见的野生植物，杞是杞柳，落叶灌木，很像柳树叶子，春食芽，夏食叶；菊是菊芋，草本植物，枝叶酷似菊花，根茎像生姜，可以食用。

在来到密州的第一个元宵节，他的一首《蝶恋花》，写尽了杭州和密州的巨大差距：

> 灯火钱塘三五夜。明月如霜，照见人如画。帐底吹笙香吐麝，此般风味应无价。　寂寞山城人老也。击鼓吹箫，乍入农桑社。火冷灯稀霜露下，昏昏雪意云垂野。

一边灯火辉煌，一边火冷灯稀；一边歌舞升平，一边寂寞山城。落寞的情绪引起苏东坡无限的哀伤。但是，他这种低落的情绪并没有持续多久，面对如此贫穷困顿的环境，他没有“优游卒岁”，袖手旁观。出身平民、来自乡野的苏东坡，既感受到这种“桑麻之野”的淳朴，又感同身受百姓的不易和痛苦。他慨叹：“民病何时休，吏职不可越。”(《和赵郎中捕蝗见寄次韵》)他甚至为自己一

身学问，不能立即解决百姓疾苦而深感愧疚："平生五千卷，一字不救饥。"（《和孔郎中荆林马上见寄》）

密州之任，是苏东坡从政后第一次担任主官，主政一方。六年的凤翔签判和杭州通判经历，使他更深刻地了解百姓疾苦，更清楚地知晓为官之道。百姓的疾苦和朝廷的命运，与自己的进退得失相比，后者显然要轻得多。作为一个基层的官僚个体，只有尽职尽责造福一方，减少朝廷失策给百姓造成的痛苦，才是唯一更现实的选择。

因此，苏东坡一扫个人的失意和落寞，为民请命，"视官事如家事"（《密州通判厅题名记》），"以济物为心，应不计劳逸"（《答水陆通长老九首之三》），他以惊人的速度、拼命的精神、睿智的策略，立即投入救民于水火的行动中。仅仅两年的密州之任，他便大踏步地进入了人生的第一个高峰期——施政业绩突出、个人思想成熟、艺术创作辉煌。

突出的政治业绩

苏东坡刚到密州任上，就已经参透了这里"蝗旱相仍，盗贼渐炽"（《论河北京东盗贼状》）的原因，认为这是天灾人祸的相互结果。天灾尤可恕，人祸不能饶。于是，他首先上书朝廷《论河北京东盗贼状》，分析盗贼炽热的根源，希望朝廷支持自己铲除盗贼的计划，保境安民，发展生产。

消灭蝗旱之灾

苏东坡认为，密州官府的当务之急是救灾。抗旱灾、灭蝗灾，减少天灾带给百姓的损失和痛苦。"蝗旱相仍"，形势紧迫，如不及时解决，"窃料明年春夏之际，寇攘为患，甚于今日"（《论河北京东盗贼状》）。

蝗灾来临，他看到"民以蒿蔓裹蝗虫而瘗于道左，累累相望者二百余里，捕杀之数，闻于官者几三万斛"（《上韩丞相论灾伤手实书》），询问灾情时却遇到几个糊涂官，竟然认为"蝗不为灾"，还可以"为民除草"（《上韩丞相论灾伤手实书》），真是迂腐透顶。苏东坡痛加斥责："蝗不为灾，将以谁欺乎？"（《上韩丞

相论灾伤手实书》)“坐观不救亦何心！”(《次韵章传道喜雨》)

于是，他一边上书朝廷，请求豁免秋税，一边亲自下田，带领民众投入灭蝗战斗。以至于“我仆既胼胝（手足重茧），我马亦款矻（疲劳）。飞腾渐云少，筋力亦已竭”(《和赵郎中捕蝗见寄次韵》)。

“从来蝗旱必相资，此事吾闻老农语。”(《次韵章传道喜雨》)在救灾过程中，他与老百姓打成一片，认真地向他们学习，研究出灭蝗抗旱的办法。当地老农传说，蝗虫遗子于地，若雪深一尺，则入地一丈。他鼓励大家用火烧法和掘田取卵法消灭蝗虫，并以工代赈，“得米济饥还小补”(《次韵章传道喜雨》)，一举两得。最终取得了积极效果：“县钱已窖八千斛，率以一升完一亩，更看蚕妇过初眠。”(《次韵章传道喜雨》)诗中苏东坡自注：“蚕一眠，则蝗不复生矣。”

常山祈雨救旱

苏东坡在密州期间，曾六次亲率吏民到常山祈雨救旱。常山，诸城南二十公里，原名卧虎山，因形如卧虎而得名。山上有神祠，“祈雨辄应，谓其有常德，故名”。他初到常山祈雨时发现，“庙门之西南十五步，有泉汪洋折旋如车轮，清凉滑甘，冬夏若一……乃琢石为井，其深七尺，广三之二”，并“作亭于其上，而名之曰雩泉”(《雩泉记》)。“雩”，苏轼解释说：“古者谓吁嗟而求雨曰雩。”

雩泉一年四季汪洋不断，周围群众灌溉饮水，皆赖此泉。熙宁九年（1076），苏东坡再次到常山祈雨，来到雩泉亭北望密州城，“雉堞楼观，仿佛可数”。他认为，常山祈雨灵验的原因全赖雩泉。于是，作《雩泉记》，以述心怀，并刻石立碑置于泉边。是年冬，苏东坡即将离开密州，专程来到常山雩泉亭，作了《留别雩泉》一诗：

举酒属雩泉，白发日夜新。
何时泉中天，复照泉上人。
二年饮泉水，鱼鸟亦相亲。
还将弄泉手，遮日向西秦。(《留别雩泉》)

教化密州百姓

苏东坡认为，治政之要，首先要教化百姓。山东地势险要，民风彪悍。要行仁慈、敦化之政，循循善诱，安抚百姓。他十分关心教育，尊重人才。

“中和乐职几时作，试向诸生选何武。”(《次韵章传道喜雨》) 苏东坡希望当地百姓能努力学习礼乐，成为何武一样的人才。他大力倡办州学，与州学的教授们交情甚笃。每到初一、十五，他都会召集诸生数十人，在超然台上读书作文，以开阔其胸襟，奋发其志气，鼓荡其文章。

“至今东鲁遗风在，十万人家尽读书。”他希望通过教育，使得密州成为礼仪之乡。即便对盗贼，也要分清主从，相度轻重。对少数罪大恶极的要“诛一以警百”(《论河北京东盗贼状》)，其他人则施以教化，“明立购赏，随获随给，人事竞劝，盗亦敛迹”(《上文侍中论强盗赏钱书》)。

后来，密州人文渊薮，名士奋兴，“英雄豪杰之士甲于京东”(《舆地记》)，成为远近闻名的“文献之邦”“礼仪之邦”，苏东坡之功，当不可没！

废除新法不便

苏东坡对新法并不是一概反对的，而是反对和抵制极端扰民和害民的部分。比如，他对新法中的免役法的态度就十分积极。因为原来的差役法，有吏役和徭役，大多由差民户轮流充当，官户、寺观都不应差役。结果沉重的负担都落在贫困农民身上。新的免役法，苏东坡在密州进行了有效推行，当役人户以等第出钱，称为免役钱，原来无差役的官户、寺观亦减半出钱，称为助役钱。他按照州县大小、户口贫富，把户民定为一等、二等、三等、四等、五等、下等户，一、二、三等大户多出，四、五等少出，下等户可以不出钱。这个办法的优点就是损害了大中地主的利益，减轻了底层百姓负担。

但是对朝廷司农寺制定的“手实法”，苏东坡却坚决反对，并上报朝廷，拒绝执行。该法规定“民各以田亩、屋宅、资货、畜产随价自占”(《宋史·王安石变法》)，就是自报家产，以定户等，依等次纳税。为了防止有人少报家产，可以奖赏告其不实之人。苏东坡认为奖励告密的人，不是仁政，会影响朝廷信誉，败坏社会风气。再说："违制之坐，若自朝廷，谁敢不从？今出于司农，是擅造律也。"（苏辙《亡兄子瞻端明墓志铭》）因此，他在密州拒绝执行手实法。

同时，他竭力反对官榷食盐，和百姓争利，主张贩盐三百斤以下的，一律不收税。但是，他的这一主张没有得到朝廷的支持。

清除朝廷悍卒

密州有一帮强盗，到处抢劫。安抚司派遣了几十人来抓捕盗贼，"磨刀入谷追穷寇"（《次韵刘贡父李公择见寄二首》其二）。但是，这帮外来的悍卒竟然比盗贼还要横暴凶残。他们用禁物设赃，诬陷百姓，借机抢掠。百姓因奋起反抗而被杀死，悍卒也畏罪溃逃，乱作一团。老百姓纷纷来到太守衙门控诉。没想到苏东坡却将他们的状纸投于地，说："必不至于有如此事情。"悍卒闻听此言，内心安定，不再逃跑。苏东坡便派人将他们一一召集回来，逐一审问。最后物证人证，人赃俱全，全部按律诛杀，赢得百姓一片叫好声。

含泪收养弃婴

"洒涕循城拾弃孩。"（《次韵刘贡父李公择见寄二首》其二）苏东坡初到密州，老百姓穷苦不堪，有的连孩子也养活不起，生下不久便抛弃到城外。"轼向在密州，遇饥年，民多弃子，因盘量劝诱米，得出剩数百石别储之，专以收养弃儿，月给六斗。比期年，养者与儿皆有父母之爱，遂不失所，所活亦数千人。"（《与朱鄂州书》）

他把捡拾回来的弃婴，分别安排到各家抚养，按月支付给"盘量余谷"，救活的也有几千人。恤民之心，救民之举，善莫大焉。绝非一个普通官员可以想见的。

劝农发展生产

"三年东方旱，逃户连敧栋。老农释耒叹，泪入饥肠痛。"（《除夜大雪留潍州元日早晴遂行中途雪复作》）连年的灾害，使得密州百姓流离失所，大面积的土地撂荒，老百姓挣扎在生死线上。

“微雨过，何处不催耕。”（《望江南·暮春》）苏东坡把劝农生产作为自己的天职，按照节气及时敦促农民勠力农桑，争取有个好收成。每次出城，他都会走进田间地头，与耕作的农民亲切攀谈交流。当地的父老乡亲也把他作为自己的知心人：“父老借问我，使君安在哉。今年好风雪，会见麦千堆。”（《出城送客，不及，步至溪上，二首》其一）

在他即将离任时，写诗给尚未接任的继任太守孔宗翰，对一些地方“秋禾不满眼，宿麦种亦稀”（《和孔郎中荆林马上见寄》）的荒凉景象十分痛心，感叹“永愧此邦人，芒刺在肤肌”（《和孔郎中荆林马上见寄》），他希望继任的孔宗翰能和自己一样为密州百姓利益发挥自己的才能。

成熟的艺术创作

突出的政绩来源于苏东坡成熟的思想，成熟的思想催生辉煌的艺术创作。短短两年时间，他在百忙之余创作了各类作品共计二百余篇，其中诗歌一百二十七首，词十八首，文章六十四篇，几乎每三天就有一篇作品问世，其中不乏名篇佳作。

形成超然文风

超然台，坐落在密州故城北城墙中心偏西处。熙宁八年（1075）初冬，苏东坡重新修整西城台，在台上复加栋宇，以为登高眺望的游息之所。“予弟子由，适在济南，闻而赋之，且名其台曰‘超然’，以见余之无所往而不乐者，盖游于物之外也。”他榜书“超然台”，并作《超然台记》：“台高而安，深而明，夏凉而冬温。雨雪之朝，风月之夕，余未尝不在，客未尝不从。撷园蔬，取池鱼，酿秫酒，瀹脱粟而食之，曰：乐哉游乎！”

该文用“乐”贯穿全文，超然于物外，就可以无往而不乐；不能超然于物外，则必悲哀。正面写乐，反面写悲，终不离“乐”字。初到胶西则忧，初安则乐，治园修台，登览游乐。文章反映了一种知足常乐、超然达观的人生态度，基本代表了苏东坡当时的心态，或者说要努力追求的心态。

建成后的超然台，成了他心灵寄托的地方。政暇之余，苏东坡常常广聚朋友，登台饮酒赋诗，抒发情感，其乐无穷。站在超然台上，他便能心绪畅然，触目成春："试上超然台上看，半壕春水一城花，烟雨暗千家。"(《望江南·超然台作》)这个时候，密州的贫穷、饥饿、天灾、人祸都没有了，有的只是超然的愉悦和迷人的春景。

"吟成超然诗，洗我蓬之心。"(《和潞公超然台次韵》)这里的"超然诗"，几乎成了他个人诗风的艺术概括。这一时段的诗词，"超然"二字，屡屡出现。"城上高台，真个是超然"(《江城子·前瞻马耳九仙山》)、"银海光宽，何处是超然"(《江城子·冬景》)、"诗成却超然，老泪不成滴"(《冬至日赠安节》)等。其实，这里的超然就是苏东坡来密州后真实心态的写照，他洗却了茅塞不通的执念，一扫原来的落寞和失意，成就一种抛却个人得失的旷达与自适。

我生百事常随缘，四方水陆无不便。
扁舟渡江适吴越，三年饮食穷芳鲜。
…………
人生所遇无不可，南北嗜好知谁贤。
死生祸福久不择，更论甘苦争蚩妍。(《和蒋夔寄茶》)

四十不惑。十多年的官场生涯，苏东坡居庙堂，危机四伏；在民间，民生凋敝。上不能做股肱之臣，下却可以为老百姓做些有益的事情。如今，他已经进入不惑之年，当抛却执念，随遇而安，以笑悟世。这里虽然有着不甘，"其间互忧乐，歌笑杂悲叹"(《乔太博见和复次韵答之》)，却也有着无奈，"书生事业真堪笑，忍冻孤吟笔退尖"(《谢人见和前篇二首》其一)。这种似乎有些矛盾的思想，正是对苏东坡精神世界的真实写照。但他明白，自己既要关注现实，为理想尽心尽力；更要超越现实，高风绝尘，诗话人生：

阴晴朝暮几回新，已向虚空付此身。出本无心归亦好，白云还似望云人。(《和文与可洋川园池三十首 望云楼》)

休对故人思故国，且将新火试新茶。诗酒趁年华。(《望江南·超然台作》)

自此，苏东坡旷达自适的超然文风悄然形成。

升华“婉约宋词”

北宋初期，词是不入流的文体，主要抒写艳思恋情、风花雪月、男欢女爱等内容，表达伤春悲秋、离愁别绪的感情，适用于歌妓在青楼酒肆里传唱。被学界斥为淫靡的“郑卫”之流，与风雅篇什背道而驰。其实，当时的宋词已经很受人们欢迎，著名词人柳永便是当时备受追捧的一个。他科考屡试不中，流寓杭州、苏州，沉醉于听歌买笑的浪漫生活之中，撰写了大量的词作，专门描写市井阶层男女之间的感情，词中的女主人公多数是沦落青楼的不幸女子。因此，初期的宋词被标签化为“风花雪月、男欢女爱”，很多文人包括苏东坡都一面沉湎于声色的快乐享受，另一面又觉得不合雅趣，有失颜面。所以自我掩饰，自我辩解，“自扫其迹”。宋朝文人王灼在其《碧鸡漫志》中曾批评当时的婉约词：“长短句虽至本朝而盛，然前人自立与真情衰矣！”

历史上用诗来悼念亡妻的名篇有很多，像西晋潘岳的《悼亡诗三首》、唐朝元稹的《遣悲怀三首》等，都十分有名。用词来悼念亡妻，是苏东坡的首创。他以婉约的词风描写了与亡妻王弗真挚深厚的感情，其中融入了自身遭遇和人生酸楚，改变了宋词缠绵的格调，提升了婉约词的意境，扭转了宋词初期被标签化的尴尬局面，大大地增强了婉约词的审美价值，为婉约词派地位的确立奠定了坚实基础。

初到密州的正月二十日夜，在寂寞山城的睡梦里，苏东坡梦见了自己去世十年的妻子王弗：

十年生死两茫茫，不思量，自难忘。千里孤坟，无处话凄凉。纵使相逢应不识，尘满面，鬓如霜。　　夜来幽梦忽还乡，小轩窗，正梳妆。相顾无言，惟有泪千行。料得年年肠断处，明月夜，短松冈。(《江城子·十年生死两茫茫》)

“妇从汝于艰难，不可忘也”(《亡妻王氏墓志铭》)。少年夫妻，恩爱深重，撒手永别，转瞬十年。人到中年，生活颠沛流离，却不能共担忧患，昔日的幸福常常夜来入梦，“不思量，自难忘”，但“千里孤坟，无处话凄凉”。这些抹杀了生死界限的痴语、情语，极大程度上表达了作者孤独寂寞、凄凉无助而又急于向人诉说的情感，格外感人。接着，“纵使相逢应不识，尘满面，鬓如霜”。这三个长短句，又把现实与梦幻混同了起来，把死别后个人的种种忧愤，饱含在容颜、形体的苍老、衰败之中。

“小轩窗，正梳妆”。那亲切而又熟悉的景象，情态容貌，依稀当年。夫妻相见，却没有出现久别重逢、卿卿我我的亲昵，而是“相顾无言，惟有泪千行”。这正是东坡笔力奇崛之处，妙绝千古。“此时无声胜有声”，因为“无言”，方显沉痛，“无言”胜过了万语千言；因为无言，才使这个梦境无限凄凉。最后，梦境又回到现实。“料得年年肠断处，明月夜，短松冈。”意深、痛巨，余音袅袅，让人回味无穷。

当代文史学家唐圭璋在其《唐宋词简释》中这样评价：此首为公悼亡之作。真情郁勃，句句沉痛，而音响凄厉，诚后山所谓“有声当彻天，有泪当彻泉”也。

一首悼亡词，彻底改变了宋词的艺术品位，提高了婉约词风的艺术格调。

创制豪放宋词

苏东坡来密州的第二年冬天去常山祭拜山神，顺便进山打猎。全城百姓欣然相随，浩浩荡荡。当时，北辽和西夏屯兵边境，经常进犯边境。而朝堂之上，主和派占主导地位，委曲求全。他有感而发，一首洋洋洒洒的《江城子·密州出猎》应运而生。在这首词中，苏东坡展现了豪情壮志，并希望建功立业的强烈愿望，他在向朝廷表达自己的政治立场，希望早日被重用，效命疆场。

老夫聊发少年狂，左牵黄，右擎苍，锦帽貂裘，千骑卷平冈。为报倾城随太守，亲射虎，看孙郎。　酒酣胸胆尚开张，鬓微霜，又何妨？持节云中，何日遣冯唐？会挽雕弓如满月，西北望，射天狼。

全词的上阕叙事，下阕抒情，气势雄豪，淋淳酣畅，一洗绮罗香泽之态，令人耳目一新。前面写围猎时的装束和盛况，然后转写自己的感想：决心亲自射杀猛虎，答谢全城军民的深情厚意，并以魏尚自比，希望能够承担起卫国守边的重任。结尾直抒胸臆，抒发杀敌报国的豪情：要把弓弦拉得像满月一样，射掉那贪残成性的“天狼星”，将西北边境上的敌人统统一扫而光。

这首词一反偎红倚翠、浅斟低唱词坛风气，慷慨激愤，气象恢弘，赋予宋词以阳刚之美。可谓别具一格，自成一体，“自是一家”。苏东坡对这首词也非常满意，颇感自豪，他在《与鲜于子骏书》中说：

近却颇作小词，虽无柳七郎风味，亦自是一家，呵呵。数日前，猎于郊外，所获颇多。作得一阕，令东州壮士抵掌顿足而歌之，吹笛击鼓以为节，颇壮观也。写呈取笑。

短短的几十个字，传达出很多重要的文学信息。首先，他把词称为“小词”，在宋代文人意识里“诗庄词媚”，正统文人重视的是散文和诗，词一直被视为“小道”“艳科”，这个身份很长时间都未得到改变。“柳七郎风味”指的是柳永词风。柳永此时在北宋文坛影响巨大，甚至有人说“凡有水井处，皆能歌柳词”。柳永是当时词风的代表性人物，而且此时宋词的主流也是婉约风格的作品。苏东坡说：我所创作这首词是着意与“柳七郎风味”不同的。因此，他自己认为“自是一家”，表达出自己在文学、艺术上独创性的思想。

尤其有意思的是，他用了“呵呵”二字。在现代社会很多人在网络聊天的时候经常用“呵呵”二字，甚至有人说聊天止于“呵呵”。在苏东坡那个时代，“呵呵”二字更主要表现出他的志得意满，一种得意的心情溢于言表。

苏东坡写这首词的背景是在打猎的时候，让手下的数百壮士集体大合唱，这是对宋词风格的一种反叛。在这之前，宋词都是由女子唱的，苏东坡不但让男人唱词，而且是数百壮士的大合唱。节拍就是“抵掌顿足”，同时军中没有管弦丝竹的乐器，就用笛和鼓作伴奏，他提出这样的唱法是“壮观”。“壮观”一词用来形容宋词，这也是前所未有的审美发明。苏东坡以此首词为始，确立了豪放词风的地位，开创了豪放词的写作先河。

千古“中秋一词”

自古以来，月亮可能是中国文人最喜欢吟咏的自然天体，它常常被寄予无限美好纯洁的遐想和愿望，中秋赏月可以说是整个中华民族集体浪漫的文化传统，所以抒写中秋月亮的诗文可谓车载斗量。

熙宁九年（1076）的中秋之夜，苏东坡携同僚好友一干人等，登上超然台饮酒赏月，欢饮达旦。乘着酒兴，他写下了《水调歌头·明月几时有》，词前小序交待了写词的过程：丙辰中秋，欢饮达旦，大醉，兼怀子由。

> 明月几时有，把酒问青天。不知天上宫阙，今夕是何年。我欲乘风归去，又恐琼楼玉宇，高处不胜寒。起舞弄清影，何似在人间。 转朱阁，低绮户，照无眠。不应有恨，何事长向别时圆。人有悲欢离合，月有阴晴圆缺，此事古难全。但愿人长久，千里共婵娟。

和李白一样，苏东坡也被人们称为“谪仙人”，这是对天才文人的最高赞赏。苏东坡自己好像也接受这样的说法，一开头就以“谪仙人”的口吻向天帝提问，想知道天上现在是何年何月，好像一个离家的游子打听家乡的消息。“我欲乘风归去”，却害怕天上虽“琼楼玉宇”，却一片凄清寒冷。朝廷上的政治斗争，容不下他这个说真话的人。因此，只能在人间的月光下起舞弄影，逍遥自在。据《坡仙集外记》说：神宗读至“琼楼玉宇”二句，乃叹曰“苏轼终是爱君”。但朝廷上不能容他，也只能在下面任职了。

“不应有恨，何事长向别时圆。”这样的似乎无可奈何的追问，一方面饱含了他对弟弟苏辙的极度思念，另一方面也表达了希望自己能早日回到朝堂之上、倾力辅佐皇帝的愿望，同时又表达出希望兄弟手足团圆的心情。但是，苏东坡又来了一个大转折，“人有悲欢离合，月有阴晴圆缺，此事古难全”。既然月有圆缺，人有离合，也要面对现实，超然物外，进行自我安慰和解脱，自古皆然，就没有什么可悲伤的了。最后两句“但愿人长久，千里共婵娟”，思想境界忽然拔高，他向世间所有离别的亲人，发出深挚的慰问和祝愿，写出了至真的情意，给全词增加了积极奋发的意蕴。

全词笔法大开大合，笔力雄健浑厚，俯仰古今变迁，感慨宇宙流转，厌薄宦海浮沉。在皓月当空、孤高旷远的意境氛围中，渗入浓厚的哲学意味，揭示睿智的人生理念，达到了人与宇宙、自然与社会的高度契合。南宋胡仔在其《苕溪渔隐丛话后集》中这样评价：“中秋词自东坡《水调歌头》一出，余词尽废。”

深厚的官民感情

“二年饮泉水，鱼鸟亦相亲。”（《留别雩泉》）苏东坡初任太守，独当一面，政绩非常突出，短短两年多的时间，他与密州百姓同甘共苦，休戚与共，“余既乐其风俗之淳，而其吏民亦安予之拙也”（《超然台记》）。

西汉时期的盖公，善治黄老之学，曹参参用其术，使国安定，当时从学者甚众。盖公之墓就在密州，苏东坡十分敬慕盖公“治道贵清净而民自定”的治理思想，“师其言想见其为人”（《盖公堂记》），便在州衙专门修建盖公堂，警示自我：爱民、惠民、不扰民。并专门撰写《盖公堂记》，表达了他无为而治的思想，主张让老百姓休养生息。两年时间，他与密州老百姓建立了血浓于水的深厚感情。

两年来，密州的灾情得到全面控制，大片撂荒的土地开始恢复生产，“吏民渐相信，盗贼狱讼颇衰”(《与灵隐知和尚一首》)，苏东坡本人也赢得了广大百姓的爱戴。同时，他也为体现了自己的人生价值而感到十分的欣喜和自豪：“处之期年，而貌加丰，发之白者，日以反黑。余既乐其风俗之淳，而其吏民亦安予之拙也。”(《超然台记》)

“漫说山东第二州，枣林桑泊负春游。”(《答陈述古二首》其一）苏东坡深深地爱上了这片土地，甚至把这个自己苦心经营的地方当作了故乡。从城内远眺东南卢山，山势连绵，峰峦叠翠，他赋诗赞曰：“东望峨眉小，卢山翠作堆”(《出城送客，不及，步至溪上，二首》其二)，“若说峨眉眼前是，故乡何处不堪回”(《次韵徐积》)。当他经过障日山时，竟然又发现“其状类峨眉”，马上又有一种回到老家的感觉，随口吟咏：“莫教名障日，唤作小峨眉。”(《卢山五咏 障日峰》)

苏东坡与当地百姓打成一片，一个普通的农民也可以与他直接对话，“父老借问我，使君安在哉？”(《出城送客，不及，步至溪上，二首》其一）他甚至可以接受“城里田员外，城西贺秀才”(《谢郡人田、贺二生献花》)的献花，并赠诗致谢。密州百姓十分拥戴他，他号召捕杀蝗虫，百姓一呼百应，争先恐后，“荷锄散掘谁敢后”(《次韵章传道喜雨》)。他外出打猎，百姓倾城相随，“为报倾城随太守”(《江城子 · 密州出猎》)。

熙宁九年（1076），苏东坡接到了以祠部员外郎、直史馆移知河中府的调令。在他离开密州的时候，老百姓更是难舍难分。他深情地嘱咐前来送行的人们：“莫忘使君歌笑处，垂柳下，矮槐前。”(《江城子 · 前瞻马耳九仙山》)

不懂事的孩子还以为他只是暂时外出，所以“山中儿童拍手笑，问我西去何时还”(《再过超然台赠太守霍翔》)。

元丰八年（1085），苏东坡赴登州任路过密州时，男女老少夹道相迎，“重来父老喜我在，扶挈老幼相遮攀”(《再过超然台赠太守霍翔》)，就连“伛偻山前叟”(《再过常山和昔年留别诗》)，也“迎我如迎新”(《再过常山和昔年留别诗》)。久别重逢的喜悦，溢于言表。后来，密州百姓重修超然台，并建立祠堂，名曰苏公祠，以示纪念。

密州的生活虽然较杭州时艰苦，但苏东坡也开始在这样困难的生活中重新审视自己。他在密州时期对《庄子》这部书比较感兴趣。庄子的思想是齐物的思想，强调人和自然相融合，力求摆脱尘世束缚，对于人的美丑善恶进行重新审视。他从中获得了自己调整情绪的动力，从《庄子》当中体悟到对生活的信念，如苏东坡在《后杞菊赋》中说："人生一世，如屈伸肘。何者为贪，何者为富？何者为美，何者为陋？"他认为人生就像人的胳膊一伸一屈这样短暂，而所谓的贫富、美丑等也都是相对的，所以不必对此太计较。这种思想非常达观，支撑着苏东坡在逆境中勇敢地坚持下去。

惟愿一识苏徐州

——移知徐州

“我独不愿万户侯，惟愿一识苏徐州。”（秦观《别子瞻》）宋神宗熙宁九年（1076）底，苏东坡离开密州，经潍州、青州、齐州，西行去河中府赴任。当时的苏辙，跟随应天府太守张方平任签判。他听到哥哥的消息后，立即启程北行迎接他。“我兄东来知东武，走马出见黄河滨。”（苏辙《寄范丈景仁》）自颍州分别后，这对已经六年没见过面的兄弟相约会于澶渊，携行同去河中。

熙宁十年（1077）春，当他们一起走到陈桥驿的时候，苏东坡又接到了朝廷将其移知徐州的诏命，二人只得转身返回。

说实话，在杭州和密州任上，苏东坡的政治治理能力和文学艺术才华，已经得到了充分的发挥和显现，他的名声几乎响遍了整个北宋朝野。普通百姓喜爱他，到处都流传着他的故事。宫中从皇帝到皇太后都爱读他的诗词，文人士大夫常常会以不读苏东坡的诗文为耻，甚至邻国高丽也有一大批他的粉丝。高丽人一到杭州，就收集市面上所有苏东坡流传的文章带回国内。据说，有位高丽人还专门给自己的两个儿子分别起名为：金富轼、金富辙。

也正是这个原因，苏东坡的政敌一刻也没有停止对他的诋毁和迫害。“新党”的官员沈括、李定、舒亶等早自杭州起就开始收集所谓他的“罪状”，不断把他诗文中指责新法的片段报告给皇帝。皇帝之所以没有加以追究，一是怜惜苏东坡的才华，二是因为变法风潮刚刚过去，不想再引起新的纷争。

按照惯例，苏东坡要先到京城述职，然后才能去徐州赴任。到了开封城外，他却被拒绝入城，朝廷给了他一个“有旨不许入国门”的警告，表示皇帝不愿意见到他。这个时候，苏东坡的政敌们对其陷害与攻击已经初见成效。神宗皇帝对其的怜惜逐渐转变成了略带嫉妒的厌恶。

西园雅集图

“冗士无处著，寄身范公园。”(《送鲁元翰少卿知卫州》) 无奈之下，苏东坡只好暂时住在了当时的好朋友翰林学士范镇家里。这期间，他为长子苏迈操办了终身大事，也算是为自己“不得入城”找了个理由：“改差彭城，便欲赴任，以儿子娶妇，暂留城东景仁园中。”(《与眉守黎希声三首》其三) 可是，他内心的酸楚只有自己知道。

“梨花淡白柳深青，柳絮飞时花满城。惆怅东栏二株雪，人生看得几清明。”(《东栏梨花》) 驸马王诜听说苏轼兄弟都在开封，十分兴奋，立即邀请他们来到自家西园。就是在这柳絮纷飞、梨花飘雪的季节，一场名垂青史的文人聚会悄然举行。王诜，字晋卿，擅长水墨山水画。他十分欣赏苏轼兄弟，邀请当时的各界名流，会聚在自家西园作陪。其中有善画人物的画家李公麟，书法家米芾，著名诗人黄庭坚、秦观、蔡肇、晁补之、孙巨源等十六人。大家在园中吟诗作画，曲水流觞，好不热闹。

据说当时孙巨源依景出了一句上联“都尉指挥都喂马”，请大家对下联。这时王诜的妻子长公主正好给大家端茶过来，苏东坡脱口而出“大家齐吃大家茶”。长公主作为皇家闺秀自然可称“大家”，佳句天成，让长公主美滋滋的。

当时，画家李公麟以此场景，乘兴画出了流传后世的《西园雅集图》。画中松桧梧竹，小桥流水，极园林之胜。宾主风雅，或写诗，或作画，或题石，或拨阮，或看书，或说经，极宴游之乐。由于画中人物大多是千年难遇的翰苑奇才，后人十分景仰，摹绘《西园雅集图》的很多，以至于“西园雅集图”成了人物画家的一个常见画题，流落到社会上的版本也很多，但传到今天的只有米芾的临摹本。

逍遥堂夜雨对床

“多情白发三千丈，无用苍皮四十围。晚觉文章真小技，早知富贵有危机。”

(《宿州次韵刘泾》)熙宁十年(1077)四月初,惆怅又伤感的苏东坡在弟弟苏辙的陪同下,心事重重地东去徐州。他们到达徐州任上后,入住州衙逍遥堂。

徐州,古称彭城,历史上为华夏九州之一。当时的徐州下辖彭城县、沛县、萧县、藤县、丰县,监管利国矿区。这里的经济条件和百姓生活,远比密州地区要富足,因此依据苏东坡、黄老"无为而治"的治理思路,他自然要比在密州任上更轻松一些。虽然也经历过洪灾、旱灾,但他英雄般的斗志、诗意般的生活、天籁般的作品,丰富了自己的人生,惠及了当地百姓,诗话了整个徐州。

"能来同宿否,听雨对床眠。"(白居易《雨中招张司业宿》)宋仁宗嘉祐五年(1060)春,苏轼、苏辙兄弟参加制科考试前,被封闭在开封丽景门汴河南岸的怀远驿,两人同室而宿,对床而眠,相约"功成身退,夜雨对床"。

然而近十七年过去了,兄弟两人丧父失亲,宦海沉浮,聚少离多。特别是最近几年,"辙与兄轼进退出处,无不相同"(《宋史·苏辙传》),虽远离朝廷,仍危机四伏,郁郁不得志,对亲情的渴望愈加强烈。"昔始宦游,诵韦氏诗。夜雨对床,后勿有违。"(苏辙《再寄亡兄端明文》)多年来,"夜雨对床"的渴望,每时每刻都萦绕在苏轼、苏辙兄弟的心头,成为他们在半世聚散沉浮中念念不忘的兄弟之约。

苏东坡远赴凤翔任上时,寄诗给苏辙:"寒灯相对记畴昔,夜雨何时听萧瑟?"(《辛丑十一月十九日,既与子由别于郑州西门之外,马上赋诗一篇寄之》)他们兄友弟恭。哥哥才华过人,热情豪迈,放浪形骸;弟弟则沉静淡雅,少年老成,木讷寡言。两人却相吸相引,哥哥对弟弟:"岂独为吾弟,要是贤友生。"(《初别子由》)弟弟对哥哥:"抚我则兄,诲我则师。"(苏辙《亡兄子瞻端明墓志铭》)两人之间"友爱弥笃,无少怨尤,近古罕见"(《宋史·苏辙传》)。

"逍遥堂后千寻木,长送中宵风雨声。"(苏辙《逍遥堂会宿二首》其一)苏辙随苏轼来徐州,兄弟相互厮守三个多月的时间。其间,他们游山玩水,诗文会友,同宿州衙逍遥堂,对床而眠,追忆往事,夜话平生,度过了一百多天充满友爱亲情的幸福日子。

"别期渐近不堪闻,风雨萧萧已断魂。犹胜相逢不相识,形容变尽语音存。"

(《子由将赴南都，与余会宿于逍遥堂，作两绝句，读之殆不可为怀，因和其诗以自解。余观子由，自少旷达，天资近道，又得至人养生长年之诀，而余亦窃闻其一二。以今者宦游相别之日浅，而异时退休相从之日长，既以自解，且以慰子由云》)"千里搭长棚，没有不散的宴席。"苏辙该回南京了，当天晚上正值中秋，苏轼邀请很多朋友在逍遥堂外摆下酒宴，为弟弟苏辙送行。酒酣之际，苏辙仰望明月，想起去年的今夜，哥哥在千里之外的超然台上想念自己，写下"明月几时有，把酒问青天"，现在终于在一起了，却又要离别，不禁潸然泪下，也作《水调歌头》一首：

> 离别一何久，七度过中秋。去年东武今夕，明月不胜愁。岂意彭门城下，同泛清河古汴，船上载《凉州》。鼓吹助清赏，鸿雁起汀洲。　坐客中，翠羽帔，紫绮裘。素娥无赖西去，曾不为人留。今夜清樽对客，明夜孤帆水驿，依旧照离忧。但恐同王粲，相对永登楼。(苏辙《水调歌头·徐州中秋》)

歌罢，别离的忧伤顿时弥漫了整个酒席，悲凉又凄然。人生就像这天上的月亮一样，月满则亏，圆满的时候总是很少。苏东坡大为感慨：今年中秋有弟弟，明年的中秋会不会如此圆满呢？"暮云收尽溢清寒，银汉无声转玉盘。此生此夜不长好，明月明年何处看。"(《阳关曲·中秋作》)

抗洪抢险

"黄河西来初不觉，但讶清泗奔流浑。夜闻沙岸鸣瓮盎，晓看雪浪浮鹏鲲。"(《答吕梁仲屯田》)刚送走弟弟苏辙，黄河的洪水就来了。徐州一带连降暴雨数日，黄河在澶州曹村决口，洪水席卷而来。

"水穿城下作雷鸣，泥满城头飞雨滑。"(《九日黄楼作》)八月，洪水来到徐州城下。不久，彭城东、西、北三面全部被大水围困，水位比城中平地高出近三丈，城墙随时都有坍塌的危险。城里百姓人心惶惶，很多人特别是一些富人争相外逃，以避水患。

苏东坡认为，如果百姓外逃，自己就没办法组织力量进行抗洪。于是，他“以身帅之，与城存亡”（苏辙《黄楼赋（并叙）》）。他带人登上城墙，勘察地形，并迅速做出决策：阻止一切外逃人员，组织人员修筑堤坝，抗击洪水。因为他知道，城破了，富人可以重建家园，可城里的普通百姓却要倾家荡产。

他找到了一位有经验的老人，询问抗洪之法。老人告诉他，徐州城并非逢水必破，天禧年间，洪水来临，就是在城外筑起两道堤坝，一道从小市门外，绝壕而南，另一道从新墙之外绝壕而西，保住了徐州城。

于是，苏东坡在城墙上搭建一草棚作为指挥所，外边挂着一个写着“苏”字的大灯笼，以此告诉百姓，苏太守与徐州城共存亡。大家看到太守的态度如此坚决，都不再外出逃命，而是齐心协力，共抗洪灾。为了减小洪水对城墙的冲击，他调用公私船只数百艘，分揽城下。

“黄花白酒无人问，日暮归来洗靴袜。”（《九日黄楼作》）他整天身披蓑衣，头戴斗笠，脚穿草鞋，高挽裤管，出现在每一处最危险的地方，亲自指挥并和百姓一起肩扛手抬，抗击洪水。

虽然调集五千民夫，但仍难以抵御不断上涨的洪水。在这紧要关头，苏东坡沉着果断，带着一身泥水，前往禁军营地请求支援。按照朝廷规矩，禁军由皇帝直接统帅，由太尉府具体管辖，太守是无权调动的。但他阐明利害，恳请特事特办，终于打动禁军首领。抗洪队伍在禁军士卒的加入后，一下子壮大起来。他们修筑堤坝堵水，开挖沟壑导水，终于保住了徐州城。

但在徐州城外，“汗漫千余里，漂庐舍，败冢墓，老弱蔽川而下，壮者狂走，无所得食，槁死于丘陵林木之上。子瞻使习水者浮舟楫、载糗饵以济之，得脱者无数”（苏辙《黄楼赋（并叙）》）。苏东坡派人乘舟筏救助落难百姓，许多人因此获救。这场历时七十多天的大水，终于退去了，徐州百姓欣喜若狂，载歌载舞，苏东坡内心的喜悦更是无以言表，当即写下：

吾君盛德如唐尧，百神受职河神骄。

帝遣风师下约束，北流夜起澶州桥。

东风吹冻收微渌，神功不用淇园竹。

楚人种麦满河淤，仰看浮槎栖古木。(《河复》)

诗中列举了历代黄河决口带给百姓的灾难，强调了治理黄河的重要性。如今，经过军民齐心协力的奋战，降服了黄河水患，是多么值得庆贺的事啊。

由于抗洪有功，神宗皇帝亲自下诏书褒奖了苏东坡。为了感谢这位与徐州百姓共存亡的好太守，徐州百姓纷纷杀猪宰羊，担酒携菜上府慰劳。苏东坡推辞不掉，收下后亲自指点家人制成红烧肉，又回赠给参加抗洪的百姓。百姓食后，都觉得此肉肥而不腻、酥香味美，一致称之为“回赠肉”。“回赠肉”至今仍在徐州一带流行，为徐州传统名菜。其实，它就是“东坡肉”的雏形。

大水过后，苏东坡看到了徐州城外筑堤的重要性，居安思危，他直接上书朝廷，请求下拨钱粮救助百姓，用石头加固大堤，但没有争取到足够的资金。他只得率领徐州百姓，用木头加固大堤，并栽种柳树护堤。这成为徐州城外一道美丽的风景，人称“苏堤”。

“苏堤”旁边有一个用来排水的洼地，依傍云龙山，现在名叫云龙湖，其实原名石沟湖，语出苏东坡的《答王定民》“笔踪好在留台寺，旗队遥知到石沟。”苏堤和云龙湖已经历时近千年，至今仍然是人们娱乐休闲的好去处。

黄楼盛会

宋神宗元丰元年（1078），在筑堤固岸的同时，为纪念治水成功，苏东坡在城东门就势建造了一座高达十余丈的楼阁，取五行土能克水之意，所以楼阁全部用黄土刷墙，名为黄楼，作为徐州百姓征服洪水的象征。

九月重阳，黄楼竣工。他在楼上摆酒设宴，文人雅士，城中百姓，万人空巷，齐集黄楼，共同庆贺。

远在南京的苏辙，寄来了刚刚撰写的《黄楼赋（并叙）》:

熙宁十年秋七月乙丑，河决于澶渊，东流入钜野，北溢于济南，溢于泗。八月戊戌，水及彭城下，余兄子瞻适为彭城守。水未至，使民具畚锸，畜土石，积刍茭，完室隙穴，以为水备。……故水既去，而民益亲。于是即城之东门为大楼焉，垩以黄土，曰“土实胜水”。

苏东坡亲自书写勒石，即黄楼赋碑。弟作兄书，亦是一段佳话。后来，“元祐党人碑”事件发生后，诏令毁尽天下苏碑。当时的徐州郡守不忍破坏，令人将此石碑沉入城壕水底，把黄楼改名观风楼，以应付差事。北宋末年，这条禁令渐渐松懈，当时的徐州太守苗仲先派人将石碑打捞出来，雇人日夜拓印，既得拓片数千本。再令人将石碑捣碎，毁之尽矣。苗仲先任满回京后，将这批拓片高价卖出，发了一笔横财。

黄楼聚会堪称徐州历史上一场宏大的文坛盛事，“苏门四学士”黄庭坚、秦观、张耒、晁补之齐聚门下。他们四个均是通过苏东坡的宣传和奖掖而闻名天下。秦观说“我独不愿万户侯，惟愿一识苏徐州。”苏东坡说起秦观的诗文：“新诗说尽万物情，硬黄小字临《黄庭》。”（《次韵秦观秀才见赠秦与孙莘老李公择甚熟将入京师应举》）说起黄庭坚：“我今独何幸，文字厌奇玩。又得天下才，相从百忧散”（《往在东武，与人往反作粲字韵诗四首，今黄鲁直亦次韵见寄，复和答之》）。他识才、爱才，曾勉励跟随自己学习的后生：

学如富贾在博收，仰取俯拾无遗筹。
道大如天不可求，修其可见致其幽。
愿子笃实慎勿浮，发愤忘食乐忘忧。（《代书答梁先》）

诗人王巩、颜太初之子颜复、杭州诗僧道潜等享誉文坛的诗人近百人，都吟诗作赋以示庆贺。秦观也和苏辙一样作《黄楼赋》，陈师道作《黄楼铭》。苏东坡十分感慨，写下了《九日黄楼作》这首诗：

去年重阳不可说，南城夜半千沤发。
水穿城下作雷鸣，泥满城头飞雨滑。
黄花白酒无人问，日暮归来洗靴袜。
岂知还复有今年，把盏对花容一呷。
莫嫌酒薄红粉陋，终胜泥中事锹锸。
黄楼新成壁未干，清河已落霜初杀。
朝来白露如细雨，南山不见千寻刹。
楼前便作海茫茫，楼下空闻橹鸦轧。
薄寒中人老可畏，热酒浇肠气先压。
烟消日出见渔村，远水鳞鳞山齾齾。
诗人猛士杂龙虎，楚舞吴歌乱鹅鸭。
一杯相属君勿辞，此境何殊泛清霅。

一年前的抗洪斗争惊心动魄，风雨泥泞，徐州城处在生死存亡一线之间，经历了一场艰苦卓绝的抗洪抢险，今天与民把酒赏花，优游从容，如同泛舟江南溪流，黄楼之下一派祥和安居的景象，令人感慨万千。

经过了这场与百姓同生共死的经历，徐州老百姓对苏东坡越发尊敬和爱戴。1987年，徐州市在庆云桥畔重建了黄楼。黄楼两侧各立有一座浮雕：一座黄水翻卷、水势汹汹，另一座则风平浪静、群鸥翔集。默默叙述着他的治水业绩。

诗话乡野

洪水过后，又遇春旱。宋神宗元丰元年（1078），苏东坡亲率僚吏，出城东二十里至石潭祈雨。据说，要想祈雨灵验，要把老虎的头按在水中，以激怒水中之龙，可作雷雨。于是他作了首《起伏龙行》诗：

何年白竹千钧弩，射杀南山雪毛虎。

至今颅骨带霜牙，尚作四海毛虫祖。
东方久旱千里赤，三月行人口生土。
碧潭近在古城东，神物所蟠谁敢侮。
上歈苍石拥岩窦，下应清河通水府。
眼光作电走金蛇，鼻息为云擢烟缕。
当年负图传帝命，左右羲轩诏神禹。
尔来怀宝但贪眠，满腹雷霆喑不吐。
赤龙白虎战明日，倒卷黄河作飞雨。
嗟吾岂乐斗两雄，有事径须烦一怒。

没想到，果然天降暴雨，旱情缓解，田野顿时生机勃勃：“蔓菁宿根已生叶，韭芽戴土拳如蕨”(《春菜》)。按照惯例，上天遂愿之后要还愿。于是，苏东坡又带领百姓前去石潭谢雨。一路上，满眼的蓬勃生机，淳朴的百姓欢歌笑语，他心情十分舒畅，一挥而就写下了《浣溪沙·徐门石潭谢雨道上作五首》：

其一
照日深红暖见鱼，连溪绿暗晚藏乌。黄童白叟聚睢盱。
麋鹿逢人虽未惯，猿猱闻喜不须呼。归家说与采桑姑。

其二
旋抹红妆看使君，三三五五棘篱门。相挨踏破茜罗裙。
老幼扶携收麦社，乌鸢翔舞赛神村。道逢醉叟卧黄昏。

其三
麻叶层层苘叶光，谁家煮茧一村香。隔篱娇语络丝娘。
垂白杖藜抬醉眼，捋青捣麨软饥肠。问言豆叶几时黄。

其四

簌簌衣巾落枣花，村里村北响缫车。牛衣古柳卖黄瓜。

酒困路长惟欲睡，日高人渴漫思茶。敲门试问野人家。

其五

软草平莎过雨新，轻沙走马路无尘。何时收拾耦耕身。

日暖桑麻光似泼，风来蒿艾气如薰。使君元是此中人。

这既是一组描写初夏农村风光、充满生活气息和情趣的优美作品，也是中国词史上第一次以农民群像为主题的词作，语言通俗生动，形象鲜明，别开生面。描写的是苏东坡路途中的所见、所闻与所感，展现了各种农村场面，各色农村人物形象和各种农村景象，反映农民的情绪，为农民的喜悦而欣慰，对农民的痛苦寄以同情，充满了浓浓的生活气息。

词中有傍晚农民聚会的场景，不仅有农村姑娘欢迎的场面，有祭祀活动的现场，有黄童、白叟、村姑、卖瓜者、缫丝者、醉卧道边的醉汉，有溪水、晚霞、连村的绿树、枣花、蒿艾、桑麻、软草平莎，还有麋鹿、猿猱、游鱼等。总之，有人、有物、有景，有动有静，有声有色。置身如此优美淳朴的环境之中，简直对人是一种洗礼，洗脱了官场上所有的污秽和不堪，使得苏东坡顿觉“使君元是此中人”。

放鹤南天

万木锁云龙，天留与戴公。

路迷山向背，人在瀼西东。

荞麦余春雪，樱桃落晚风。

入城都不记，归路醉眠中。(《访张山人得山中字二首》其二）

这是他游云龙山归来之作。云龙山，又名石佛山，位于徐州市城南，海拔只有一百多米，长约三公里。山分九节，蜿蜒起伏，状似神龙，昂首向东北，曳尾于西南，所以名曰云龙山。山之巅，有一座亭子，名曰放鹤亭，是彭城隐士张天骥所建。张天骥自号云龙山人，据说他养了两只仙鹤，每天清晨在此放飞仙鹤，因而此亭得名放鹤亭。

苏东坡十分羡慕张天骥，也渴望梅妻鹤子的隐逸生活，经常来到山里游玩，与他结下了深厚的友谊，并专门撰写《放鹤亭记》：

熙宁十年秋，彭城大水。云龙山人张君天骥之草堂，水及其半扉。明年春，水落，迁于故居之东，东山之麓。升高而望，得异境焉，作亭于其上。彭城之山，冈岭四合，隐然如大环，独缺其西十二，而山人之亭，适当其缺。春夏之交，草木际天；秋冬雪月，千里一色。风雨晦明之间，俯仰百变。

山人有二鹤，甚驯而善飞，旦则望西山之缺而放焉，纵其所如，或立于陂田，或翔于云表，暮则傃东山而归。故名之曰放鹤亭。

郡守苏轼，时从宾客僚吏往见山人，饮酒于斯亭而乐之，揖山人而告之曰：子知隐居之乐乎？虽南面之君，未可与易也。《易》曰：'鸣鹤在阴，其子和之。'《诗》曰：'鹤鸣于九皋，声闻于天。'盖其为物，清远闲放，超然于尘垢之外，故《易》、《诗》，人以比贤人君子。隐德之士，狎而玩之，宜若有益而无损者，然卫懿公好鹤则亡其国。周公作《酒诰》，卫武公作《抑戒》，以为荒惑败乱，无若酒者；而刘伶、阮籍之徒，以此全其真而名后世。嗟夫！南面之君，虽清远闲放如鹤者，犹不得好，好之则亡其国；而山林遁世之士，虽荒惑败乱如酒者，犹不能为害，而况于鹤乎？由此观之，其为乐未可以同日而语也。"山人听然而笑曰："有是哉！"乃作放鹤、招鹤之歌曰：

鹤飞去兮西山之缺，高翔而下览兮择所适。翻然敛翼，宛将集兮，忽何所见，矫然而复击。独终日于涧谷之间兮，啄苍苔而履白石。鹤归来兮，东山之阴。其下有人兮，黄冠草履，葛衣而鼓琴。躬耕而食兮，其余以汝饱。归来归来兮，西山不可以久留。

元丰元年十一月初八日记

苏东坡借鹤的“清远闲放，超然于尘垢之外”，表现隐逸者超尘出世之姿，写鹤亦是在写人。他说，好鹤与纵酒这两种嗜好，君主可以因之败乱亡国，隐士却可以因之怡情全真，南面为君者未必有隐居之乐。多年来，他的内心一直都有一个声音在呼唤：“归来归来兮，西山不可以久留。”

千百年间，放鹤亭屡毁屡建，现存的放鹤亭是于2015年启动修缮工作的，飞檐丹楹，宽敞明亮，前有平台，周环游廊，十分优雅。亭匾是苏轼手迹。

东坡石床

元丰元年（1078）九月，苏东坡和张天骥、颜复、王巩等游云龙山，酒醉，诗兴大发：

> 醉中走上黄茅冈，满冈乱石如群羊。
> 冈头醉倒石作床，仰看白云天茫茫。
> 歌声落谷秋风长，路人举首东南望，
> 拍手大笑使君狂。(《登云龙山》)

他们一行人醉后登山，醉眼蒙眬，山上的石块就像羊群一样。苏东坡虽身为太守，却平易近人，没有一点官架子。老百姓见他醉卧在石床上，无所顾忌，拍手大笑。这样的画面，不仅生动描绘了苏东坡不拘一格的豪情，而且体现了他一贯“遇民如儿吏如奴”(《庆源宣义王丈，以累举得官，为洪雅主簿，雅州户掾。遇吏民如家人，人安乐之。既谢事，居眉之青神瑞草桥，放怀自得。有书来求红带，既以遗之，且作诗为戏，请黄鲁直学士、秦少游贤良各为赋一首为老人光华》）的爱民情怀。

这首诗形式上虽然也是律诗，但仅有七句，全诗一韵到底，通俗易懂，朗朗上口，耐人寻味，在艺术形式上也是一次突破。

畅游百步洪

百步洪，是泗水的一处急流。“洪”是当地方言，石阻河流曰“洪”。百步洪因巨石盘踞长百余步而得名，“在州东南二里许。巨石盘踞,巉岩龃龊。汴泗流经其上，冲激怒号，惊涛奔浪，迅疾而下。舟行艰险，少不戒即破坏覆”(《徐州志》)。

元丰元年（1078）秋，苏东坡与诗僧参寥等放舟游览百步洪，而在一个多月前，几个友人曾相携来此游览，苏东坡未能参加，此次追游，友人之事，已为陈迹，想到这些他感慨万千，写下《百步洪二首》，把水流湍急的险势描写得淋漓尽致。

长洪斗落生跳波，轻舟南下如投梭。
水师绝叫凫雁起，乱石一线争磋磨。
有如兔走鹰隼落，骏马下注千丈坡。
断弦离柱箭脱手，飞电过隙珠翻荷。
四山眩转风掠耳，但见流沫生千涡。
险中得乐虽一快，何异水伯夸秋河。
我生乘化日夜逝，坐觉一念逾新罗。
纷纷争夺醉梦里，岂信荆棘埋铜驼。
觉来俯仰失千劫，回视此水殊委蛇。
君看岸边苍石上，古来篙眼如蜂窠。
但应此心无所住，造物虽驶如余何。
回船上马各归去，多言哓哓师所呵。

前半部分写景，诗人用兔走鹰落、骏马下坡、断弦离柱、飞驰闪电、荷叶滚动的水珠等，比喻水势转动山势，水流湍急，滩陡涡旋，一波三折，酣畅淋漓，汪洋恣肆，十分巧妙。后半部分笔锋一转，以庄子文笔，渗入佛家思想，大谈哲理，娓娓道来，极飘逸超脱，有不为事物限制之妙，启示人们应掌握自己的意念，力求超越时空的局限，以开脱胸襟求得自由。

徐州快哉亭

徐州隶属京东路，京东路提刑是李清臣，与苏轼兄弟关系甚笃。苏轼兄弟到达徐州的时候，他刚刚在彭城东南角建成一个亭子，还没有取名字。于是，请来苏东坡，代为命名。苏东坡略一沉吟，脱口而出“快哉亭”。并挥毫作赋：“贤者之乐，快哉此风。虽庶民之不共，眷佳客以攸同。穆如其来，既偃小人之德；飒然而至，岂独大王之雄？如夫鷁退宋都之上，云飞泗水之湄，寥寥南郭，怒号于万窍，飒飒东海，鼓舞于四维。固以陋晋人一吷之小，笑玉川两腋之卑。野马相吹，抟羽毛于汗漫，应龙作处，作麟甲以参差。”(《快哉此风赋》)

其实早在密州，包括后来在黄州，苏东坡也修过同样的亭子，都取名为“快哉亭”。前者有苏辙的《寄题密州新作快哉亭二首》为证，后者则有他本人的《水调歌头·黄州快哉亭赠张偓佺》为证，其中的“一点浩然气，千里快哉风”尤其闻名。

元丰二年（1079）春，苏东坡接到了朝廷的调令：“罢徐州，以祠部员外郎、直史馆知湖州军州事。”(孔凡礼《苏轼年谱》)自此，苏东坡结束了徐州一年十一个月的任职，前往湖州任太守职务。

> 父老何自来，花枝袅长红。
> 洗盏拜马前，请寿使君公。
> 前年无使君，鱼鳖化儿童。(《罢徐州往南京马上走笔寄子由五首》其二)

离开徐州的时候，吏民割断马镫，拉住马缰，真挚地挽留他。此情此景，令人潸然泪下。

来到汴河码头，苏东坡下马改作舟行。回首近两年的彭城时光，“云龙山下试春衣，放鹤亭前送落晖”(《送蜀人张师厚赴殿试二首》其二)，让人流连忘返，心潮澎湃。但面对未来的路途，离愁别绪、身世飘零之感，又涌上到心头：

天涯流落思无穷。既相逢，却匆匆。携手佳人，和泪折残红。为问东风余几许？春纵在，与谁同！　　隋堤三月水溶溶。背归鸿，去吴中。回首彭城，清泗与淮通。欲寄相思千点泪，流不到，楚江东。(《江城子·别徐州》)

尚爱湖山看不足

——湖州被捕

“前年过南京，麦老樱桃熟。今年旧游处，樱麦半黄绿。”(《罢徐州往南京马上走笔寄子由五首》其四）元丰二年（1079）三月初，苏东坡离开徐州，到达南京。他先拜会了自己的恩师——南京太守张方平。苏东坡一生“六过南都五见公”(《张文定公墓志铭》)，这是第二次（第一次是在知徐州的路上）。然后，他与弟弟苏辙相聚了整整半个月，才依依惜别。

夜宿灵璧

苏东坡舟行至灵璧镇，夜宿灵璧张氏兰皋园亭。因境内有石如壁，故名灵璧，隶属宿州。镇上大户人家张硕宴请苏东坡，并请其为他家新建的兰皋园亭作记。苏东坡为其园林美景所打动，作《灵璧张氏园亭记》:

> 灵璧张氏之园于汴之阳。其外修竹森然以高，乔木蓊然以深。其中因汴之余浸，以为陂池；取山之怪石，以为岩阜。蒲苇莲芡，有江湖之思；椅桐桧柏，有山林之气；奇花美草，有京洛之态；华堂厦屋，有吴蜀之巧。……古之君子，不必仕，不必不仕。必仕则忘其身，必不仕则忘其君。……将买田于泗水之上而老焉。南望灵璧，鸡犬之声相闻，幅巾杖屦，岁时往来于张氏之园，以与其子孙游，将必有日矣。

他描述张氏园亭具有“江湖之思”“山林之气”“京洛之态”“吴蜀之巧”，除集各地名园建筑艺术景观之大成外，还把他政治上的失意以及归隐思想倾注于笔端。不仅给后人留下宝贵的文学财富，而且为我国园林建筑艺术提供了宝贵资料。但是，“古之君子，不必仕，不必不仕，必仕则忘其身，必不仕则忘其君”却成了他后来的罪状，被新党人士指斥为蛊惑之言，是教天下之人无进取之心，以乱取士之法。灵璧张氏园亭，因此“名声大震，嘉誉天下”。苏东坡也与灵璧结下了深厚的感情。北宋元祐元年（1086），苏东坡任兵部尚书时上报朝廷，将其改镇为县。

湖州谢表

出灵璧，经宿州，到达高邮。此时，好朋友道潜和尚、学生秦观在此等候，他们一起同行至金山、京口，游惠山，过松江，元丰四年（1081）四月二十日，苏东坡到达湖州任上。

湖州，以地滨太湖而名，下辖乌程、归安、长兴、安吉、德清、武康等县。“余杭自是山水窟，仄闻吴兴更清绝。”（《将之湖州戏赠莘老》）湖州城南，四大溪流，宛若玉带；湖州城北，千顷太湖，泊荡星布，素有“水晶宫”美称。湖州的四月，山川明丽，荷花盛开。这里的风景要比徐州优美得多，虽不能实现宏达的政治抱负，却也是隐逸养生之地。因此，刚刚到任，他就立即上书朝廷，表达谢意：

风俗阜安，在东南号为无事；山水清远，本朝廷所以优贤。顾惟何人，亦与兹选。臣轼中谢。伏念臣性资顽鄙，名迹堙微。议论阔疏，文学浅陋。凡人必有一得，而臣独无寸长。荷先帝之误恩，擢置三馆；蒙陛下之过听，付以两州。非不欲痛自激昂，少酬恩造。而才分所局，有过无功；法令具存，虽勤何补。罪固多矣，臣犹知之。夫何越次之名邦，更许借资而显受。顾惟无状，岂不知恩。此盖伏遇皇帝陛下，天覆群生，海涵万族。用人不求其备，嘉善而矜不能。知其愚不适时，难以追陪新进；察其老不生事，或能收养小民。而臣顷在钱塘，乐其风土。鱼鸟之性，既自得于江湖；吴越之人，亦安臣之教令。敢不奉法勤职，息讼平刑。上以广朝廷之仁，下以慰父

老之望。臣无任。(《湖州谢上表》)

官员到任，上表感谢，这本是例行公事，但苏东坡是个文人，笔端总带着感情，即便官样文章，也会洋溢着个人感情。前面的“风俗阜安”“山水清远”的确是事实，但后面的“知其愚不适时，难以追陪新进；察其老不生事，或能牧养小民”，却略带戏谑。这本来是他自谦的话，说自己不合时宜，难以同其他大臣共事，又因为年纪偏大，不会惹是生非，在地方上照顾老百姓还是可以的。但是，这其中的“新进”“生事”等字眼却大大刺激了朝廷上一批人，认为苏东坡讽刺他们无能，只会给朝廷惹是生非。于是，一直在寻找其把柄的新党抓住了辫子，群起而攻之，成为他后来锒铛入狱的导火索。

走遍湖州

“十年身不到朝廷，欲伴骚人赋落英。但得低头拜东野，不辞中路候渊明。”(《次韵答孙侔》)湖州民风淳朴,有着良好的文治教化的传统，“故凡守郡者,率以风流啸咏投壶饮酒为事”(《墨妙亭记》)。苏东坡已经是第三次到湖州了，几年前就对湖州有着很好的印象，因此他是充满期待地来到这里，“此去渐佳境，独游长惨神。待君诗百首，来写浙西春”(《过淮三首赠景山兼寄子由》其三)。

再次踏上湖州的土地，苏东坡立即被湖州优美的山水、闲适的生活迷住了。他自比失势的灌夫、流放的屈原、落魄的孟郊，向往归隐的陶潜，饮酒作诗，畅游湖州。“得意诗酒社，终身鱼稻乡。乐哉无一事，何处不清凉。”(《乘舟过贾收水阁收不在见其子三首》其一)

刚刚到任，苏东坡的两个学生王适、王遹兄弟就来看望他。苏东坡与他们一起绕城观赏荷花，攀登城南岘山，闲坐山上五花亭，夜游飞英寺，其间吟诗唱和，好不热闹。

其一

昨夜雨鸣渠，晓来风袭月。

萧然欲秋意，溪水清可啜。
环城三十里，处处皆佳绝。
蒲莲浩如海，时见舟一叶。
此间真避世，青蒻低白发。
相逢欲相问，已逐惊鸥没。

其二

清风定何物，可爱不可名。
所至如君子，草木有嘉声。
我行本无事，孤舟任斜横。
中流自偃仰，适与风相迎。
举杯属浩渺，乐此两无情。
归来两溪间，云水夜自明。

其三

苕水如汉水，鳞鳞鸭头青。
吴兴胜襄阳，万瓦浮青冥。
我非羊叔子，愧此岘山亭。
悲伤意则同，岁月如流星。
从我两王子，高鸿插修翎。
湛辈何足道，当以德自铭。

其四

吏民怜我懒，斗讼日已稀。
能为无事饮，可作不夜归。
复寻飞英游，尽此一寸晖。
撞钟履声集，颠倒云山衣。

我来无时节，杖屦自推扉。

莫作使君看，外似中已非。(《与王郎昆仲及儿子迈绕城观荷花登岘山亭晚入飞英亭分韵得月明星稀四首》)

端午节那天，苏东坡与秦观及其属僚游览了湖州城边的飞英寺等多个寺庙：

肩舆任所适，遇胜辄留连。
焚香引幽步，酌茗开静筵。
微雨止还作，小窗幽更妍。
盆山不见日，草木自苍然。
忽登最高塔，眼界穷大千。
卞峰照城郭，震泽浮云天。
深沉既可喜，旷荡亦所便。
幽寻未云毕，墟落生晚烟。
归来记所历，耿耿清不眠。
道人亦未寝，孤灯同夜禅。(《端午遍游诸寺得禅字》)

江南五月，细雨蒙蒙，郁郁葱葱。“非至吴越，不见此景。”“微雨止还作，小窗幽更妍。”乘兴登上飞英寺中的飞英塔，“忽登最高塔，眼界穷大千”。一边是“盆山不见日”，另一边是太湖浩渺，“震泽浮云天”。“深沉既可喜，旷荡亦所便。”山高水阔，真令人心旷神怡。“幽寻未云毕”，天色已将晚，从山上望见山下人家已是“墟落生晚烟”。回到寺院休息，诗人意犹未尽，记录了当天的一日游。

湖州的五六月，阴雨连绵，久不见晴。卞山黄龙洞，石壁陡峭，岩窦阴沉，洞穴深不见底，祈晴灵验。苏东坡亲率属僚到乌程县卞山黄龙洞祈祷晴天，并作诗刻石，置于黄龙洞中：

吴兴连月雨，釜甑生鱼蛙。
往问卞山龙，曷不安厥家。
梯空上巉绝，俯视惊谽谺。
神井涌云盖，阴崖垂薜花。
交流百道泉，赴谷走群蛇。
不知落何处，隐隐如缫车。
我来叩石户，飞鼠翻白鸦。
寄语洞中龙，睡味岂不嘉。
雨师少弭节，雷师亦停挝。
积水得反壑，稻苗出泥沙。
农夫免菜色，龙亦饱豚猳。
看君拥黄紬，高卧放晚衙。(《和孙同年卞山龙洞祷晴》)

六月初，他和朋友一起游览道场山、何山。道场山，在吴兴城南十里，属天日山余脉，山虽不高，但林深水密。青林翠竹，泉水潺潺。山上有佛教古刹万寿寺，红鱼青磬，清幽神秘。其间有隐居高士，读书谈禅。

道场山顶何山麓，上彻云峰下幽谷。
我从山水窟中来，尚爱此山看不足。
陂湖行尽白漫漫，青山忽作龙蛇盘。
山高无风松自响，误认石齿号惊湍。
山僧不放山泉出，屋底清池照瑶席。
阶前合抱香入云，月里仙人亲手植。
出山回望翠云鬟，碧瓦朱栏缥缈间。
白水田头问行路，小溪深处是何山。
高人读书夜达旦，至今山鹤鸣夜半。
我今废学不归山，山中对酒空三叹。(《游道场山何山》)

游山归来，天色已晚，夜宿山下苕溪河畔贾收水阁。贾收，字耘老，湖州乌程有名诗人，常年隐居苕溪，建有水阁，名浮晖，苏东坡已经是第二次夜宿这里。贾收与他热情交谈，唱和不断。谈到高兴之处，苏东坡命人秉烛捧砚，画竹题诗，又作枯木怪石图相赠。苏东坡离开后，贾收将浮晖阁改名怀苏亭，并将自己的诗集命名《怀苏集》。

后来，当地文人沈蔚到此一游，感慨此地因苏东坡而更加富有魅力，作《天仙子·景物因人成胜概》一首：

> 景物因人成胜概。满目更无尘可碍。等闲帘幕小阑干，衣未解，心先快。明月清风如有待。　谁信门前车马隘。别是人间闲世界。坐中无物不清凉，山一带，水一派。流水白云长自在。

六月中旬，已经陪同苏东坡三个多月的秦观和道潜，一个要到越州，另一个要回杭州。他们三人依依不舍，临别的前一天，泛舟城南苕溪之上。苏东坡嘱托二位，天气炎热，一定要注意防护，早早回去为好。对自己却说："人间寒热无穷事，自笑疏顽不受痁。"

> 其一
>
> 城中楼阁似鱼鳞，不见清风起白苹。
>
> 试选苕溪最深处，仍呼我辈不羁人。
>
> 窥船野鹤何曾下，见烛飞虫空自驯。
>
> 绕郭荷花一千顷，谁知六月下塘春。

> 其二
>
> 苦热诚知处处皆，何当危坐学心斋。
>
> 海螯要共诗人把，溪月行遭雾雨霾。
>
> 乡国飘零断书信，弟兄流落隔江淮。

便应筑室苕溪上，荷叶遮门水浸阶。

其三

紫蟹鲈鱼贱如土，得钱相付何曾数。

碧筒时作象鼻弯，白酒微带荷心苦。

运肘风生看斫脍，随刀雪落惊飞缕。

不将醉语作新诗，饱食应惭腹如鼓。

其四

桥上游人夜未厌，共依水槛立风檐。

楼中煮酒初尝芡，月下新妆半出帘。

南郭清游继颜谢，北窗归卧等羲炎。

人间寒热无穷事，自笑疏顽不受痁。(《泛舟城南会者五人分韵赋诗得人皆苦炎字四首》)

六月下旬，苏东坡和胡祠部一起到法华山游玩。法华山，就是湖州城西北十里弁峰东麓的石斗山，北濒太湖，西边长兴。石斗山上的法华寺香火旺盛，因此又称法华山，当地百姓俗称白雀山。苏东坡专为法华寺题写“青莲道场”四个大字，并有感而发写下了一首诗：

波湖欲尽山为界，始见寒泉落高派。

道人未放泉出山，曲折虚堂泻清快。

使君年老尚儿戏，绿棹红船舞澎湃。

一笑翻杯水溅裙，余欢濯足波生隘。

长松挽天龙起立，苍藤倒谷云崩坏。

仰穿蒙密得清旷，一览震泽吁可怪。

谁云四万八千顷，渺渺东尽日所晒。

归途十里尽风荷，清唱一声闻露薤。

嗟余少小慕真隐，白发青衫天所械。

忽逢佳士与名山，何异枯杨便马疥。

君犹鸾鹤偶飘堕，六翮如云岂长铩。

不将新句纪兹游，恐负山中清净债。(《与胡祠部游法华山》)

从此，名不见经传的法华山在当地诸多山峰中，一鸣惊人。法华寺中设有清快堂，就是出自上文的“曲折虚堂泻清快”。

三槐堂铭

苏东坡好友王巩，字定国，自号清虚先生，莘县人，小他十余岁，有画才，长于诗，两人性格脾气相投，才华相当，惺惺相惜。苏东坡守徐州期间，王巩曾前去拜访，两人游泗水，登魋山，吹笛饮酒，乘月而归。

王巩是宋真宗时期宰相王旦的孙子，曾祖父就是大名鼎鼎的王祜。宋开宝二年（969），宋太祖为了清除手握重兵的魏州节度使符彦卿，派王祜以“有人告密谋反”之名查处符彦卿，并许以宰相的高位。但经过明察暗访，却查无实据。王祜直言禀报，并以自己全家百口性命担保，确定符彦卿无谋叛事实。宋太祖无奈，只好把王祜改知襄州作为惩罚，升迁宰相的事自然无望。

王祜赴襄州任前，在其宅院内手植槐树三棵，暗暗对天祈愿：吾子孙必有为“三公”者。据史书记载，周朝宫廷外植有三株槐树，百官朝见天子时，太师、太傅、太保三公皆面槐而立。因此，“三槐”代指三公。

后来，果不其然，儿子王旦在宋真宗时做了宰相，使他的预言变成了现实。王旦之后，王家更是人才济济，名人辈出。王旭、王素、王质、王巩、王靖、王古、王震、王伦、王楠在《宋史》中均有传记。

苏东坡刚到湖州，王巩就随行而至，除了看望他，还有一请求：让苏东坡为其在京都开封刚刚修葺的三槐堂作铭。苏东坡敬重王巩一门忠诚仁义，挥毫泼墨，《三槐堂铭》一气呵成：

天可必乎？贤者不必贵，仁者不必寿。天不可必乎？仁者必有后。……国之将兴，必有世德之臣，厚施而不食其报，然后其子孙能与守文太平之主共天下之福。

…………

懿敏公之子巩与吾游，好德而文，以世其家，吾以是录之。铭曰："呜呼休哉！魏公之业，与槐俱萌；封植之勤，必世乃成。既相真宗，四方砥平。归视其家，槐阴满庭。吾侪小人，朝不及夕，相时射利，皇恤厥德。庶几侥幸，不种而获。不有君子，其何能国？王城之东，晋公所庐；郁郁三槐，惟德之符。呜呼休哉！"

铭文不到七百字，却用心良苦。"天可必乎"？"仁者必有后"。全文记叙了王祐手植三槐的经过和期待，王巩的父亲"出入侍从将帅三十余年"的事迹，以及王祐子孙后代多有仁德贤能者的事实，说明正是因为他们的仁爱厚施，才积善成德，形成了良好的家风，使得王氏子孙福祚绵延，使三槐堂名扬天下。

后来，三槐堂王祐一支的堂号，称为三槐王氏。因为三槐王氏多贤人，王巩老家莘县王庄被改为群贤堡。京都开封的三槐堂却因几次洪水的淹没而不知所踪。

缅怀文同

文同，字与可，著名画家、诗人，四川绵阳人，是苏东坡的表兄，还是亲家。他们在凤翔时初次一起共事。元丰年间，文同奉调赴湖州任太守，但在他赴任路过陈州时就病逝了。也就是说，若没有文同的去世，苏东坡是不可能这个时候来湖州任职的。

文同以学名世，擅诗文书画，深受文彦博、司马光等人赞许，尤受苏东坡敬重。文同特别善画竹子，是"湖州竹派"的创始人，台北故宫博物院珍藏有他的作品。

七月，苏东坡在晾晒珍藏的书画时，发现了表兄文同送给自己的《筼筜谷偃竹》图。他睹物思人，写下了著名的《文与可画筼筜谷偃竹记》，其中写道：

> 竹之始生，一寸之萌耳，而节叶具焉。自蜩腹蛇蚹，以至于剑拔十寻者，生而有之也。今画者乃节节而为之，叶叶而累之，岂复有竹乎？故画竹必先得成竹于胸中，执笔熟视，乃见其所欲画者，急起从之，振笔直遂，以追其所见，如兔起鹘落，少纵则逝矣。与可之教予如此。予不能然也，而心识其所以然。夫既心识其所以然，而不能然者，内外不一，心手不相应，不学之过也。故凡有见于中而操之不熟者，平居自视了然，而临事忽焉丧之，岂独竹乎？

他在文中回忆表兄每画竹前的情形，留传下了三个现在依然常用的成语："成竹在胸""兔起鹘落""少（稍）纵即逝"。同时，苏东坡也表达了自己的文艺思想：创作和画竹子一样，必须"成竹在胸"。首先通过自己细致的观察、思考，当心中有成熟的思路和灵感时，就像"兔起鹘落"一样，迅速地创作出来，否则灵感会"少（稍）纵即逝"。苏东坡谦虚地说，这是文同教给他的方法，自己却"内外不一，心手不相应"。

文中他还回忆自己在徐州任知州时，表兄文同正任洋州知州。因向文同求画人多，表兄就对别人说："吾墨竹一派，近在彭城，可往求之。"意思是现在徐州知州苏东坡就是画墨竹的大画家，你们去向他求画吧。

文同请苏东坡写关于洋州风土人情的诗，苏东坡曾因出川进京两次路过洋州，于是凭着记忆和想象，写下了三十首诗，寄送给文同。其中一首：

> 汉川修竹贱如蓬，斤斧何曾赦箨龙。料得清贫馋太守，渭滨千亩在胸中。(《和文与可洋川园池三十首·筼筜谷》)

这里的"箨龙"即竹笋。苏东坡打趣文同为馋太守，肯定把汉水附近的竹笋都吃光了。当诗寄到洋州时，文同夫妇正在竹林中"烧笋晚食"，正被苏东坡说中，以至于“失笑喷饭满案”。

文同比苏东坡大十余岁，深知官场之凶险，平时谨言慎行，养性修心，以求自保。他不像苏东坡那样锋芒毕露，狂放不羁，讥讽朝政，口无遮拦。早在京都开封，就已经与王安石等新党改革派结下梁子，处在风口浪尖。当年苏东坡被外放杭州任通判时，文同就在临别时寄诗进行规劝：“北客若来休问事，西湖虽好莫吟诗。”（文同《句》）但苏东坡乃性情中人，刚直不阿，加之他在地方任职后，更是看清了新法之危害、朝廷之弊政，因此常常牢骚满腹，丝毫没有听从文同的规劝。

其实，苏东坡对别人要罗织他罪名的行径早有所闻，学生秦观也曾经劝其不要太大意，以免被人所害。但他并不收敛笔端锋芒，依然笔墨恣肆，隐喻讥讽，嬉笑怒骂，以诗寄托：

君不见诗人借车无可载，留得一钱何足赖。
晚年更似杜陵翁，右臂虽存耳先聩。
人将蚁动作牛斗，我觉风雷真一噫。
闻尘扫尽根性空，不须更枕清流派。
大朴初散失浑沌，六凿相攘更胜败。
眼花乱坠酒生风，口业不停诗有债。
君知五蕴皆是贼，人生一病今先差。
但恐此心终未了，不见不闻还是碍。
今君疑我特佯聋，故作嘲诗穷险怪。
须防额痒出三耳，莫放笔端风雨快。（《次韵秦太虚见戏耳聋》）

洋洋洒洒，天真坦率，慷慨激昂，简直是心灵呐喊，但这也正是诗人苦难的根源。显然，苏东坡对朝廷内斗的险恶看得太轻，一股夹杂着仇恨、嫉妒的暗流正逐渐向他涌来，直至将其淹没。

不久，他就因“诗文讪谤朝政及中外臣僚，无所畏惮”（朋九万《东坡乌台诗案》)，以言获罪。好朋友当朝驸马王诜第一时间得到消息，马上派人转告在南京的苏辙，苏辙又派人快马加鞭，先于御史台的人到达湖州，给苏东坡报信。苏东坡不置可否，把州衙公务全部委托给湖州通判，自己留在家里，静待拘捕。

元丰二年（1079）七月，御史台皇甫遵率领一干人，直扑湖州州衙太守官邸，当场逮捕了苏东坡。据目击者云："顷刻之间，拉一太守，如驱犬鸡。"（孔平中《孔氏谈苑》卷一）

至此，苏东坡不得不以这种令人错愕的方式结束了短短三个月的湖州之任。尽管只有三个月，但是他祈雨祷晴，悯农劝桑，几乎走遍了湖州，不但游历了山水，也留下了七十多篇诗文，让湖州百姓深深记住了这位风流倜傥、才华横溢、可亲可敬的太守。当他被逮捕进京时，城中百姓都来送行。骆驼桥上及市河两岸摆满香案，为苏太守哭祷平安。苏东坡离开后，湖州各地保留了他很多遗迹。《湖州府志》所载的就有：苏堤、苏台、怀苏亭、学士山、爱山台、爱山书院、六客堂、四贤堂、墨妙亭、黄龙洞侧的苏公祠等。直到今天，湖州当地还有因之命名的爱山街、爱山小学等。"爱山"二字即出自"尚爱此山看不足"。

是处青山可埋骨

——五进开封

“是处青山可埋骨，他年夜雨独伤神。”(《狱中寄子由二首》其一）元丰二年（1079）七月，淫雨霏霏，天色晦暗。苏东坡告别悲伤啼哭的家人，由长子苏迈陪同，在御史台皇甫遵的押解下，离开湖州。

登船回望，岸边人群拥挤，一干好友同僚，以及很多湖州百姓挥泪送别。船行速度很快，从运河，转淮河，再入汴河，直奔汴州。仅仅用了二十天的时间，他就被押解到京城，投入开封御史台的监狱里，开始了历时一百余天的狱中生活，史称“乌台诗案”。这是苏东坡以如此不堪的方式第五次来到开封。

囚禁乌台监狱

据《汉书·薛宣朱博传》记载：汉成帝时期，长安御史台中有很多株柏树，遮天蔽日，有数千只野乌鸦栖居之上，因此人们把御史台称为“乌台”。一方面是指这里乌鸦很多，另一方面则暗指御史们如乌鸦一样不说好话，“乌台诗案”由此得名。这是宋朝以来第一次震撼全国的文字狱，在历史上也是极其罕见的。

去年御史府，举动触四壁。
幽幽百尺井，仰天无一席。
隔墙闻歌呼，自恨计之失。
留诗不忍写，苦泪渍纸笔。(《晓至巴河口迎子由》)

在厘清“乌台诗案”的来龙去脉之前，必须先说说苏东坡被排挤离开京都开封之后，这八年间的王安石变法（熙宁变法）。

苏东坡于熙宁四年（1071）离开京都开封，元丰二年（1079）被投入开封乌台监狱，这期间有整整八年的时间。这八年，新法在新旧党之间的争斗之中陆续推行，而推行过程中出现的问题使得新旧党争日趋激烈，甚至新党的内部，也因权力的争夺矛盾重重。

熙宁七年至熙宁九年（1074—1076），王安石遭到以自己学生吕惠卿为代表的新党少壮派的惨重打击，两次罢相，最终闲居老家江宁，再加上他老年丧子，变成了一个终日喃喃自语的骑驴病叟。

失去了新党位高权重的代表人物王安石之后，宋神宗一下子没有了精神导向。为了维护整个变法局面的平稳运行，他不能再使用王安石。若起用弹劾王安石的吕惠卿，他又感到对不起王安石。剩下的能出任宰相的只有王安石的亲家吴充和一个只会随大流而毫无主见的王珪。于是，宋神宗不得不亲自主持改革大局。

但在中国封建王朝传统政治格局中，皇帝亲自主持政务是十分危险的。当权力在宰相手上时，权力是可以被批评的，批评者的安全由皇帝来维护；而一旦皇帝亲自用权，权力便不可被随意批评。除非这位皇帝无比的圣明，否则不能被批评的权力随时会变成酿造悲剧的根源。

王安石当宰相时，苏东坡对新法的批评和异议是直接针对王安石的，因此王安石一直力荐朝廷不用苏东坡。而王安石下台之后，神宗皇帝亲自执政，把年号由“熙宁”改为“元丰”。苏东坡的批评和议政已经成为对皇帝的不满，是对皇权的嘲弄和蔑视。

为了坚定不移地推进新法，为了证明自己至高无上的权威，宋神宗决定要给这纷纷扰扰的新旧党争泼泼冷水，并且来一个下马威。

新党少壮派代表人物吕惠卿，连自己恩师王安石都敢弹劾，于是宋神宗罢其官职，弃之不用。而对反对新法的旧党人物，他要挑上一个杀一儆百。挑选反对声浪最高的司马光吧，这样德高望重的人物，怕动了朝廷的根基；挑选名不见经传的小人物吧，影响力太小，不起作用。而此时的苏东坡，虽在外为官，但与朝野上下很多名流高官诗酒往来，拥有越来越多的同情者和崇拜者，晁补之、秦观、黄庭坚、张耒等有名的文人都拜其门下，这就是有名的“苏门四学士”。正像欧阳修生前所预言的那样，在他去世之后，苏东坡已经逐渐成长为当时的文坛领袖，许多读书人都以投到他的门下为荣，影响力十分广泛。因此，他对新法的态度具有一定的引领和导向作用。这样，宋神宗把苏东坡作为杀鸡吓猴的对象，就再合适不过了。

其实早在熙宁六年（1073），苏东坡任杭州通判时，他的一些讽刺新法的诗文就已经呈报给了皇帝。当时的沈括，也就是后来《梦溪笔谈》的作者，以检正中书刑房公事的身份，到浙江巡查新法实行的情况。他看到苏东坡的诗稿，认为涉嫌诽谤朝政，再加上对他才华的嫉妒，于是秘密将诗稿上呈神宗皇帝，但没有引起皇帝的重视。

“乌台诗案”的真正导火索就是苏东坡到任后上书朝廷的《湖州谢上表》，其中关键的两句话：“知其愚不适时，难以追陪新进；察其老不生事，或能收养小民。”其中最刺眼、最敏感的关键词是“新进”，新进是指朝廷上的新党人物。在这里，苏东坡公开表达了自己不与当朝新贵小人合作的态度，令新被提拔当政的人如坐针毡，怒火中烧。

根据这两句话，七月初，负责监察百官的御史台官员李定、何正臣、舒亶接连上书弹劾苏东坡。他们认为苏东坡虽为朝廷命官，但无人臣礼，因初不被重用而讪骂朝臣，攻击新法，罪大恶极，应处以死刑。宋神宗顺势做出批示：急令台吏皇甫遵疾驰湖州勾摄苏东坡。

其实，苏东坡是忠君的、爱国的，作为一个“致君尧舜”的知识分子，当自己的理想与现实严重不符时，通过诗文表达不满，甚至发发牢骚，都是正常的。倘若把这些不满和牢骚当成罪证，以言获罪，那就成了“文字狱”。倘若被坏人利用，那就成了清除异己的杀手锏，不仅会堵塞言路，还会为无休无止、你死我活的党争埋下祸根，最终导致一个政权的覆灭。

苏东坡被投入监狱后，各种攻击他有罪的证据都浮出水面。这些罪证大多是罗织而来的，很多都牵强附会。而罗织罪名的新党人士，大多出于对新法的捍卫，但也夹杂着嫉贤妒能和挟私报复的成分。比如御史中丞李定，就因为曾隐瞒父母的消息不去守孝而被苏东坡弹劾，于是怀恨在心，一直想找报复的机会。

苏颂在狱中有诗云："遥怜北户吴兴守，诟辱通宵不忍闻。"对苏东坡的审讯可谓煞费苦心。御史台全面搜集了市面上通行的他的各类诗文的版本，找出近百篇他们认为有问题的作品，然后逐章逐句进行刑讯逼供，迫使苏东坡承认其谤讪朝廷、污蔑新法的事实。被逼得心力交瘁的他只得任其摆布：你们怎么说，我就怎么认。

经过一百多天的严苛审讯，苏东坡写下了两万多字的供状。御史台经过整理后，向神宗皇帝上奏了审讯结果：苏东坡讽刺新法、攻击朝廷的罪名成立。

罪案证据

在他四十多篇的供状中，涉案诗文达一百多篇，其中主要有以下几篇。

一是讽谏青苗法的《山村五绝》其四：

杖藜裹饭去匆匆，过眼青钱转手空。
赢得儿童语音好，一年强半在城中。

按照"青苗法"的规定，每年青黄不接时，由政府贷款给农民，收获后加二分利归还。但在执行过程中，很多农民受到城里丰富商品的诱惑，得到贷款后，一年有大半年的时间在城里消费，耽误了生产，徒然让小孩子学会了城里人的口音。

二是讽刺盐法的《山村五绝》其三：

老翁七十自腰镰，惭愧春山笋蕨甜。
岂是闻韶解忘味，迩来三月食无盐。

春天里，满山长满了甜嫩的笋蕨，却无盐烹煮。因为朝廷严苛的盐法，使得贫穷的山村百姓连食盐也买不起，连续三个月都不知道盐的滋味了。

三是讽刺政府农田制兴修不力的《八月十五日看潮五绝》其四：

吴儿生长狎涛渊，冒利轻生不自怜。

东海若知明主意，应教斥卤变桑田。

这本意指的是朝廷禁止潮汐时冲浪弄潮，以免造成不必要的死亡事故，却被逼迫说成是攻击皇帝兴修水利的政策。

四是讽刺科举制度改革的《戏子由》，其中一句：

读书万卷不读律，致君尧舜知无术。

新的科举改革，使王安石的“三经新义”成了考试的大纲，读书人只迷恋诗文，而不熟读“三经新义”，就会被科举考试拒之门外。因此，苏东坡在与弟弟的唱和之中表达了不满。

五是讽刺地方官俸禄微薄、老百姓贫穷不堪的《后杞菊赋》：

及移守胶西，意且一饱。而斋厨索然，不堪其忧。时与通守刘君廷式循古城废圃求杞菊食之。……吾方以杞为粮，以菊为糗。春食苗，夏食叶，秋食花而冬食根，庶几乎西河南阳之寿。

刚到密州任上，当地蝗、旱之灾严重，百姓流离失所，地方官员薪俸微薄，难以为生，就连一州太守也只能以杞菊为食度日。这本是一篇心胸豁达、超然物外的洒脱之作，却被诬为讥讽朝廷削减公使钱太甚，成了罪证之一。

六是讽刺朝堂之上多奸臣群小的《和刘道原见寄》，其中一句：

独鹤不须惊夜旦，群乌未可辨雌雄。

后一句取自《诗经》“俱曰予圣，谁知乌之雌雄”，等于说朝廷上有一群乌鸦，雌雄不辨，好坏难分。

七是污蔑苏东坡有谋反之心的《王复秀才所居双桧二首》其二：

凛然相对敢相欺，直干凌云未要奇。
根到九泉无曲处，世间惟有蛰龙知。

时任宰相王珪对神宗皇帝说：陛下飞龙在天，而轼求之地下蛰龙，这分明是有意谋反。这个理由，连神宗自己都不相信，“彼自咏桧，何预朕事！”（叶梦得《石林诗话》）

另外，在给驸马王诜的诗里，有反映民间疾苦的“坐使鞭棰环呻呼”（《李杞寺丞见和前篇复用元韵答之》）、“岁荒无术归亡逋”（《李杞寺丞见和前篇复用元韵答之》）；给李常叙述了刚到密州，见到各处都是饿死的尸体“洒涕循城拾弃孩”（《次韵刘贡父李公择见寄二首》其二）；在给曾巩的诗里说他厌恶那些“聒耳如蜩蝉”（《送曾子固倅越得燕字》）的小政客；在给张方平的诗里把朝廷比作“荒林蜩蛰乱”（《张安道见示近诗》）和“废沼蛙蝈淫”（《张安道见示近诗》）；在给范镇的诗里直言“小人”；在给周邠的诗里把当权者比作“夜枭”，教天下人无进取之心、以乱取士之法的《灵璧张氏园亭记》；等等。

狱中寄子由

苏东坡在御史台监狱，一日数惊，生死未卜。早在被押解至京的途中，他与儿子苏迈就悄悄约定：每天往牢里送饭只送蔬菜或肉食，若有死刑判决的坏消息，就只送鱼。最后几天，苏迈因银钱用尽，出京借钱，就委托一朋友代为送饭。由于苏迈走得匆忙，忘记给朋友交代。朋友不知其中约定，怜苏东坡之苦，专门送了一条熏鱼。苏东坡一见大惊，以为自己已被判死刑，极度哀伤，又感慨万千，给弟弟写下了两首告别诗《狱中寄子由二首》：

其一

圣主如天万物春，小臣愚暗自忘身。

百年未满先偿债，十口无归更累人。

是处青山可埋骨，他年夜雨独伤神。

与君世世为兄弟，更结人间未了因。

其二

柏台霜气夜凄凄，风动琅珰月向低。

梦绕云山心似鹿，魂飞汤火命如鸡。

眼中犀角真吾子，身后牛衣愧老妻。

百岁神游定何处，桐乡知葬浙江西。

第一首显示出他并没有怨恨皇上，而自愧愚暗，与苏辙兄弟情深，生死离别，凄然伤神。第二首写出御史台阴森可怖，而自己愧对家人。想起湖、杭百姓也牵挂自己的生死，而十分感慨，因此他希望苏辙能把他葬在“浙江西”，永远与湖、杭百姓在一起。

朝堂上的博弈

朝堂上对“乌台诗案”的态度也是非常复杂的。李定、舒亶等人必欲置苏东坡于死地，王珪等人也添油加醋助其锋芒。有一些人生怕连累自己，避之唯恐不及。但也有一些有远见的大臣却有自己的看法，说苏东坡讽刺朝政并不冤枉，但以言获罪，判处死刑，那就是“文字狱”，这对一个政权来说是十分危险的。因此，许多正直的大臣都争相出来营救他。负责法律裁判的大理寺、审刑院拒绝判处苏东坡死罪，认为他所犯罪过可据朝廷历年颁布的“赦令”予以赦免。苏东坡的恩师张方平、范镇等，以及亲朋好友、旧党群僚群起而营救，弟弟苏辙愿意免去自己所有的官禄而救哥哥以全身。

“乌台诗案”虽然是由王安石手下的一批人发起的，但与他却没有什么关联。因为王安石此时已经罢相，闲居金陵。他听到苏东坡现在的处境，不仅没有落井下石，或事不关己，反而不计前嫌，冒着迁怒皇上的危险，立即上疏朝廷，力谏神宗：“岂有盛世而杀才士者乎？”（周紫芝读《诗谳》）

王安石的弟弟王安礼也觐见神宗皇帝：“自古大度之君，不以言论罪人。苏轼自恃才高，一旦示法，恐后世以为不能容人。愿陛下宽大为怀。”

宰相吴充面见神宗皇帝：“陛下以尧舜为法，薄魏武固宜，然魏武猜忌如此，犹能容祢衡，陛下法尧舜，而不能容苏轼，何也？”（陈均《皇朝编年纲目备要》）

就连一直视苏东坡为敌的变法主将章惇，也因王珪污蔑苏东坡自比“蛰龙”，而怒斥王珪：“王相是要灭苏轼满门吗？”王珪狡辩：“是舒亶说的。”章惇怒骂：“舒亶的唾液也可食吗？”

神宗的祖母曹太后深知苏东坡的才华，也喜欢他的诗文，便为苏东坡求情，坚决反对杀害他。曹太后对神宗说：“忆及汝祖父仁宗皇帝初得苏轼、苏辙之日，回宫喜容满面，曰吾今为子孙得太平宰相两人，惜吾不及用也。”她要求神宗皇帝“但放了苏轼足矣”。

这时候，宋神宗也读到了苏东坡的《狱中寄子由》，其中“圣主如天万物春，小臣愚暗自忘身”这两句，让神宗皇帝特别感动，苏东坡虽然面临死亡，但丝毫没有抱怨皇帝的意思。最终，宋神宗做出决定：加以“特责”，诏贬苏东坡为检校水部员外郎、黄州团练副使，本州安置，不得签书本州公事。实际上是把他软禁在了黄州。

弟弟苏辙因为奏请替兄长代为受过而被贬任筠州酒监，成了一个被当时的士大夫看来有辱人格的税务官。

驸马王诜因泄露苏东坡将被逮捕的秘密、不配合对他的调查，再加上对长公主不礼貌，宠妾压妻，被削除一切官爵。

好友王巩，因与苏东坡多诗文往来，讽刺朝廷，被发配岭南宾州。

其他受此牵连的如张方平、司马光、范镇等数十人被分别罚铜三十斤、二十斤不等。

就这样，历时一百三十天的“乌台诗案”，在以神宗皇帝为中心的各方复杂势力的博弈下，结束了。苏东坡终于从御史台监狱中被释放出来，开始了他一生中第一次的贬谪生涯。

东坡先生留五年

——贬谪黄州

“世事一场大梦，人生几度秋凉！”(《西江月 · 世事一场大梦》) 经过诟辱备至、命悬一线的一百八十天，苏轼终于又见阳光，走出了乌台监狱。

百日归期恰及春，余年乐事最关身。
出门便旋风吹面，走马联翩鹊啅人。
却对酒杯浑是梦，试拈诗笔已如神。
此灾何必深追咎，窃禄从来岂有因。(《十二月二十八日蒙恩责授检校水部员外郎黄州团练副使复用前韵二首》其一)

自由的空气是最新鲜的，出狱之后的苏轼感到十分轻松，他对人生的认识也在悄悄地发生改变。从来没有无缘无故的荣华富贵，裹挟在权力争斗的旋涡，福祸变幻，是很自然的事情了。

平生文字为吾累，此去声名不厌低。
塞上纵归他日马，城东不斗少年鸡。
休官彭泽贫无酒，隐几维摩病有妻。
堪笑睢阳老从事，为余投檄到江西。(《十二月二十八日蒙恩责授检校水部员外郎黄州团练副使复用前韵二首》其二)

如今，自己为文字所累，由声名惹祸，贬谪黄州，但塞翁失马，焉知非福。

无论如何，自己也不能像唐朝的贾昌一样，不识文字却以善斗鸡而得玄宗之宠。自己只能像陶渊明一样，归隐乡野，才是最佳选择。可惜弟弟苏辙，虽有归隐之心，但又不得不到江西筠州赴监酒税之任了。

元丰三年（1080）正月初一，正当人们都在欢度新春佳节之时，苏东坡携长子苏迈，在御史台差役的押解下，凄凉地离开了京都开封，踏上了去往黄州的贬谪之途。

贬谪，是我国历代封建王朝对获罪官员最常见的惩罚方式，除了官衔降低之外，还以贬谪地的偏远程度来作为惩罚的轻重。被贬谪者必须立即赴任，不得逗留，不得辞官为民。历史上遭到贬谪的官员不计其数，但如果是一些有才华的读书人被贬了官，其悲剧意识往往会比一般人要强，他们的文章诗词也会更具有文学艺术价值而流传甚广。上天为他们关上了一道门，却为其打开了一扇窗。他们失去了在政治上展现自我的机会，却在文学上大放异彩。

例如春秋时期的屈原，唐朝时的白居易、韩愈、柳宗元，北宋的范仲淹，直至苏东坡。他们没有成为王侯将相，却成了中国文化史上的一座座丰碑。对他们来说，真不知是悲剧还是幸运。

“乌台诗案”这场大灾，并没有消磨了苏东坡的意志，反而无限激发了他的文学艺术才华，成就了他的千秋功业。

“心似已灰之木，身如不系之舟。问汝平生功业，黄州惠州儋州。”(《自题金山画像》) 这是苏东坡的晚年自述，相比于他的任职时期，他似乎更重视自己的贬谪时期，而这时候的“功业”，也正是在艰难困苦的人生修炼中，所产生的文学艺术成就。

“夫子自逐客，尚能哀楚囚。奔驰二百里，径来宽我忧。”(《子由自南都来三日而别》) 正月初四，从开封南下的苏东坡抵达陈州。这时候，弟弟苏辙从南都步行二百余里，赶来与哥哥相聚。虽同为“逐客”，但兄弟患难相逢，悲喜交加。短暂的相会，他们还一同吊唁了葬在陈州的表兄文同。最后相约，待苏辙赴筠州盐酒税任上时，将苏东坡的家眷一起送到黄州。

“幸有清溪三百曲，不辞相送到黄州。”(《梅花二首》其二）劫后余生的苏东坡反而坦荡起来，他虽悔而不屈，虽哀而不怨，顶风冒雪，加快行程，经汝南，过麻城，度关山，经过一个月的长途跋涉，于二月初一到达黄州。

“君不见，武昌樊口幽绝处，东坡先生留五年。”（《书王定国所藏烟江叠嶂图》）黄州，《禹贡》为荆州之域，得名于北周，宇文亮攻占南司州驻地黄城镇之后建州，曰黄州。黄州位于长江北岸，在汉口的下游，地接云梦，城依大江，北望光蔡，滨带江淮，为荆楚之门户，州治三县，分别是黄冈、黄陂、麻城。

初到黄州，举目无亲的苏东坡并没有感到人地生疏，因为黄州太守陈君式向他伸出了热情的双手。陈君式，临川人，为官清廉，为人正直，政绩斐然，早就欣赏苏东坡的才华，两人相见恨晚，相谈甚欢，并逐渐结为好友。

陈君式把苏东坡安置在了黄州城东南一座古刹定惠院中，行动自便，没有什么条条框框。这里茂林修竹，亭台园池，环境清幽，是一个修身养性的好地方。苏东坡在这里“蔬食没齿，杜门思愆，深悟积年之非”（《到黄州谢表》）。

自笑平生为口忙，老来事业转荒唐。
长江绕郭知鱼美，好竹连山觉笋香。
逐客不妨员外置，诗人例作水曹郎。
只惭无补丝毫事，尚费官家压酒囊。

这首《初到黄州》是苏东坡到黄州后的第一首诗，略带自嘲，又透露着一点点的满足。

“自笑平生为口忙”，语意双关，为生计奔波不止，却因口祸获罪，远谪此地。在这里因长江而知鱼美，见竹子而觉笋香。古代的诗人大多都是因获罪被贬为“水曹郎”，这几乎成了惯例。唐朝诗人张籍、宋人孟宾等也都被贬为水曹郎。最后一句“尚费官家压酒囊”，苏东坡自注曰：“检校官例折支，多得退酒袋”。在宋代，凡属贬官，薪俸自然断绝。但有“检校”的名衔，仍可享受一点“折支”的待遇。所谓的“折支”，即官府卖酒给百姓，将退回的酒袋折合成银钱，虽不值几文，但官府为了节省开支，以此来充抵检校官的薪俸。

在给朝廷参政章惇的书信中，苏东坡这样表述："黄州僻陋多雨，气象昏昏也。……见寓僧舍，布衣蔬食，随僧一餐，差为简便。……初到，一见太守，自余杜门不出。闲居未免看书，惟佛经以遣日，不复近笔砚矣。"(《与章子厚参政书二首》其一)

在给老友王巩的信中，他说："某寓一僧舍，随僧蔬食，甚自幸"(《与王定国书》其一)。"罪大责轻，得此已幸，未尝戚戚。"(《与王定国书》其二)

就这样，苏东坡的黄州谪居生活就开始了。

寓居定惠院

"去年花落在徐州，对月酣歌美清夜。今年黄州见花发，小院闭门风露下。"(《次韵前篇》)去年在徐州，朋友同僚鞍前马后，游山玩水，吟诗唱和，好不热闹。现在寓居古刹，门前冷落，青灯孤影，好不寂寞。回想自己颠沛流离的过去，苏东坡不禁黯然神伤。

缺月挂疏桐，漏断人初静。
谁见幽人独往来，缥缈孤鸿影。
惊起却回头，有恨无人省。
拣尽寒枝不肯栖，寂寞沙洲冷。(《卜算子·黄州定惠院寓居作》)

"缺月""孤鸿""幽人"，这些孤独寂寞的意象，写出了苏东坡孤独凄清的心境。"孤鸿"即"幽人"，"幽人"就是他自己。人即鸿，鸿即人，苏东坡宁肯忍受沙洲的寂寞，也不肯随人俯仰，屈身寒枝。"有恨无人省"，他内心的苦衷也许只有他自己知道。

道人开此轩，清坐默自照。
冲风振河海，不能号无窍。
累尽吾何言，风来竹自啸。(《定惠颙师为余竹下开啸轩》)

定惠院住持颙师见苏东坡终日青灯黄卷，郁郁寡欢，便在院中竹林里建一间木屋，名曰啸轩，供他竹林修身养性。

定惠院的东边有一座小山，当地人称为柯山，山上杂草丛生，野花遍地。一个春意浓浓的月夜，月华如练，苏东坡漫步山上，意外发现一株名贵的海棠。他的家乡海棠有很多，但在黄州野山杂草中发现海棠，苏东坡感到十分亲切，月光下的海棠，如睡美人般的丰润绝伦。本在“香海棠国”的蜀地生长的海棠，怎么会在这个贫瘠“陋邦”生长呢？难道是迁徙的鸿鹄鸟衔海棠种子所致？触景生情，苏东坡联想到了贬谪来此的自己。幽独清淑的海棠天生丽质，即使在这荒山野地也依然美丽华贵；而自己卓然独立，不去“追陪新进”，虽地处贬谪之所，依然保持自我。自己难道不就如这株华美的海棠花吗？

江城地瘴蕃草木，只有名花苦幽独。
嫣然一笑竹篱间，桃李漫山总粗俗。
也知造物有深意，故遣佳人在空谷。
自然富贵出天姿，不待金盘荐华屋。
朱唇得酒晕生脸，翠袖卷纱红映肉。
林深雾暗晓光迟，日暖风轻春睡足。
雨中有泪亦凄怆，月下无人更清淑。
先生食饱无一事，散步逍遥自扪腹。
不问人家与僧舍，拄杖敲门看修竹。
忽逢绝艳照衰朽，叹息无言揩病目。
陋邦何处得此花，无乃好事移西蜀。
寸根千里不易到，衔子飞来定鸿鹄。
天涯流落俱可念，为饮一樽歌此曲。
明朝酒醒还独来，雪落纷纷哪忍触。(《寓居定惠院之东杂花满山有海棠一株土人不知贵也》)

的确，这正是苏东坡自己的写照，他有着“雨中有泪亦凄怆”的幽怨，有着“月下无人更清淑”的高洁，也有着“不待金盘荐华屋”的命运，因此苏东坡将海棠花引为知己，揩目相视，依依不舍。

海棠花艳，但终有落时。苏东坡在海棠盛开的日子里，几乎天天来观赏海棠，特别是在明月当空的夜里，月下赏海棠的意趣更加美妙。有时云雾遮月，他甚至点燃蜡烛，欣赏睡美人般的海棠花。“东风袅袅泛崇光，香雾空蒙月转廊。只恐夜深花睡去，故烧银烛照红妆。”(《海棠》)

初到黄州，苏东坡认识了一位和自己一样的贬官，黄州监酒税乐京。乐京曾为河南长葛知县，因上书朝廷反对助役法，而引起变法派的不满，遭到弹劾，被贬为黄州酒监。乐京是个良吏，为人仗义，二人一接触便成了无话不谈的好朋友。苏东坡从此有了酒喝，以酒解愁，乘着酒兴赋诗成了他的一种常态。“少年多病怯杯觞，老去方知此味长。万斛羁愁都似雪，一壶春酒若为汤。”(《次韵乐著作送酒》)

谪居黄州的忧愁，如荒原上的皑皑白雪，但一壶春酒下肚，就像沸腾的开水浇在雪上一样，万千惆怅一扫而光，爽快舒畅极了！

“一生几许伤心事，不向空门何处销？”(王维《叹白发》)黄州城南，濒临长江，有一座安国寺。该寺始建于唐代，本名护国寺。宋仁宗嘉祐八年(1063)，因宰相韩琦青年时曾在此用功读书，诏命将其更名为安国泰平讲寺，简称安国寺。定惠院与安国寺相隔不远，举目可望，钟鼓相闻。

安国寺住持名叫继连，是一位德高望重的大和尚。当朝皇帝曾亲赐其袈裟。当皇帝准备赐给他法号的时候，他认为“知足不辱，知止不贻”，在荣誉面前要适可而止，于是婉言谢绝了。安国寺内茂林修竹，陂池亭榭，“严丽深稳，悦可人意”。寺内香火旺盛，一年四季都来往着许许多多的善男信女。

二月末的一天，正在定惠院熟睡的苏东坡，被院里鸟雀的叫声吵醒。窗外阳光明媚，春意盎然，他走出定惠院，信步来到了安国寺。大和尚继连热情地接待了苏东坡。

卧闻百舌呼春风，起寻花柳村村同。
城南古寺修竹合，小房曲槛欹深红。
看花叹老忆年少，对酒思家愁老翁。
病眼不羞云母乱，鬓丝强理茶烟中。
遥知二月王城外，玉仙洪福花如海。
薄罗云雾盖新妆，快马争风鸣杂珮。
玉川先生真可怜，一生耽酒终无钱。
病过春风九十日，独抱添丁看花发。(《安国寺寻春》)

与继连和尚结识后，苏东坡的心态发生了巨大的变化。他认识到自己过去的言行，与大和尚相比较，皆未循规蹈矩，自己贬谪至此就有这个原因。他反思自我之后，喟然长叹：“道不足以御气，性不足以胜习。不锄其本，而耘其末。今虽改之，后必复作，盍归诚佛僧，求一洗之？”(《黄州安国寺记》)

从此，苏东坡成了安国寺的常客，经常来此焚香默坐，内察自省，思考人生，旦往暮还。

安国寺内条件很好，有热水专供寺僧洗用。在继连和尚的关照下，苏东坡每月都要到安国寺沐浴。他认为这不仅仅是洗澡，更重要的是要洗却自己内心的污浊。沐浴之后，苏东坡“焚香默坐，深自省察”(《黄州安国寺记》)，十分虔诚。心里默念：“一念清净，染污自落，表里翛然，无所附丽”(《黄州安国寺记》)。之后便物我相忘，身心皆空。他在给老朋友的信中说：“谪居无事，默自观省，回视三十年以来所为，多其病者。足下所见，皆故我，非今我也。”(《答李端叔书》)

老来百事懒，身垢犹念浴。
衰发不到耳，尚烦月一沐。
山城足薪炭，烟雾濛汤谷。
尘垢能几何，翛然脱羁梏。

披衣坐小阁，散发临修竹。

心困万缘空，身安一床足。

岂惟忘净秽，兼以洗荣辱。

默归毋多谈，此理观要熟。(《安国寺浴》)

这里的“心困万缘空，身安一床足”，是佛家随缘自适境界的反映，也是苏轼所要追求的佛家虚空旷达的最高境界。从此，苏东坡与佛门结缘，在思想和精神上寻求清净，追求自适，其行为和作品也在悄悄地发生着变化，通身弥漫着佛家的慈悲与禅学的宁静。

黄州、鄂州当地有一陋习，一对夫妻只能养二男一女，超过此数，则要将初生婴儿放入水盆溺死，其中对女婴尤为残酷。苏东坡知道后，心痛难耐，饭食难进，发誓要改变这一陋习。但自己身为贬官，“不得签书公事”，无奈之下，他给在鄂州任太守的好朋友朱寿昌以及当地同僚写信，陈述溺婴之残酷和利害，指出“准律，故杀子孙，徒二年”(《与朱鄂州书》)。并向他们讲述了自己在密州救助弃婴的举措。

同时，苏东坡还找来继连大和尚等黄州当地的热心人，组成一个拯救溺婴的小组，有智出智、有力出力、有钱出钱，他在十分贫困的情况下，仍省吃俭用，“吾虽贫，亦当出十千”(《黄鄂之风》)。

在他看来，若每年能救一百个小婴儿的生命，算是在黄州期间最大的善事和乐事了。经过几年的坚持，鄂州、黄州一带溺杀婴儿的恶习，终于得到了改变。

连山蟠武昌，翠木蔚樊口。

我来已百日，欲济空搔首。

坐看鸥鸟没，梦逐麏麚走。

今朝横江来，一苇寄衰朽。(《游武昌寒溪西山寺》)

谪居黄州，第一个从外地来看望苏东坡的是他的好朋友杜沂。杜沂，字道源，世居蜀中，其父曾为宣州通判，二十五年前，曾赠送他两支上好的宣州诸葛毛笔。苏东坡就是用他赠送的毛笔顺利通过了制科考试。杜沂的儿子杜传，字孟坚，在武昌供职。

杜沂不顾牵连致祸的后果，第一个到定惠院看望苏东坡，给他带来了莫大的安慰。他们一起过江到武昌，在杜传的陪同下慕名游览了武昌西山。

西山，本名樊山，因位于武昌城之西而得名。东晋高僧慧远在此建造西山寺，首创“净土法门”。从此，西山成为中国佛教“净土宗”在江南的发源地。

苏东坡陶醉于西山优美的风景，沉浸在净土佛国悠远的境界，享受着朋友纯洁的友谊，这是他来黄州后最快乐的一天了。在给朋友的信中，他说：“数日前，率然与道源过江，游寒溪西山，奇胜殆过于所闻”(《与陈季常十六首》其七)，“谪寄穷陋，首见故人，释然无复有流落之叹”(《与杜道源七首》其一)。

栖身临皋亭

“全家占江驿，绝境天为破。”(《迁居临皋亭》) 元丰三年（1080）六月上旬，弟弟苏辙将苏东坡的近二十口家眷送抵黄州，定惠院条件有限，已经难以接纳这么多人，于是，苏东坡举家迁居临皋亭。临皋亭位于黄州城外，古名回车院，是朝廷命官巡视用的驿馆。

按照当时朝廷的规定，受贬谪的官员是不允许在驿馆中居住的，但经鄂州太守朱寿昌的斡旋，和黄州太守徐君猷的特殊关照，苏东坡一家破例入住临皋亭。

苏东坡在其《书临皋亭》中说：“东坡居士酒醉饭饱，倚于几上。白云左缭，清江右洄，重门洞开，林峦坌入。当是时，若有思而无所思，以受万物之备。惭愧，惭愧!”可见，临皋亭依山傍水，风景秀丽，是个养生家居的好地方。再加上苏东坡认为这脚下的滔滔江水，有一半都来自家乡峨眉，“吾饮食沐浴皆取焉，何必归乡哉”(《临皋闲题》)，他把这里当成自己的家乡了。

我生天地间，一蚁寄大磨。

区区欲右行，不救风轮左。

虽云走仁义，未免违寒饿。

剑米有危炊，针毡无稳坐。

岂无佳山水，借眼风雨过。

归田不待老，勇决凡几个。

幸兹废弃余，疲马解鞍驮。

全家占江驿，绝境天为破。

饥贫相乘除，未见可吊贺。

澹然无忧乐，苦语不成些。(《迁居临皋亭》)

是啊，人于天地之间，如一只蚂蚁寄生在大磨之上，由不得自己。如今闲居此地，“剑米危炊”，虽有好山好水，但也难以排解心中之愁，好在一家人能在一起，平平淡淡，有苦有乐，也是一种生活。“江山风月，本无常主，闲者便是主人”(《临皋闲题》)。

“废兴古郡诗无数，寂寞闲窗易粗通。”(《次韵乐著作野步》)居住在临皋亭的这段日子里，苏东坡继承父亲苏洵的遗志，认真精读《易经》，并为之作注，完成了父亲没有写完的《易传》。他还开始研究孔子的《论语》，并亲自为之作注，撰写《论语说》。使得“千载之微言，焕然可知也”(苏辙《亡兄子瞻端明墓志铭》)。另外，苏东坡还精读《汉书》，并抄写《汉书》，背诵《汉书》，随机从书中挑选一个字，他便能口诵数百言，无一字差错。

故人陈季常

陈季常，名陈慥，号方山子，是苏东坡在凤翔任签判时期凤翔太守陈希亮的儿子。在凤翔时，他们就因为年龄相当、性格相投而结为至交。陈季常少嗜酒好剑，用财如粪土，后来发愤读书，但终不及第。他家里非常富裕，洛阳的家宅园林可与公侯媲美，河北也有田产，每岁得帛千匹。但他却因为父亲被贬官，对仕途失去了信心，所以隐居于黄州的歧亭。他自号龙丘居士，庵居蔬食，常常戴一方方正正的高帽子，徒步往来山中，不与世相闻，因此人称“方山子”。

从他留给后世的一篇《无愁可解·光景百年》，便可以看到他的全部性格。

> 光景百年，看便一世。生来不识愁味。问愁何处来，更开解个甚底。万事从来风过耳。何用不著心里。你唤做、展却眉头，便是达者，也则恐未。
>
> 此理。本不通言，何曾道、欢游胜如名利。道即浑是错，不道如何即是。这里元无我与你。甚唤做、物情之外。若须待醉了、方开解时，问无酒、怎生醉。

从这篇文章可以看到陈慥超脱物外、旷达无忧的真性情。这样的人，自然会和苏轼成为知己。

据说，陈季常十分怕老婆，“河东狮吼”说的就是他的老婆柳氏。苏东坡曾有诗调侃：“龙丘居士亦可怜，谈空说有夜不眠。忽闻河东狮子吼，拄杖落手心茫然。”(《寄吴德仁兼简陈季常》)

在苏东坡谪居黄州的五年里，陈慥五次来看望他，苏东坡也多次去往歧亭与临皋亭之间。两人惺惺相惜，各自引为知己，经常一起吟诗唱和，十分快乐。

为此，苏东坡为其作《方山子传》：

> 方山子，光、黄间隐人也。少时慕朱家、郭解为人，闾里之侠皆宗之。稍壮，折节读书，欲以此驰骋当世，然终不遇。晚乃遁于光、黄间，曰岐亭。庵居蔬食，不与世相闻；弃车马，毁冠服，徒步往来山中，人莫识也。见其所著帽，方屋而高，曰：“此岂古方山冠之遗像乎？”因谓之方山子。
>
> 余谪居于黄，过岐亭，适见焉。曰：“呜呼！此吾故人陈季常也，何为在此？”方山子亦矍然，问余所以至此者，余告之故。俯而不答，仰而笑，呼余宿其家。环堵萧然，而妻子奴婢皆有自得之意。
>
> 余既耸然异之，独念方山子少时，使酒好剑，用财如粪土。前十有九

年，余在岐下，见方山子从两骑，挟二矢，游西山。鹊起于前，使骑逐而射之，不获。方山子怒马独出，一发得之。因与余马上论用兵及古今成败，自谓一世豪士。今几日耳，精悍之色，犹见于眉间，而岂山中之人哉？

然方山子世有勋阀，当得官。使从事于其间，今已显闻。而其家在洛阳，园宅壮丽，与公侯等。河北有田，岁得帛千匹，亦足以富乐。皆弃不取，独来穷山中，此岂无得而然哉？

余闻光、黄间多异人，往往阳狂垢污，不可得而见，方山子傥见之与？

方山子，一个有志青年，却变成了一个抛弃财产、不问世事的隐士，而苏东坡自己则从当年的“苏贤良”变成了一个谪居的罪臣。如今两人都在黄州，一个是追求所至，而自己却是被逼所至。苏东坡徘徊于仕与隐之间的矛盾心理十分明显，但最终他是向往方山子一样的隐居生活的。隐士并非庸碌无为之士，隐人乃是世外高人。苏东坡已经打算做一个山野隐士了。

七夕纳朝云

“相逢虽草草，长共天难老。”(《菩萨蛮·七夕》)王朝云，字子霞，杭州人，嘉祐八年（1063）生人，因家境贫困，从小被卖为杭州府官妓，专门侍奉官场应酬饮宴。苏东坡在杭任通判期间，朝云十二岁，苏东坡见其聪明伶俐、乖巧大方、眉清目秀，就免去她官妓身份，收留她作为夫人王闰之的侍女。

天性聪明、善解人意的朝云，一进苏东坡家门，就有了回家的感觉。她既服侍王闰之，又帮助干家务带孩子，还帮助苏东坡收拾文房四宝。苏东坡每有作品，她都悉心打理收藏，几乎成了苏东坡的书童。苏东坡对朝云也像待自己的孩子一样，教她读书认字，吟诗弹琴。

一次，苏东坡酒足饭饱之后，拍着自己的肚皮问家里的侍女：“你们说说这里面都有什么？”大家都说：“一肚子的诗书文章。”而朝云却笑着说：“是一肚子的不合时宜。”朝云虽然年纪小，却有着敏锐独到的观察力，她很欣赏并理解苏东坡卓尔不群、超凡脱俗的真性情。

从杭州、密州，到徐州、黄州，一路走来，小小的朝云目睹了苏东坡的所作所为。在她的心目中，苏东坡的才华愈加出众，人格愈加高洁，形象愈加高大，已经十七岁的朝云，也愈加爱慕这位饱经风雨的长者般的男人。

亭亭玉立、面容姣好、柔情似水、无微不至的朝云，也时时打动着苏东坡这颗流落无助的心。王朝云十八岁时，经夫人王闰之撮合，被苏东坡正式纳为妾。他们登上黄州城南楼，相互依偎，仰望明月。苏东坡问道："如此七夕良夜，你最大的心愿是什么？"朝云深情地回答："天下女子此时皆向织女乞求才智技艺，而我只乞求与您永远不分离，不再有那提心吊胆的别离之苦。"

苏东坡顿时泪眼迷离，回想这一年之间的生死劫难，伤害的不仅仅是自己，最痛苦的也莫过于爱自己的亲人。

画檐初挂弯弯月，孤光未满先忧缺。遥认玉帘钩。天孙梳洗楼。　　佳人言语好。不愿求新巧。此恨固应知。愿人无别离。（《菩萨蛮·新月》）

如此爱情，明月作证。之后，朝云一路不离不弃，随苏东坡走过了后半生颠沛流离的人生之路，直至在惠州香消玉殒。

躬耕东坡的居士

"吏民莫作长官看，我是识字耕田夫。"（《庆源宣义王丈以累举得官，为洪雅主簿，雅州户掾。遇吏民如家人，人安乐之。既谢事，居眉之青神瑞草桥，放怀自得。有书来求红带，既以遗之，且作诗为戏。请黄鲁直学士、秦少游贤良各为赋一首，为老人光华》）苏东坡的家眷来到黄州之后，人口猛增至二十余口，因为已经没有了俸禄，所以只能靠一点点"压酒囊"的折支和家中的积蓄过日子。生活越来越艰难，一家人的吃穿用度一下子压在了他的身上。忧虑之余，他想起了隐居的贾耘老。

贾耘老，原名贾收，家贫好饮，隐居苕溪之上，生活十分艰苦，但他总结了一套如何过贫困日子的方法。于是苏东坡就如法炮制：每月初一，将家里积蓄拿出四千五百钱，分为三十串，挂在屋梁上，每天用叉子挑取一串为日用，挑下一串后，就将叉子藏起来，不得二次挑取，目的是强制一家人日用不得超过一百五十钱。倘若一百五十钱没有用完，就把剩余的钱放入另一备用的竹筒之内，以备家里有客人时添补之用。

然而就是这样精打细算，也挡不住即将坐吃山空的窘迫。当自己的侄女婿（苏辙的女婿）王适来黄州看望他的时候，他连送行的酒也不能拿出。只得掬一捧泉水，以水代酒，表达心意："送行无酒亦无钱，劝尔一杯菩萨泉。何处低头不见我，四方同此水中天。"（《武昌酌菩萨泉送王子立》）

贬谪不可怕，贫困不可怕，他像寺院的僧人一样，一日一餐，节衣缩食，念经打坐，自我修行。但让苏东坡最难以忍受的，却是面对自己亲人的忍饥挨饿。中秋节的晚上，他受黄州太守徐君猷的邀请，登上黄州栖霞楼。大家美味佳肴，推杯换盏。想想面露饥色的一家人，无限惆怅涌上心头：

> 霜降水痕收。浅碧鳞鳞露远洲。酒力渐消风力软，飕飕。破帽多情却恋头。　佳节若为酬。但把清尊断送秋。万事到头都是梦，休休。明日黄花蝶也愁。（《南乡子·重九涵辉楼呈徐君猷》）

就在苏东坡全家面临着缺粮断炊的窘境时，老朋友马正卿出面了。

马正卿，字梦得，今河南杞县人，与苏东坡同年同月生，嘉祐六年（1061）在开封与苏东坡结成终身好友。据说，他是有感于杜甫《秋雨叹三首》中的"凉风萧萧吹汝急，恐汝后时难独立。堂上书生空白头，临风三嗅馨香泣"，顿生厌恶官场之念，后来辞官不做，跟随苏东坡前往凤翔游历。

> 马生本穷士，从我二十年。
> 日夜望我贵，求分买山钱。
> 我今反累生，借耕辍兹田。
> 刮毛龟背上，何时得成毡。

可怜马生痴，至今夸我贤。

众笑终不悔，施一当获千。(《东坡八首》其八)

眼见着自己的好友日渐窘困，马正卿十分着急。他凭着自己以往的关系，前去请求新任黄州太守徐君猷给苏东坡一块土地，让他自己耕种，自食其力。

新任太守徐君猷也十分同情苏东坡的遭遇，就破例将黄州城东废弃军营的数十亩营房废地划给了他，让其无偿耕种，贴补家用，缓解眼前困境。

废垒无人顾，颓垣满蓬蒿。

谁能捐筋力，岁晚不偿劳。

独有孤旅人，天穷无所逃。

端来拾瓦砾，岁旱土不膏。

崎岖草棘中，欲刮一寸毛。

喟然释耒叹，我廪何时高。(《东坡八首》其一)

这是一片老旧的练兵场，多年弃之不用，茨棘瓦砾覆盖，耕种十分困难。面对如此一片荒地，从未亲历稼穑之苦的苏东坡一筹莫展。但是热情、淳朴、善良的黄州人，拥抱了这位天涯沦落人。“四邻相率助举杵，人人知我囊无钱。”(《次韵孔毅甫久旱已而甚雨三首》其二)

在当地小有名气的潘彦明、郭兴宗、古耕道三人带领当地百姓，带着镐头等农具，主动前来，与苏家人同吃同住同劳动，把一片茨棘瓦砾的荒地，变成了一片可耕良田。

潘子久不调，沽酒江南村。

郭生本将种，卖药西市垣。

古生亦好事，恐是押牙孙。

家有十亩竹，无时客叩门。

我穷交旧绝，三子独见存。

从我于东坡，劳饷同一餐。

可怜杜拾遗，事与朱阮论。

吾师卜子夏，四海皆弟昆。(《东坡八首》其七)

这里的“潘子”就是潘彦明，多次参加科举都名落孙山，久滞黄州，在樊口卖酒维持一家人的生计；这里的“郭生”就是郭兴宗，一身武艺，在黄州开药店为生；“古生”就是古耕道，乐善好施，好抱打不平，是一位远近闻名的侠客。在苏东坡面对荒地一筹莫展的时候，他们伸出援助之手，让苏东坡感受到了“四海皆兄弟”的人间真情。

这片土地，在黄州城东。因西高东低，当地人称之为东坡。漫步在东坡之上，苏东坡不停地默念着“东坡”二字，不禁有些思绪飘忽。“我甚似乐天，但无素与蛮。”(《次京师韵送表弟程懿叔赴夔州运判》)

他想起了唐代大诗人白居易。这是他一生中最欣赏的诗人，常常说自己颇似白居易。苏东坡在杭州的时候，对白居易在杭州时的政绩就十分倾慕。白居易被贬谪忠州的时候，也曾在忠州东面的山坡上耕种劳作过。因此，苏东坡非常开心地说：“我似乐天君记取，华颠赏遍洛阳春。”(《赠善相程杰》)白居易曾在忠州作《步东坡》《东坡种花》等诗。

“朝上东坡步，夕上东坡步。东坡何所爱，爱此新成树。”(白居易《步东坡》)想起白居易的这首诗，苏东坡感叹这绝非冥冥之中的巧合，而是一种因缘，于是他将“东坡”二字作为自己的别号。苏东坡从小就接触佛道，生活中崇尚佛道，作品中常常散发着道家的出世与佛家的禅宗。再加上到黄州之后，他居于佛院静参多年，夜读佛经，“诚归佛僧”，自己已经是一位在家修行的“居士”，于是将自己别号为“东坡居士”，与白居易的“香山居士”也算一脉相承了。

消息传出，东坡居士和苏东坡的雅号不胫而走，甚至传到了京都开封。

“良农惜地力，幸此十年荒。桑柘未及成，一麦庶可望。”(《东坡八首》其五）丰收的喜悦冲淡了贫困的忧愁，苏东坡的心情逐渐好了起来，他每天荷锄提筐，与家人往来于东坡与临皋亭之间，虽很辛苦，但却很幸福，他已经逐渐习惯并陶醉于这陶渊明一样的田园生活了。

东坡筑雪堂

“去年东坡拾瓦砾，自种黄桑三百尺。今年刈草盖雪堂，日炙风吹面如墨。”（《次韵孔毅甫久旱已而甚雨三首》）元丰五年（1082）正月，为了方便耕种，改善居住条件，苏东坡在黄州乡邻的帮助下，在躬耕地东坡旁边，建了五间草房。

“眉阳先生齐安客，雪中作堂爱雪白。”（沈辽《题子瞻雪堂即次前韵》）房子落成那天，适逢降雪。望着满天飞雪，苏东坡兴奋不已，挥笔在新房堂内四壁画上了满墙雪花。坐卧其中，仿佛置身漫天飞雪的天地之间，别有一番情趣。于是他给这五间房子命名为东坡雪堂。

“某见在东坡，作陂种稻，劳苦之中，亦自有乐事。有屋五间，果菜十数畦，桑百余本，身耕妻蚕，聊以卒岁也。”（《与李公择书》）“作草屋数间，谓之东坡雪堂。种蔬接果，聊以忘老。”（《与子安兄八首之一》）雪堂建成后，苏东坡又在门前栽种数株柳树，旁边凿一眼水井，从房屋西边，引一山泉水，开挖成一小池塘，池塘内种荷，塘边栽上茶树、橘树，环境十分优美。苏东坡每天早晨在临皋亭吃完早饭，就经过黄泥坂山梁，路过承天寺，来到东坡，躬耕于东坡之上，闲游于清溪畔口，安享于雪堂之内。自己好像就是“采菊东篱”的陶渊明，虽不富裕，但很惬意。

> 梦中了了醉中醒。只渊明。是前生。走遍人间，依旧却躬耕。昨夜东坡春雨足，乌鹊喜，报新晴。　雪堂西畔暗泉鸣。北山倾。小溪横。南望亭丘，孤秀耸曾城。都是斜川当日境，吾老矣，寄余龄。（《江城子・梦中了了醉中醒》）

苏东坡认为醉梦中自己的前生就是陶渊明，离开朝堂，隐退于江湖，躬耕而温饱，诗酒度余生，不失为一种明智的选择。能上得去，也能下得来；能居庙堂谋划天下大政，也能在田间躬耕劳作，这正是苏东坡的可贵之处。其实，苏东坡虽自比于陶渊明，但他与陶渊明的处境和思想是不同的。陶是辞官归隐，而他却是贬官不得不归隐。虽说归隐，但他仍有一颗不甘而躁动的心，四方朋友来访，他仍然能侃侃而谈，语惊四座。朝廷西北战事，他听到捷报，激动赋诗："似闻指挥筑上郡，已觉谈笑无西戎。牧臣不见天颜喜，但惊草木放春容。"（《闻洮西捷报》）听说黄州的溺婴陋俗，他仍心急如焚，使命满满，四处奔走，到处修书，以救民水火。

"散人出入无町畦，朝游湖北暮淮西。"（《与子由同游寒溪西山》）所谓散人，唐代诗人陆龟蒙曾作《江湖散人传》以作解释："散人者，散诞之人也。心散、意散、形散、神散，既无羁限，为时之怪民束于礼乐者外之曰：'此散人也。'"

苏东坡之所以一再自比陶潜，自称散人，是因为他深深地知道自己的不甘，一再自比陶潜，自称散人，就是强迫自己去忘掉一切，过隐居的生活。他把自己的室内内壁画满雪花，也是为了让自己冷静下来，像一片片洁白冰冷的雪花一样高洁，落入大地，并消失在大地。他的这颗挣扎的心，被一个叫潘大临的小伙子给看穿了。

潘大临，字邠老，就是帮助苏东坡收拾荒地的黄州卖酒人潘彦明的侄子。其父亲潘鲠，为蕲水县尉。潘大临没有功名，自食其力，住在柯山，在长江上以打渔为生。他诗文写得好，常请苏东坡给他指教，是苏家的常客。他从苏东坡画满了雪花的雪堂看出了玄机，一针见血地给苏东坡指出：先生想成为一个真正闲散的人，只是尚未达到一个真正闲散人的境界（"子之欲为散人而未得者也"）。先生您宅心仁厚，将想法放在心里是可以的，但现在却像刺猬在布袋里面，不时地扭动脊梁骨，袋子外面看到的不只是一根两根刺而已（"如猬之在囊，而时动其脊胁，见于外者，不特一毛二毛而已"）。

苏东坡十分虚心地接受了潘大临的看法，并且就此论断进行了更深入的交谈，并以此作《雪堂问潘邠老》，又名《雪堂记》。其中一段给潘大临的歌词，就是在表明他一定要做一个出世的真正“散人”的决心。

雪堂之前后兮春草齐，
雪堂之左右兮斜径微。
雪堂之上兮有硕人之颀颀；
考槃于此兮芒鞋而葛衣。
挹清泉兮抱瓮而忘其机。
负顷筐兮行歌而采薇。
吾不知五十九年之非而今日之是，
又不知五十九年之是而今日之非。
吾不知天地之大也寒暑之变，
悟昔日之癯而今日之肥。
感子之言兮，始也抑吾之纵而鞭吾之口，
终也释吾之缚而脱吾之鞿。
是堂之作也，吾非取雪之势，而取雪之意。
吾非逃世之事，而逃世之机。
吾不知雪之为可观赏，吾不知世之为可依违。
性之便，意之适，不在于他，在于群息已动，
大明既升，吾方辗转一观晓隙之尘飞。
子不弃兮，我其子归。《雪堂记》

自筑雪堂，是为了养性、修心、洗涤嗜欲，但内心又无不激荡汹涌澎湃的入世豪情，是耶？非耶？我究竟是一个超世脱俗的“散人”，还是一个难忘功名利禄的“拘人”？苏东坡无时无刻不在反思自我。

一天夜里，苏东坡在雪堂与朋友们饮酒，结束时已经半夜，乘着月色醉归临皋亭，这时已是三更半夜，家童早已酣睡，苏东坡敲门也没把他叫醒，只好拄着木杖在江边听江水拍岸的涛声。

夜饮东坡醒复醉，归来仿佛三更。家童鼻息已雷鸣。敲门都不应，倚杖听江声。　　长恨此身非我有，何时忘却营营。夜阑风静縠纹平。小舟从此逝，江海寄余生。(《临江仙·夜饮东坡醒复醉》)

是啊，入世与出世这对矛盾，时常叩问着苏东坡，使他常常陷入这种痛苦和自责当中。这首词随口而占，通俗流畅，意味深长，客人们皆高声唱吟，兴尽方散。

第二天一早，有人报告太守徐君猷，说苏东坡昨夜作诗一首，与人高歌，之后，乘一小舟，顺流而下，“江海寄余生”去了。徐太守大惊，因为苏东坡是朝廷的重犯，自己对他有监视之责，如果苏东坡逃跑，朝廷必会追责。他立即带人前往临皋亭，而此时的苏东坡，醉卧房中，鼾声如雷。或许，这时的苏东坡才是真正的散人。

黄州寒食帖

“自我来黄州，已过三寒食。”(《寒食雨二首》其一）雪堂是苏东坡倾其所有财力建成的。建成之后的这年春天，正是青黄不接的日子，家里吃了上顿没下顿，这时的苏东坡又积劳成疾，痔疮复发，卧病在床，痛苦不堪。

时值寒食节（清明节的前一或二日），阴雨绵绵，江水上涨，几乎淹没居室，屋内年久失修，漏雨不断。根据当地风俗，寒食节要禁火三日，只能吃冷食。家里锅冷灶寒，用来充饥的冷饭团，难以下咽，不得不“破灶烧湿苇”，进行加热。想想跟自己一起忍饥挨饿的亲人，凄凉的景象加上凄凉的心境，苏东坡百感交集，心酸的眼泪在眼中打转，他拿起笔来，饱蘸墨汁，作诗两首，记下了这窘迫的一幕：

其一

自我来黄州，已过三寒食。

年年欲惜春，春去不容惜。

今年又苦雨，两月秋萧瑟。

卧闻海棠花，泥污胭脂雪。

暗中偷负去，夜半真有力。

何殊病少年，病起头已白。

其二

春江欲入户，雨势来不已。

小屋如渔舟，濛濛水云里。

空庖煮寒菜，破灶烧湿苇。

那知是寒食，但见乌衔纸。

君门深九重，坟墓在万里。

也拟哭途穷，死灰吹不起。(《寒食雨二首》)

诗中阴霾的意象，如小屋、空庖、寒菜、湿苇、乌衔纸、坟墓……渲染着一种沉郁凄怆的意境，饱含着生活的凄苦和悲凉，可谓苏东坡诗作中的上品。二诗写就，苏东坡又在诗末着重而痛苦地写下“右黄州寒食二首”七字。这就是流传于后世的《黄州寒食帖》。

他的墨迹看似率意而为，其实每个字都透露着一种伤心的哭态，呈现出一种哀伤，一种苍凉。其笔势时疾时涩，时疏时密，时重时轻，时放时敛，时而如江河奔流，时而如病牛慢走。其形如“石压虾蟆”，又如“西施捧心而颦”，起伏跌宕，参差错落，变化万千，可谓字字如泪，句句如血。

苏诗与苏字的结合，达到了内容与形式的高度统一，可谓珠联璧合。这种无意于佳的自然之作，将当时的情境、心境、意境高度融合，成就了融文学和书法等多种艺术元素的一代精品名作，为历代鉴赏家推崇备至。元代大书法家鲜于枢将其评定为“天下第三行书”之一，与王羲之的《兰亭序》、颜真卿的《祭侄文稿》，并称为“天下三大行书”。

苏东坡与巢谷

巢谷，字元修，小名巢三，眉山人，长苏东坡几岁，少年时就与苏家多有往来。

巢谷从小也和苏轼兄弟一样跟随士大夫读书，博学多才，只是进京参加进士考试时，看见武艺高强的人，非常喜欢，就弃文习武，改学武功和骑马射箭，不久即学有所成，但遗憾没有考中进士。

他听说西部人大多骁勇善战，骑射本领是全国最好的，于是放弃科考，游历西部秦凤、泾原等地，结交当地豪侠之士。有一个叫韩存宝的，与巢谷关系特别好，巢谷专门教他兵法，两人结下了深厚的友谊。熙宁年间，韩存宝在一次边关战斗中建立了战功，被称为熙河名将，受到了朝廷的重视。

正赶上“泸州蛮”酋长乞弟侵扰边境，西南各州都难以抵挡，朝廷派韩存宝出兵剿灭。其间，战事不利，却被人告以“逗留不进”的罪名。韩存宝自忖必死，就托付巢谷将数百银两转交给老家的妻儿。

巢谷受此重托，改名换姓，步行数百里，终将银子送到了韩存宝妻儿手中。之后，巢谷一直逃避在江、淮之间。直到韩存宝死后，朝廷赦免才回到了家乡。

当他听说苏轼兄弟遭受贬谪的时候，就不顾自我安危，千里迢迢，步行来到了黄州，看望并追随苏东坡。患难见真情。苏东坡十分感动，将巢谷安排在雪堂居住，并请巢谷担任自己二子苏迨、三子苏过的老师。

苏东坡在给堂兄的信中这样说：“巢三见在东坡安下，依旧似虎，风节愈坚。师授某两小儿极严。常亲自煮猪头，灌血腈，作姜豉菜羹，宛有太安滋味。”（《与子安兄八首》其一）就是说，巢谷这个人品德节操更加坚贞，教育两个孩子非常严格，还经常下厨，做老家菜。

巢谷与苏东坡相处十分融洽。一日，天气忽然变冷，苏东坡突然想起独居雪堂的巢谷，将家里仅有的一瓢酒带到雪堂，与巢谷共饮抗寒：

春雨如暗尘，春风吹倒人。

东坡数间屋，巢子与谁邻。

空床敛败絮，破灶郁生薪。

相对不言寒，哀哉知我贫。

我有一瓢酒，独饮良不仁。

未能赪我颊，聊复濡子唇。

故人千钟禄，驭吏醉吐茵。

那知我与子，坐作寒蛩呻。

努力莫怨天，我尔皆天民。

行看花柳动，共享无边春。(《大寒步至东坡赠巢三》)

眼见巢谷居所“空床敛败絮”，巢谷本人“坐作寒蛩呻”，苏东坡心里十分难过，只有将这一壶仅有的薄酒，送给好友。

巢谷好学，游历四方，学到了不少绝技秘方，但从不轻易传人。但看到苏东坡一家人的贫困，生病也要花钱看病，巢谷就将一些治病的秘方传给他，并一再嘱托不能外传他人，还要苏东坡指江水盟誓。但是不久，黄州本地突发伤寒瘟疫，死人很多。苏东坡不忍看到百姓因伤寒死于非命，就忍痛违背先前誓约，将巢谷传于他专门治疗伤寒的秘方“圣散子”，传给了当地名医庞安常，拯救当地百姓生命无数。

不久，黄州太守徐君猷就要结束黄州任期了。临行前，他邀请苏东坡、巢谷同游安国寺，以叙离情别意。当他们游到寺内的竹间亭时，安国寺长老继连请苏东坡为亭子起名。苏东坡想到徐太守爱民如子，有口皆碑，就欣然命名“遗爱亭”。

徐君猷十分高兴，知道随行的巢谷也曾举过进士，身怀绝技，就邀请巢谷为“遗爱亭”作记。但巢谷自己多年羁旅生涯，一再推托难当此任，于是苏东坡就代巢谷作文《遗爱亭记》:

何武所至，无赫赫名，去而人思之，此之谓“遗爱”。夫君子循理而动，理穷而止，应物而作，物去而复，夫何赫赫名之有哉!

东海徐君猷，以朝散郎为黄州，未尝怒也，而民不犯；未尝察也，而吏不欺；终日无事，啸咏而已。每岁之春，与眉阳子瞻游于安国寺，饮酒于竹间亭，撷亭下之茶，烹而食之。公既去郡，寺僧继连请名。子瞻名之曰“遗爱”。时谷自蜀来，客于子瞻，因子瞻以见公。公命谷记之。谷愚朴，羁旅人也，何足以知公？采道路之言，质之于子瞻，以为之记。

该文赞美徐君猷在担任太守期间，秉承黄老之道，为政不怒不察，而吏民不欺不犯，以至终日无事，以吟啸为乐，虽没有什么显赫的政绩，但一离开此地，父老乡亲都能念念不忘，这就是“遗爱”。

后来，巢谷一直追随苏轼兄弟，特别是在他们一再被贬直至雷州、海南的时候，巢谷依旧不辞辛苦，亲自探望。直到七十多岁的时候，病死在了广州，后被葬于白云山。据说现在广州从化头龙山南麓，有一个“巢氏大宗祠”，已经有数百年的历史了，他们均奉巢谷为先祖。

一蓑烟雨任平生

“黄州使君怜久病，分我五更红一朵。”寒食过后即清明。根据当地的传统习俗，寒食节后用火必须使用“新火”。所谓新火，即古人在四季轮换之时，各用不同的木材来钻木取火，所取火种即为新火。清明节的一大早，太守徐君猷就派人把子夜采得的新火送到了苏东坡的家里，这令贫病交加的苏东坡百感交集：

临皋亭中一危坐，三见清明改新火。
沟中枯木应笑人，钻斫不然谁似我。
黄州使君怜久病，分我五更红一朵。
从来破釜跃江鱼，只有清诗嘲饭颗。
起携蜡炬绕空屋，欲事烹煎无一可。
为公分作无尽灯，照破十方昏暗锁。(《徐使君分新火》)

太守徐君猷同情我，送我新火而来，可家中空无一物，没有能够烹煎的食物，只好点燃几个灯盏，免得辜负太守的一番美意。如此贫困的生活，终不能长久，要想和陶潜一样隐居下来，一家人的温饱恐怕是个大前提。

苏东坡听潘大临说，在他父亲任县尉的蕲水县，多肥沃田产，且价格比黄州便宜，他便想购买一点，作为自己终老黄州的资产。

蕲水县，属淮南左路蕲春郡，它下辖的沙湖螺蛳店，距离黄州约三十多里，土地肥沃，且价格便宜。

是年三月，苏东坡与潘大临等一干好友前往螺蛳店相田，行至中途，一场暴雨从天而降，穿林打叶，劈头盖脸。同行之人皆前奔后涌，叫苦不迭，狼狈不堪，唯苏东坡不疾不徐，镇定自若，吟啸前行。过了一会儿，风停了，雨住了，太阳出来了。苏东坡环视四周，仰望天空，沉吟片刻，一首《定风波》飘然出口：

> 莫听穿林打叶声，何妨吟啸且徐行。竹杖芒鞋轻胜马，谁怕？一蓑烟雨任平生。　料峭春风吹酒醒，微冷，山头斜照却相迎。回首向来萧瑟处，归去，也无风雨也无晴。

是啊，这个曾经身陷囹圄、饱尝人间险恶的人，已经不惧怕眼前的任何困难了。面对疾风骤雨，他当然凛然不惧，泰然自若，这种博大的胸怀，坦荡的性情，已经成了苏东坡的个人品质。

风雨过后，云开日出，一切又都归于平静。天还是那个天，树还是那些树，无风无雨亦无晴，好像什么事都没有发生过一样。现在的苏东坡已经有了处乱不惊的平静和宠辱不惊的淡然，所以，任尔东南西北风，我自烟雨任平生了。

到达蕲水，身为蕲水县尉的潘大临的父亲潘鲠，热情地接待了苏东坡。其间，苏东坡感觉到自己的左手十分疼痛，且略显红肿，县尉潘鲠便介绍当地名医庞安时给他诊治。

庞安时，字安常，蕲水当地人。其父为当地名医，传授其祖传脉诀。安时不以为然，自己钻研黄帝、扁鹊的医书，深得其中奥妙。但少年时一场大病致安时耳朵失聪，自叹“天使我隐于医欤？”(《东坡志林·疾病》)乃读《灵枢》《太素》《甲乙》等古传医书，靡不贯通，为人治病，十愈八九。并且安时医德高尚，价格便宜，很多人不远千里前来求医。庞安时一见苏东坡，即断定他的手肿乃药石之毒，非风气所致，他果断实施针灸，一针而愈。

庞安时医术高超，但耳朵失聪，与人对话，只能让别人用笔纸作答。苏东坡跟他开玩笑说：“吾与君皆异人也，吾以手为口，君以眼为耳，非异人乎？”(《东坡志林·疾病》)

庞安时久闻苏东坡大名，常恨无缘相会，今天不仅治好了他的病，还抽出身来，邀请苏东坡同游蕲水有名的清泉寺。

清泉寺位于蕲水县城门外二里左右的凤栖山上，始建于唐贞元六年(790)，凿地得井，泉水甘洌清澈，故名清泉寺。传说王羲之曾在此泉水中洗过笔砚，寺前山下就是兰溪水。兰溪水流与众不同，由东向西流。苏东坡对这一现象非常诧异，再加上手疾已治愈，又交了一位名医好友，心情十分舒畅，真想高歌一番，但知道庞安时耳聋听不见，于是援笔疾书，笔走龙蛇，一首《浣溪沙》跃然纸上：

山下兰芽短浸溪，松间沙路净无泥，萧萧春雨子规啼。　谁道人生无再少？门前流水尚能西！休将白发唱黄鸡。

上阕是说，如此美好的环境，自己却已走向暮年；下阕立即反转，人老但心不能老，虽身处逆境，但也不能消沉下去，要振作起来，自强不息。

庞安时被深深地感动了，两人在清泉寺内开怀畅饮，尽兴而归。这个时候，苏东坡已经不再消沉，他已经立足于黄州的现实，超越物外，用一种积极的心态，来塑造自己的黄州老年生活了。这样的心态，潇潇暮雨当然会变得那么唯美。不久，他再一次由蕲水返回黄州，骑马走到黄州蕲水交界的绿杨桥时，天色已晚。

绿杨桥，因河水两边种满杨树而得名。苏东坡走到这里的时候，月亮已经爬上了山头。略有醉意的苏东坡放眼望去，只见乱石丛中，一片葱茏，流水潺潺，月明一片，他仿佛感觉自己误入了仙境，不禁诗兴大发，口占《西江月》，并借着月色题写在了绿杨桥柱上：

照野弥弥浅浪，横空隐隐层霄。障泥未解玉骢骄，我欲醉眠芳草。　可惜一溪风月，莫教踏破琼瑶。解鞍欹枕绿杨桥，杜宇一声春晓。

多么美好的夜晚，多么迷人的意境。其实，在春寒料峭的夜晚，因为醉酒不得归，露宿乡野，本是一件十分凄苦的事情，而此时的苏东坡，已经开始摆脱功名利禄欲望的束缚，反而把这种凄苦变得如此唯美而浪漫。

苏东坡不再抱怨黄州的“僻陋”，不再哀伤于生活的困顿。他带领家人勤奋耕作，自给自足。他常常采蕨于山野，以应对青黄不接；常常垂钓于江边，给家人打牙祭；没有茶叶，他栽种茶树；无钱买酒，他自学酿酒。据说，苏东坡从好友道人杨世昌处得一用蜂蜜酿酒的秘方，于是自己养蜂采蜜，酿制出了香甜可口的上等蜂蜜酒。酒后微醺，他乘兴写了一首《蜜酒歌》，传唱于黄州。

真珠为浆玉为醴，六月田夫汗流泚。
不如春瓮自生香，蜂为耕耘花作米。
一日小沸鱼吐沫，二日眩转清光活。
三日开瓮香满城，快泻银瓶不须拨。
百钱一斗浓无声，甘露微浊醍醐清。
君不见南园采花蜂似雨，天教酿酒醉先生。
先生年来穷到骨，问人乞米何曾得。
世间万事真悠悠，蜜蜂大胜监河侯。

后来人们把这种酒亲切地称为“东坡蜜酒”，至今仍盛传不衰。

三咏东坡赤壁

“折戟沉沙铁未销，自将磨洗认前朝。东风不与周郎便，铜雀春深锁二乔。”这是唐代著名的诗人杜牧的诗歌《赤壁》。三国时期赤壁之战发生的地点到底在哪里，数百年来学界一直都有争议，一般来说至少有七个地方，但最主要的说法有两种：一种是说在蒲圻，另一种是说在黄州。两者据理而争，并各有历史贡献、文物考证，争得不可开交。

后来，人们就把蒲圻赤壁称为“武赤壁”，把黄州赤壁称为“文赤壁”。为什么会称为“文赤壁”呢？这是因为苏东坡的“三咏赤壁”使得默默无闻的黄州赤壁天下闻名，并被称作“东坡赤壁”。

赤壁，因为岩石突出像城壁一样，且因丹霞地貌，石壁呈红色，故得名。黄州赤壁在黄州城西，长江北岸，赤壁山像一只大象鼻子伸入江中，又因为石头全部是红色，所以又称“赤鼻矶”。山上草木葱茏，猿鸟乱啼，人迹罕至。苏东坡曾多次与友人驾一叶扁舟，来到赤壁山下，攀爬而上，登高览胜，并留下了《念奴娇·赤壁怀古》《赤壁赋》《后赤壁赋》一词二赋三篇惊世之作，将黄州赤壁定格成为一个星光灿烂的文化符号。

一咏赤壁，壮志未酬，“早生华发”。元丰五年（1082）秋天，宋神宗认为经过变法，国府充盈，国力已经增强，于是贸然向西夏用兵，却没想到遭遇大败。苏东坡听到这个消息之后，十分忧愤，他与几位朋友携带酒肴，来到江边，登上赤鼻矶。

酒酣兴至，苏东坡俯瞰滔滔江水滚滚东流，波涛拍岸，溅起浪花无数。回首后望，三国时的营垒尚存，遥想当年的赤壁之战，周瑜少年得志，临危受命，雄姿英发，大破曹魏，取得惊天动地的伟业，而自己年近半百却沦落黄州，谪居小城，白发早生，报国无门。

苏东坡仰望天上明月，俯首滔滔江水，一行清泪顺颊而下。他举起酒杯，将杯中浊酒洒向大江，心中如江水一样澎湃滔天，难以平息。于是，一首千古名作《念奴娇·赤壁怀古》喷涌而出：

大江东去，浪淘尽，千古风流人物。故垒西边，人道是，三国周郎赤壁。乱石穿空，惊涛拍岸，卷起千堆雪。江山如画，一时多少豪杰。　遥想公瑾当年，小乔初嫁了，雄姿英发。羽扇纶巾，谈笑间，樯橹灰飞烟灭。故国神游，多情应笑我，早生华发。人生如梦，一尊还酹江月。

全词写景写人，怀古伤今，慷慨激昂，苍凉悲壮，气势磅礴，格调雄浑，境界宏伟，高唱入云。英雄与美人、豪情与旷达，交相辉映，庄中有谐，直中有曲。全词以空前的气魄与艺术力量，反衬出作者壮志难酬，却“早生华发”的悲愤，继而发出“人生如梦”的感慨。这是继《江城子·密州出猎》后，北宋豪放词的又一力作，被后人誉为千古绝唱，只有关西大汉手持铜琵琶、铁绰板才能进行演唱。的确，此作一出，将当时宋词缠绵悱恻的艺术格调彻底改变，文学意义十分突出。

二咏赤壁，清风明月，“之所共适”。元丰五年（1082）七月十六日，夕阳西下，天高气爽，苏东坡与天庆观杨世昌道士等人溯江而上，径直来到赤壁之下，月夜泛舟游赤壁。清风徐来，水波不兴，宾主们船上饮酒赋诗，吹箫唱雅，好不热闹。其间，道人杨世昌一段如泣如诉的洞箫声，引起苏东坡的不解。他问杨世昌，如此美好的夜晚，为什么吹出这样悲哀的箫声呢？

杨世昌说“月明星稀，乌鹊南飞”，这不是曹操的诗句吗？当年他就是在这里打败了周瑜，攻破荆州后占领江陵，顺流东下，战船绵延千里不绝，旌旗遮蔽了天空。他面对长江饮酒，握着长矛赋诗，本是一代枭雄的他，现在在哪儿？何况你我在此打渔、砍柴，以鱼虾为朋，与麋鹿为友，驾着一只小船，端一壶浊酒，在这天地之间渺小得如一粒粟米。生命短暂，想像长江一样无穷无尽，想和仙人一样长命百岁，万古长存，但这些都是不可能的，所以，只能把这种心情寄托于悲凉的秋风。

对杨世昌的感叹，苏东坡很不以为然，他借助江水的流逝，月亮的盈亏以及风声月色来说明任何事物都是无常的。流逝的江水，实际上并没有流去；盈亏的明月，最终也没有增减。变与不变就看你所站的角度。如果以自身变的角度看问题，那么天地之间一眨眼就有变化；如果以自身不变的角度去看问题，那么万事万物又都是永恒的。变，万物都在变；不变，万物都不变。那么你又有什么可羡慕的呢？

再说，天地之间，万物各有其主，不是自己的东西，一丝一毫也不能拿。只有这江上的清风、山间的明月，耳朵听到它就成为声音，眼睛看到它就成为颜色，这是大自然赐给我们无穷无尽、用之不竭的宝藏，我们能够尽情享用。苏东坡用江水和明月作喻，强调了看待事物的角度不同，得出的结论也会完全不同。

回到临皋亭，苏东坡连夜记录下了今夜的行程和对话，这就是千古绝唱《赤壁赋》：

壬戌之秋，七月既望，苏子与客泛舟游于赤壁之下。清风徐来，水波不兴。举酒属客，诵明月之诗，歌窈窕之章。少焉，月出于东山之上，徘徊于斗牛之间。白露横江，水光接天。纵一苇之所如，凌万顷之茫然。浩浩乎如冯虚御风，而不知其所止；飘飘乎如遗世独立，羽化而登仙。

于是饮酒乐甚，扣舷而歌之。歌曰："桂棹兮兰桨，击空明兮泝流光。渺渺兮予怀，望美人兮天一方。"客有吹洞箫者，倚歌而和之。其声呜呜然，如怨如慕，如泣如诉，余音袅袅，不绝如缕。舞幽壑之潜蛟，泣孤舟之嫠妇。

苏子愀然，正襟危坐而问客曰："何为其然也？"客曰："月明星稀，乌鹊南飞，此非曹孟德之诗乎？西望夏口，东望武昌，山川相缪，郁乎苍苍，此非孟德之困于周郎者乎？方其破荆州，下江陵，顺流而东也，舳舻千里，旌旗蔽空，酾酒临江，横槊赋诗，固一世之雄也，而今安在哉？况吾与子渔樵于江渚之上，侣鱼虾而友麋鹿，驾一叶之扁舟，举匏樽以相属。寄蜉蝣于天地，渺沧海之一粟。哀吾生之须臾，羡长江之无穷。挟飞仙以遨游，抱明月而长终。知不可乎骤得，托遗响于悲风。"

苏子曰："客亦知夫水与月乎？逝者如斯，而未尝往也；盈虚者如彼，而卒莫消长也。盖将自其变者而观之，则天地曾不能以一瞬；自其不变者而观之，则物与我皆无尽也，而又何羡乎！且夫天地之间，物各有主，苟非吾之所有，虽一毫而莫取。惟江上之清风，与山间之明月，耳得之而为声，目遇之而成色，取之无禁，用之不竭，是造物者之无尽藏也，而吾与子之所共适。”

客喜而笑，洗盏更酌。肴核既尽，杯盘狼籍。相与枕藉乎舟中，不知东方之既白。

此赋通过月夜泛舟，饮酒赋诗，以及苏东坡与道人杨世昌之间的对话，表达了苏东坡对人生无常的高超见解，可以看出，苏东坡已经摆脱了逆境中的沮丧和消沉，变得乐观、豁达、随缘自适了。身处万物之中，心与无限江山共存，自然就超脱了生死与得失。清风明月，无穷无尽，流连其中，自得其乐。

另外，此赋骈散结合，既有骈体文的音韵之美，又有散文的参差有致，打破了赋在句式声律、对偶等方面的形式束缚，以散文的笔调，如“万斛泉涌”，洋洋洒洒，喷薄而出，娓娓道来。读来如珠玉滚落，抑扬顿挫，朗朗上口，实乃千古美文。

三咏赤壁，水落石出，不可复说。又过了三个月，十月十五日晚上，苏东坡又与杨世昌、潘大临等好朋友再次月夜泛舟赤壁之下，并且冒险攀登赤壁，俯视江山，很晚才回到家里。

当天傍晚，苏东坡与杨世昌、潘大临等人再次携酒肉来到赤壁之下，初冬的赤壁比起三个月前的赤壁又是另一番景色。已经由原来的“清风徐来，水波不兴”“白露横江，水光接天”，变成了“江流有声，断岸千尺，山高月小，水落石出”了。

苏东坡提着衣襟从船上下来，与客人踩着险峻的山岩，拨开杂草乱枝，爬上枝条如虬龙般的树木。抬头，可以触摸到鹘鸟的巢穴；低头，可以看到长江里潜藏的龙宫。苏东坡爬得很快，杨道士和潘大临远远落在后面。突然，苏东坡仰天发出一声长长的呼啸，草木震动，山鸣谷应，风起水涌。苏东坡“悄然而悲，肃然而恐”，不敢久留，匆忙下山，与客人弃岸登船，逃离此地。任船在江中自由地飘荡。

时间到了半夜，醉眼蒙眬的苏东坡向四周望去，江面清冷寂静，一只白鹤从江面飞来，发出尖利的叫声，苏东坡惊异于这夜半飞鹤，感觉这是一种预兆。

客散之后，回到家里，苏东坡做了一个梦。梦见一个道士，穿着羽毛做的衣服来到临皋亭他的床前，向他行礼，并问“赤壁之游乐乎？”苏东坡问道士的名字，道士却笑而不答。突然，苏东坡明白过来：“你就是昨天晚上从我船边一飞而过的白鹤吧！”道士笑了，苏东坡也从梦中惊醒，推门四望，却不见道士的影子。苏东坡更加诧异：不知道是道士仙鹤梦见了自己，还是自己梦见了道士仙鹤。

第二天，苏东坡又以月夜游赤壁为题材，写下了这篇脍炙人口的《后赤壁赋》：

是岁十月之望，步自雪堂，将归于临皋。二客从予过黄泥之坂。霜露既降，木叶尽脱，人影在地，仰见明月，顾而乐之，行歌相答。

已而叹曰：“有客无酒，有酒无肴，月白风清，如此良夜何？”客曰：“今者薄暮，举网得鱼，巨口细鳞，状如松江之鲈。顾安所得酒乎？”归而谋诸妇。妇曰：“我有斗酒，藏之久矣，以待子不时之需。”

于是携酒与鱼，复游于赤壁之下。江流有声，断岸千尺；山高月小，水落石出。曾日月之几何，而江山不可复识矣。予乃摄衣而上，履巉岩，披蒙茸，踞虎豹，登虬龙，攀栖鹘之危巢，俯冯夷之幽宫。盖二客不能从焉。划然长啸，草木震动，山鸣谷应，风起水涌。予亦悄然而悲，肃然而恐，凛乎其不可留也。反而登舟，放乎中流，听其所止而休焉。

时夜将半，四顾寂寥。适有孤鹤，横江东来。翅如车轮，玄裳缟衣，戛然长鸣，掠予舟而西也。

须臾客去，予亦就睡。梦一道士，羽衣蹁跹，过临皋之下，揖予而言曰：“赤壁之游乐乎？”问其姓名，俯而不答。“呜呼！噫嘻！我知之矣。畴昔之夜，飞鸣而过我者，非子也邪？”道士顾笑，予亦惊寤。开户视之，不见其处。

如果说《赤壁赋》表达的是苏东坡对世事万物的超然洒脱，那么《后赤壁赋》则透露出苏东坡彻底放下自我，慕仙出世了。

前后赤壁赋，是姐妹篇，可谓珠联璧合，浑然一体。前赋“清风徐来，水波不兴”“白露横江，水光接天”；后赋则“江流有声，断岸千尺；山高月小，水落石出”。玄妙的哲理，搭配优美的景色，字字如画，句句似诗，诗画合一，情景交融。在清风明月中，浸润着仙风道骨的味道。

乔迁南堂

“南堂独有西南向，卧看千帆落浅溪。”(《南堂五首》其一）临皋亭面朝西，夏日骄阳直射，苦热难耐，加之房屋年久失修，屋顶泥瓦脱落，漏水严重，遇到阴雨天气，苦不堪言。更为难堪的是，临皋亭为官驿，一旦朝廷来人，就必须搬出馆舍，借居民宅。

元丰五年（1082）秋，淮南使蔡景繁巡视黄州，目睹了苏东坡全家盆盆罐罐的搬迁之苦。想想昔日风流倜傥、才华横溢的苏子瞻，竟落到如此境地，不禁为之心酸。于是，蔡景繁私下嘱托黄州官府，在临皋亭南边建房三间，供苏家人居住。

元丰六年（1083）五月，三间瓦房在临皋亭南侧落成，因面向西南，俯临大江，苏东坡给其取名“南堂”，并兴奋地写下了《南堂五首》。

其一

江上西山半隐堤，此邦台馆一时西。

南堂独有西南向，卧看千帆落浅溪。

这首诗清楚地写出了南堂的位置，南堂一改黄州建筑西向的习惯，面朝西南，俯临大江，睡在屋里，就可以看到江上帆船往来，苏东坡乔迁新居的喜悦跃然纸上。

其二

暮年眼力嗟犹在，多病颠毛却未华。

故作明窗书小字，更开幽室养丹砂。

自己快五十岁的人了，眼力尚可，虽然多病，但头发还没有白完，自己的身体状况还好，因此特地在南堂敞开窗户写小字，并另设幽室一间，养气炼丹，以延年益寿。

其三

他年雨夜困移床，坐厌愁声点客肠。

一听南堂新瓦响，似闻东坞小荷香。

忆苦思甜，当初深夜房屋漏雨，移床避雨，东挪西挪，筋疲力尽，一听到点点滴滴的漏雨声，心里就犯愁。而今，听到雨点敲打南堂新瓦，就像闻到河边荷花的清香一样，舒服极了。

其四

山家为割千房蜜，稚子新畦五亩蔬。

更有南堂堪著客，不忧门外故人车。

南堂四周花香遍野，蜂蝶乱舞，是山里人酿蜜的好地方，孩子刚刚种植了五亩蔬菜。南堂宽敞明亮，再也没有客人无处安置的尴尬了。

其五

扫地焚香闭阁眠，簟纹如水帐如烟。

客来梦觉知何处，挂起西窗浪接天。

屋子打扫得干净了，焚起一炷檀香，关起门来，躺在床上。簟席细密光滑，蚊帐轻薄如烟，蒙蒙眬眬睡去，仿佛入仙境一般。忽有客人来访，梦中惊起，打开窗子，眼见长江波浪接天。

多么美好的山水人物画卷，多么悠闲自得的意境！容易满足的苏东坡，一扫哀伤与忧愁，真有些羽化登仙的感觉了。

元丰六年（1083）九月，王朝云给苏东坡生下一个儿子。孩子欣然颖异，面目酷似苏东坡。苏东坡老年得子，欣喜若狂，给好友写信："云蓝小袖者，近辄生一子，想闻之，一拊掌也。"（《与蔡景繁十四首》其六）王朝云平日喜穿蓝色小袖衣服，因此苏东坡以"云蓝小袖"昵称。

苏东坡共有四个儿子，老大为王弗所生，名苏迈；老二、老三为王闰之所生，名苏迨、苏过。迈、迨、过，皆有奋进之意，而第四个孩子苏东坡却给他起名遯。"遯"是遁的异体，有逃和隐的含义。显然，有远离仕途、隐于尘世之意。

在苏遯满月的那天，苏东坡在南堂举行满月洗儿会，并设宴庆贺。酒后，苏东坡赋诗一首："人皆养子望聪明，我被聪明误一生。惟愿孩儿愚且鲁，无灾无难到公卿。"（《洗儿》）仔细品读，再联想苏东坡的遭遇，虽出于游戏，却耐人寻味。但是，苏东坡给儿子起名遯，却无意中暗合了孩子的命运。这个可爱的小生灵，在人间不到一周年，就在苏东坡奉诏北归的路上，悄悄逃离了这个世界。

苏东坡悲痛不已：

吾年四十九，羁旅失幼子。
幼子真吾儿，眉角生已似。
…………
吾老常鲜欢，赖此一笑喜。
忽然遭夺去，恶业我累尔。
…………
归来怀抱空，老泪如泻水。（《去岁九月二十七日在黄州生子名遯小名乾

儿颀然颖异至今年七月二十八日病亡于金陵作二诗哭之》)

最伤心不过的是他看到爱妾朝云的痛苦：

我泪犹可拭，日远当日忘。
母哭不可闻，欲与汝俱亡。
故衣尚悬架，涨乳已流床。
感此欲忘生，一卧终日僵。(《去岁九月二十七日在黄州生子名遯小名乾儿颀然颖异至今年七月二十八日病亡于金陵作二诗哭之》)

苏东坡与张怀民

张怀民，字梦得，又字偓佺，河北恩州清河人。因反对新法，于元丰六年（1083）被贬谪到黄州为主簿会计，也是一名只有闲职的官员，被安排在距离南堂不远的承天寺里居住。

初到黄州的张怀民，首先拜访了自己仰慕已久的苏东坡。苏东坡感叹张怀民胸怀坦荡、宠辱不惊，遂引为知音，经常一起饮酒赋诗，游览观胜。

是年十月，正准备解衣睡觉的苏东坡，突然被斜照入室的月光打动，睡意全无，准备出门赏月。他欣然出堂，仰望明月。月亮即将圆满，如一块硕大的玉玦。天空深蓝如海，星斗稀疏点点，如水的月色洒满大地山川。如此美好的月色，无人共赏，着实可惜。于是，苏东坡信步来到了离这里不远的承天寺，想与张怀民一起共赏美景。这时的张怀民好像心有灵犀，正在院内踟蹰，时而抬头望月，时而门外望风，好像在等什么人。一见苏东坡，两人拍手大笑，兴奋不已。

此时的寺内中庭，就像一泓澄澈明亮的积水潭，里面藻荇交横，仔细再看，才分辨出乃是竹柏之月影。

回到室内，苏东坡按捺不住自己兴奋的心情，写下了著名的笔记小品《记承天寺夜游》。

元丰六年十月十二日夜，解衣欲睡，月色入户，欣然起行。念无与为乐者，遂至承天寺寻张怀民。怀民亦未寝，相与步于中庭。庭下如积水空明，水中藻荇交横，盖竹柏影也。何夜无月？何处无竹柏？但少闲人如吾两人者耳。

张怀民虽为贬官，但心胸坦然，绝不挂碍于迁谪之事，每天都按照规矩，认真完成自己分内的工作。公务之暇，以山水怡情悦性，虽身处逆境，却无一点悲戚之容，是一位清高超逸之人。同是天涯沦落人，与苏东坡的相遇，使他更加的清爽自在，乐观旷达。这篇简洁明快的小品，透露出苏东坡身居困境，却能随缘自适、自我排遣的特殊心境。

不久，张怀民搬出承天寺，在长江边上建起了新家。并在其庐之西侧，建造了一座亭子，以便与苏东坡等好友观览江流之胜。亭子建成之后，张怀民请苏东坡为亭子命名。苏东坡登亭四望，感慨万千。只见足下江水奔流、舟楫往来，身后青山葱翠、猿鸟乱啼，旁边稻田果蔬、田园风光，如此美好的山川田园，耸立一亭子，亭中诗酒人生，岂不快哉？

于是苏东坡挥笔写下《水调歌头》一首：

落日绣帘卷，亭下水连空。知君为我，新作窗户湿青红。长记平山堂上，欹枕江南烟雨，杳杳没孤鸿。认得醉翁语，山色有无中。　一千顷，都镜净，倒碧峰。忽然浪起，掀舞一叶白头翁。堪笑兰台公子，未解庄生天籁，刚道有雌雄。一点浩然气，千里快哉风。

最后，“一点浩然气，千里快哉风”，这气，这风，大气磅礴！将两个落魄之人的胸襟衬托得更加超然，更加宽阔。

远在筠州任酒监的弟弟苏辙，为凑热闹，写下了千古名篇《黄州快哉亭记》：

江出西陵，始得平地，其流奔放肆大。南合湘、沅，北合汉沔，其势益张。至于赤壁之下，波流浸灌，与海相若。清河张君梦得谪居齐安，即其庐之西南为亭，以览观江流之胜，而余兄子瞻名之曰“快哉”。

盖亭之所见，南北百里，东西一舍。涛澜汹涌，风云开阖。昼则舟楫出没于其前，夜则鱼龙悲啸于其下。变化倏忽，动心骇目，不可久视。今乃得玩之几席之上，举目而足。西望武昌诸山，冈陵起伏，草木行列，烟消日出。渔父樵夫之舍，皆可指数。此其所以为“快哉”者也。至于长洲之滨，故城之墟。曹孟德、孙仲谋之所睥睨，周瑜、陆逊之所骋骛。其流风遗迹，亦足以称快世俗。

文章紧扣“快哉”二字，雄放而雅致，纡徐而畅达，一气读来，酣畅淋漓，韵味无穷。快哉！快哉！

让张怀民永远也想不到的是，这一词一赋，让他这位名不见经传的小小主簿，也留下了心胸坦荡的千古美名。

依依黄州情

“黄州鼓角亦多情，送我南来不辞远。”（《过江夜行武昌山闻黄州鼓角》）到元丰七年（1084）正月，一转眼，苏东坡已在黄州度过了四个春秋。

此时的京都开封，皇宫上下张灯结彩，欢度春节的气氛十分浓厚。而宋神宗却心神不宁，怎么也高兴不起来。

回想变法后的这么多年，西北边患不断不说，朝廷内改革派（新党）与保守派（旧党）的斗争一直没有停歇，虽然最终新党胜利，新法也得以顺利实施，但许多深受人们追捧的旧党人物却远离了朝堂。新党中自从王安石告老还乡之后，留在身边的大臣多像王珪一样的庸碌无为。他们有的唯唯诺诺，有的阳奉阴违，有的妒贤嫉能，多是才华平庸之辈，只有曾巩才华横溢，直追苏东坡，却于去年早逝。

旧党的代表司马光，虽闲居洛阳，闭门著书立说，但仍有人去诋毁他。苏东坡虽远在黄州，但京城内外却都在诵读他的诗文。就连自己也十分爱读苏东坡的诗文、欣赏他的才华，但自己屡次欲起用他的想法都被身边大臣劝阻。

他知道，这次党争，已经形成了一道巨大的裂痕。这是他全力支持新法而留下的裂痕，这裂痕会随着时间而欲加开裂，最终将危及朝廷。是到了该弥补这道裂痕的时候了。

当年打压旧党、杀鸡骇猴，从苏东坡开始，那么弥补这条裂痕也还从苏东坡开始吧。

元丰七年（1084）正月，宋神宗没有和大臣们商量，亲出手札："苏轼黜居思咎，阅岁滋深，人材实难，不忍终弃。"（《宋史·苏轼传》）量移苏东坡为汝州团练副使，本州安置，不得签书公事。

汝州，比黄州距离开封要近得多，说明苏东坡的政治状况已经有所好转，并不意味着苏东坡的前程会有大的改变。但就是这样，也足以令苏东坡及其亲朋和喜爱者欢呼雀跃了。

神宗皇帝的手札发出后，直到三月才传达到黄州。苏东坡接到诏命，顿时热血沸腾，激动万分，立即起草谢表："稍从内迁，示不终弃。罪已甘于万死，恩实出于再生。祗服训辞，惟知感涕。臣轼诚惶诚恐，顿首顿首！"（《谢量移汝州表》）

苏东坡内迁的消息，立即传遍了整个黄州。这一天，黄州与苏东坡熟悉的父老乡亲，拿出社日祭祀的好酒，杀猪宰羊，在雪堂上摆宴席为苏东坡饯行。

> 归去来兮，吾归何处？万里家在岷峨。百年强半，来日苦无多。坐见黄州再闰，儿童尽楚语吴歌。山中友，鸡豚社酒，相劝老东坡。　云何，当此去，人生底事，来往如梭。待闲看，秋风洛水清波。好在堂前细柳，应念我，莫剪柔柯。仍传语，江南父老，时与晒渔蓑。（《满庭芳·归去来兮》）

是啊，来黄州整整四年了，其间经历了两个闰年。眼见着孩子已经忘记了乡音，学会了黄州方言，会唱了吴楚歌谣，自己一家已经是黄州人了，但"此身非我有”，自己不能掌握自己的命运，虽然快五十岁的人了，但还要像梭子一样的来往奔走，等自己到汝州的时候，洛水一带已经秋风瑟瑟了。自己走后，雪堂前的柳树承蒙大家呵护修剪，见树如见人，还请你们带信给江南武昌樊口的朋友们，别忘了经常晾晒渔具和蓑衣呀。该词言语朴实无华，情真意切，既写出了自己宦途无定的苦涩与艰难，又表达了自己与黄州父老真实纯朴的感情。

经过四年多的经营，雪堂、南堂终于有家的模样了，周围的朋友也很多，黄州的生活也不再孤单，但此时却又要“来往如梭”。苏东坡有些恋恋不舍，却也无可奈何。

“归去来兮，吾归何处？”临走的时候，苏东坡将自己心爱的雪堂交付给了潘大临兄弟居住，并托其叔父潘彦明照管东坡田地。

苏东坡知道潘大临有才华，能诗书，且为人潇洒，风流倜傥，况且，明年又有“三年一科”的进士考试，认为潘大临必然前途无量，故作《蝶恋花》给予鼓励：

别酒劝君君一醉。清润潘郎，又是何郎婿。记取钗头新利市。莫将分付东邻子。　回首长安佳丽地。三十年前，我是风流帅。为向青楼寻旧事。花枝缺处余名字。

该词几乎句句用典，妙合无间，可谓词中典范，彰显出苏东坡的博学多识。

第二天就要起程了，四月初的这天晚上，南堂里挤满了前来送别的人们，直到拂晓，依然难舍难分，苏东坡与他们一一话别，热泪盈眶。夜深人静，苏东坡望着乡亲们一一离去的背影，一吟双泪流：

病疮老马不任鞿，犹向君王得敝帷。
桑下岂无三宿恋，樽前聊与一身归。
长腰尚载撑肠米，阔领先裁盖瘿衣。
投老江湖终不失，来时莫遣故人非。(《别黄州》)

当苏轼再来黄州的时候，相信黄州父老不会责怪自己当年的离别。

第二天，苏东坡与黄州父老依依惜别，登船离开了黄州，船行不久，黄州城的鼓角之声隐隐传来。回望黄州，苏东坡不禁潸然泪下。

清风弄水月衔山，幽人夜度吴王岘。
黄州鼓角亦多情，送我南来不辞远。
江南又闻出塞曲，半杂江声作悲健。
谁言万方声一概，鼍愤龙愁为余变。
我记江边枯柳树，未死相逢真识面。
他年一叶泝江来，还吹此曲相迎饯。(《过江夜行武昌山闻黄州鼓角》)

投老江湖终不失

——从黄州到常州

“投老江湖终不失，来时莫遣故人非。”(《别黄州》) 从黄州到汝州，同样是团练副使，同样不得签书公事，但本质上却有一定的变化。前者是贬谪，后者却是赋闲，并且距离京都开封很近，随时都有重新入朝的可能。因此，苏东坡并没有急着赶往汝州“待闲看，秋风洛水清波”(《满庭芳·归去来兮》)，而是选择水路，顺江东行，先去筠州看望受他牵连仍在贬谪之中的弟弟苏辙，再由长江入运河，转淮河去汝州。

顺江而下，回望渐行渐远的黄州小城，苏东坡不禁悲从中来。谪民黄州，可以说是他人生的最低谷了，未来家在哪里，苏东坡眼前一片迷茫。

筠州省弟

元丰七年（1084）四月中旬，船至九江。苏东坡匆匆登岸，改骑一匹骡子，日行百里，经过庐山，直奔筠州。

路过建昌县，正好遇见侄女婿，也就是那位在黄州被苏东坡用菩萨泉水送行的王适。苏东坡非常兴奋，立即修书一封寄给在筠州的苏辙：“已次奉新，旦夕可相见。”(洪惠《冷斋夜话》) 并作诗一首：

露宿风餐六百里，明朝饮马南江水。
未见丰盈犀角儿，先逢玉雪王郎子。
对床欲作连夜语，念汝还须戴星起。
夜来梦见小於菟，犹是髡髦垂两耳。

忆过济南春未动，三子出迎残雪里。
我时移守古河东，酒肉淋漓浑舍喜。
而今憔悴一羸马，逆旅担夫相汝尔。
出城见我定惊嗟，身健穷愁不须耻。
我为乃翁留十日，掣电一欢何足恃。
惟当火急作新诗，一醉两翁胜酒美。(《将至筠先寄迟适远三犹子》)

虽然分别了很长时间，但往事如昨，历历在目。苏东坡想见到弟弟及家人的心情十分迫切，夜雨对床的渴望，使他起早贪黑，日夜兼程。

元丰七年（1084）四月底，苏东坡到达筠州。筠州，以地产筠篁得名。

在高安城旁边的锦河金沙渡口，苏东坡与前来迎接的弟弟苏辙紧紧相拥，泪流满面，引得城里的人们驻足观看。从此，金沙渡口改名为“来苏渡”。

“公来十日坐东轩，手自披云出朝日。”（苏辙《次韵子瞻留别三首》其一）苏东坡被安置在州亭事堂旁边一个名叫“东轩”的园子里。东轩之内“种杉二本，竹百个”（苏辙《东轩记》），环境优雅，兄弟二人朝夕相处整整十天。“平生手足亲，但作十日语。朝游隔提携，夜卧困烝煮。未歌《棠棣》诗，已治刍灵祖。”（苏辙《次韵子瞻端午日与迟适远三子出游》）

临别的时候，弟弟苏辙苦言相劝苏东坡，今后说话一定要注意场合，千万不能再祸从口出，被人抓住小辫子。“十日留公谈，欲作白莲会。匏瓜一遭系，卖酒长不在。夜归步江滑，明月照清濑。心开忽自得，语异竟非背。”（苏辙《次韵子瞻行至奉新见寄》）

苏东坡非常明白弟弟的意思，感叹道：自己“上可陪玉皇大帝，下可陪卑田院乞儿”，“吾眼前见天下无一个不好人”，“此乃一病”。（贾似道《悦生随抄》）

是啊，一个真性情、有才情、豁达无私的人，很难提防小人刻意的攻击。为什么？性格使然。

苏东坡在筠州十日，于五月九日离开，循原路去了奉新。临别时，他也留诗一首，劝慰弟弟不要太过悲观，要多读书，坚持自我。

知君念我欲别难，我今此别非他日。

风里杨花虽未定，雨中荷叶终不湿。

三年磨我费百书，一见何止得双璧。

愿君亦莫叹留滞，六十小劫风雨疾。(《别子由三首兼别迟》其一)

畅游庐山

“不识庐山真面目，只缘身在此山中。”(《题西林壁》)庐山，又名匡山、匡庐，以雄、奇、险、秀闻名于世，素有“匡庐奇秀甲天下”之誉。

苏东坡游庐山的消息传开后，山上的游人顿时多了起来，庐山各大禅院寺庙里的僧人都争相陪同，前呼后拥，以目睹他的风采，领略他的文采。

苏东坡平常与和尚、道士交往甚密，如此场面，让久遭贬谪之苦的他着实有些意外，不禁随口而占：“芒鞋青竹杖，自挂百钱游。可怪深山里，人人识故侯。”(《初入庐山三首》其三)

颇有点自鸣得意的他，但一想起弟弟要他慎言的忠告，不禁又口占一首：“青山若无素，偃蹇不相亲。要识庐山面，他年是故人。”“自昔怀清赏，神游杳霭间。如今不是梦，真个在庐山。”(《初入庐山三首》其一、其二)早就想游览庐山了，经常梦里神游，今天终于来到这里了。苏轼和庐山第一次见面，很陌生，要想真正地了解庐山，今后还得再来。

关于庐山的诗有很多，但当时最出名的却是唐朝诗人李白的《望庐山瀑布》：“日照香炉生紫烟，遥看瀑布挂前川。飞流直下三千尺，疑是银河落九天。”

但中唐诗人徐凝也写了一首《庐山瀑布》，有意与诗仙李白一决高下：“虚空落泉千仞直，雷奔入江不暂息。今古长如白练飞，一条界破青山色。”

很形象，也很生动，但与李白的诗相比，却少了一些韵味。苏东坡与先贤们同望一条瀑布，对比二者的品位，不禁对徐凝的诗有些鄙薄，甚至有些调侃：“帝遣银河一派垂，古来唯有谪仙词。飞流溅沫知多少，不与徐凝洗恶诗。”(《记游庐山》)

好一张犀利、尖刻的嘴，把先贤徐凝还算不错的诗文，一下子载入了“恶诗”的名册。

在前面，苏东坡说：“要识庐山面，他年是故人。”他把对庐山的认识，交给了时间，需要用多次的相逢来认识庐山。但人生苦短，再来庐山不知何年何月，这庐山的真实面目，“耳得之而为声，目遇之而成色，取之无禁，用之不竭”。李白来了有李白的认识，徐凝来了有徐凝的认识，自己来了也只是局部的认识。为什么？苏东坡再仔细地感悟：人生苦短，限制了我们对事物的全面认知，而空间的变化，也同样能丰富我们对事物的认知。既然这样，又何必去夸赞李白而嘲笑徐凝呢？

这时候，陷入沉思的苏东坡忘记前呼后拥的队伍，不觉走到了庐山西林寺。西林寺鸟语花香，红鱼青磐，绿瓦白墙。洁白的墙壁上好像缺些什么。于是他沉吟片刻，拿起饱蘸浓墨的大笔，在墙上题写了这首堪与李白比高下的《题西林壁》：“横看成岭侧成峰，远近高低各不同。不识庐山真面目，只缘身在此山中。”简单易懂，哲理深刻：跳出庐山看庐山，才能真正看清庐山。大自然之美无处不在，不必时间的积累，无需空间的腾挪，只要融入大自然，归化大自然，做它的一山一石、一草一木、一花一鸟，人生才能彻底得到解放。当局者迷，旁观者清。只有超然物外，才能真正看清楚事情的本质。

庐山，因景而兴，又因文而盛。苏东坡的《题西林壁》，无疑更增加了其文化韵味和艺术风姿。

湖口送子

苏东坡在筠州与苏辙相聚期间，得到了长子苏迈将赴德兴任县尉的喜讯。游罢庐山，苏东坡亲送苏迈至湖口。

湖口，因鄱阳湖入长江而得名，在庐山脚下是江西水上北大门，长江中下游的分界点，素有“江湖锁钥、水陆通津”的美誉。湖口旁边有座山，海拔不足百米，因山石多隙，水石相搏，击出如钟鸣之声而得名石钟山。到达湖口之后，苏东坡携长子苏迈共同游览了石钟山。在这里，他秉承了对“庐山真面目”认识的思辨，冒着危险与苏迈驾船到绝壁下进行考察，围绕“石钟山”名字的由来，撰写了著名的哲理性游记《石钟山记》：

《水经》云："彭蠡之口有石钟山焉。"郦元以为下临深潭，微风鼓浪，水石相搏，声如洪钟。是说也，人常疑之。今以钟磬置水中，虽大风浪不能鸣也，而况石乎！至唐李渤始访其遗踪，得双石于潭上，扣而聆之，南声函胡，北音清越，桴止响腾，余韵徐歇。自以为得之矣。然是说也，余尤疑之。石之铿然有声者，所在皆是也，而此独以钟名，何哉？

元丰七年六月丁丑，余自齐安舟行适临汝，而长子迈将赴饶之德兴尉，送之至湖口，因得观所谓石钟者。寺僧使小童持斧，于乱石间择其一二扣之，硿硿焉。余固笑而不信也。至暮夜月明，独与迈乘小舟，至绝壁下。大石侧立千尺，如猛兽奇鬼，森然欲搏人；而山上栖鹘，闻人声亦惊起，磔磔云霄间；又有若老人咳且笑于山谷中者，或曰此鹳鹤也。余方心动欲还，而大声发于水上，噌吰如钟鼓不绝。舟人大恐。徐而察之，则山下皆石穴罅，不知其浅深，微波入焉，涵澹澎湃而为此也。舟回至两山间，将入港口，有大石当中流，可坐百人，空中而多窍，与风水相吞吐，有窾坎镗鞳之声，与向之噌吰者相应，如乐作焉。因笑谓迈曰："汝识之乎？噌吰者，周景王之无射也；窾坎镗鞳者，魏庄子之歌钟也。古之人不余欺也！"

事不目见耳闻，而臆断其有无，可乎？郦元之所见闻，殆与余同，而言之不详；士大夫终不肯以小舟夜泊绝壁之下，故莫能知；而渔工水师虽知而不能言。此世所以不传也。而陋者乃以斧斤考击而求之，自以为得其实。余是以记之，盖叹郦元之简，而笑李渤之陋也。

在第一部分中，苏东坡提出了石钟山名字由来的两种说法；第二部分则叙述了自己对石钟山的实地考察，得以探其名字的真正由来；最后通过自己的亲身实践，得出了不能"事不目见耳闻，而臆断其有无"的结论。他强调要正确判断一些事情的是非，必须深入实际，亲自认真调查研究，把握事物本质内涵，而不能一知半解，人云亦云，使自己陷入迷乱。

《石钟山记》构思独特，行文曲折，语言灵动优美，堪称散文之典范。郑之惠《苏长公合作》指出："平摘直叙，却自波折可喜，此是性灵上带来丈字，今古所希……苏长公字字挟飞鸣之势。"

在与苏迈分别之际，苏东坡将一方精致的石砚送给苏迈，并在砚底赋诗一首《迈砚铭》："以此进道常若渴，以此求进常若惊。以此治财常思予，以此书狱常思生。"他真心希望儿子在为官之路上，每当动笔的时候，要想起自己对他的嘱托：学习古圣贤之道要如饥似渴；求取自我进步要战战兢兢，常思己过；为官要多为民谋利；判决民间诉讼要多虑民生。言之恳恳，意之切切。后来的苏迈，谨记苏东坡的教训，每次动笔，必先问砚，因此他公而为民，两袖清风，政绩显著，受到当地百姓的拥戴。他走后，老百姓还自建"苏堂"，以示纪念。苏东坡十分欣慰，给朋友写信说："长子迈作吏，颇有父风"(《答陈季常二十首》其十六)。

金陵王苏会

"江南佳丽地，金陵帝王州。"(谢朓《入朝曲》)金陵，南京的古称。其名源于楚威王熊商于石头城筑金陵邑，是中国四大名都之一。

元丰七年(1084)，苏东坡从湖口顺江而东，经池州，过湖州，暂停当涂小憩后，最终抵达金陵。

"柱上题名客姓苏，江山清绝冠吴都。"(曾极《赏心亭》)在这里，他将见到一位他反对过、憎恨过、感激过又试图去理解过的人物——王安石。想当年在朝期间，年轻的苏东坡坚决地站在变法的对立面，反对王安石，这其中是否夹杂有个人的恩怨，恐怕连他自己也说不明白。这种反对随着王安石屡次阻止苏轼的任用而愈演愈烈，最终变成了憎恨。

然而，就在其因"乌台诗案"即将遭遇杀身之祸的时候，王安石却对宋神宗大声疾呼："安有盛世而杀才士者乎？"使得苏东坡免遭死难。

在近五年的贬谪日子里，苏东坡曾无数次地反思自己与王安石之间的恩怨。特别是在庐山游览期间，他感到这莽莽苍苍的庐山，就像纷乱复杂的北宋朝廷，从不同的角度，就有不同的视野和景致，而对王荆公的理解，恐怕也要“跳出庐山看庐山”了。

王安石何尝不是一位“致君尧舜”的英雄，他也看到了北宋江山的危机，变法正是他拯救大宋江山的韬略。因此，他“不畏浮云遮望眼”（王安石《登飞来峰》），甘冒乱箭矢石，坚决打击一切阻碍变法的人和行为。但事与愿违，由于“求治太急”“进人太锐”，使一些小人乘机混入变法队伍，使新法在执行中不断走形变味，损害了百姓利益，从而失去了改革的初衷。最后甚至祸起萧墙，新党内部也开始了相互的权力争夺。特别是王安石的学生吕惠卿，带头弹劾王安石，就像一把利剑戳中了王安石的心窝，使得朝堂之上的朋党之争变得更加复杂。再加上王安石老年丧子，这位壁立千仞、意气风发的改革英雄，一下子变成了一位“骑驴病叟”。

其实，对于王安石来说，不能把才华横溢的苏东坡当成自己的改革先锋，也是一种遗憾。当年苏东坡哪怕向自己靠拢一点点，他也不至于一再反对皇帝对其的任用。毕竟，不能为自己所用，也绝不能把他培养成自己最大的绊脚石。因此，一脚把苏东坡踢出朝廷去外任，是一件不得已的事情。

但王安石对苏东坡的才华非常赏识，每当看到苏东坡写的文章，他都会认真阅读，且赞赏有加，他甚至恨自己的门生为何没有苏东坡一样的才华。因此，“乌台诗案”的时候，告老还乡的他几乎怒不可遏，为其鸣不平。

苏东坡在黄州期间，写过两句诗：“冻合玉楼寒起粟，光摇银海眼生花”（《雪后书北台壁二首》其二）。这首诗传到王安石那里后，他的门生都不理解诗句的意思，就问王安石。王安石浅浅一笑道：苏子瞻深谙道学，道家把双肩叫作“玉楼”，把双目比作“银海”。门生们这才豁然开朗。王安石曾经向别人叹息说：“不知更几百年，方有如此人物。”（蔡绦《西清诗话》）

王安石自熙宁九年（1076）被罢相后，一直闲居在金陵，已经将近八年了。听说苏东坡要经过金陵，他十分兴奋，便早早来到江边渡口迎候。

元丰七年（1084）六月的最后一天，苏东坡一家人舟行至金陵岸边，远远见一位布衣老人，蓑衣草帽，骑一头驴子，迎候在码头。那就是王安石，昔日的刚直霸气没有了，变成了一个慈眉善目又略显病态的体弱老人。

苏东坡慌忙下船，不冠而揖："轼今日敢以野服见大丞相。"王安石哈哈大笑："礼岂为我辈设哉？"（朱弁《曲洧旧闻》）王安石话中有话，朝堂之上，有上下级的关系，而在民间，在才华上，我们不分伯仲，没有人能与你我试比高下，咱们之间可不能分彼此呀！

当时，苏东坡的儿子刚刚夭折，王朝云伤心过度，一病不起。王安石热情地将他们一家接到自己家中居住月余。在此期间，他们同游蒋山、秦淮河，饮酒赋诗，唱和题字，盛赞金陵千古之美，题写"江山之胜，倾想平生"。据说，王安石还把神宗皇帝赐给自己治疗偏头痛的秘方传给苏东坡，治好了朝云的头痛病。最后，他们"剧谈累日不厌，至约卜邻以老"（陆游《跋东坡谏疏草》），达到了依依不舍的程度。"骑驴渺渺入荒陂，想见先生未病时。劝我试求三亩宅，从公已觉十年迟。"（《次荆公韵四绝》其三）

至此，两位才华横溢的文化巨人，两个曾经水火不容的政敌消弭误解，握手言和，共同撑起北宋文化史上的高峰。

常州置田产

"买田阳羡吾将老，从来只为溪山好。"（《菩萨蛮·买田阳羡吾将老》）按照回汝州的路线，苏东坡离开金陵后，本应经扬州北去，然而他却经真州、京口南行去往常州。

常州是一座有三千多年历史的古老城市，有过延陵、毗陵、武进等名称，隋文帝开皇九年（589），始有常州之称。它西依莽山，北襟长江，东濒太湖，京杭大运河穿境而过，江河相通，是典型的江南水乡。

苏东坡此去常州，是为了一个二十多年前的"鸡黍之约"。话说宋仁宗嘉祐二年（1057），苏东坡以第二名的身份进士及第，在一次同年的琼林宴上，他认识了同样进士及第的常州府宜兴人蒋颖叔、单锡以及武进县的胡宗夫。从他们的口中，苏东坡了解了常州河湖纵横，山川秀美，生活富足，是人间的世外桃源，非常向往，酒酣耳热之际，定下了卜居常州宜兴的"鸡黍之约"。然而，毕竟少年意气，自己还没有施展抱负，虽然有约，但苏东坡并没有认真。

月明惊鹊未安枝，一棹飘然影自随。
江上秋风无限浪，枕中春梦不多时。
琼林花草闻前语，罨画溪山指后期。
岂敢便为鸡黍约，玉堂金殿要论思。(《次韵蒋颍叔》)

后来，苏东坡在任杭州通判期间，又先后结识了常州的钱公辅、蒋公裕等朋友，并实地领略过常州的湖光山色，感受到常州地肥水美，这使他卜居常州的意愿更强烈了。

多年的官场凶险和五年的贬谪生活，使他归隐田园、躬耕自足的愿望日益强烈。特别是在金陵与王安石的相聚，让他看到了一位位高权重的宰相，如何归隐山野，变成一个默默无闻的“骑驴病叟”。权力也罢，富贵也罢，都是过眼云烟。“老境所迫，归计茫然，故所至求田问舍。”(《与滕达道七十二首》其三十四）因此，苏东坡决定去践“鸡黍之约”，到常州宜兴置田产。他把置买田产的事，委托给了常州好友蒋公裕。

经过蒋公裕的努力，苏东坡在宜兴黄土村买得一个小庄子，“仅田数百亩，屋数楹也”(韩元吉《苏岘墓志铭》)，“岁可得百余硕，似可足食。”“田在深山中，去市七十里，但便于亲情蒋君勾当尔”(《与王定国四十九首》其十六)。之后，他兴奋地将这件事情告诉了自己的学生秦观：

买田阳羡吾将老，从来只为溪山好。来往一虚舟，聊随物外游。　有书仍懒著，水调歌归去。筋力不辞诗，要须风雨时。(《菩萨蛮·买田阳羡吾将老》)

三过平山堂下

常州买下田产，苏东坡一身轻松，但朝廷的迁居命也不可怠慢。于是他匆匆登船北上，最终到达扬州。

扬州，古称广陵、江都、维扬、吴州等，隋开皇九年（589）改为扬州，位于长江北岸，江淮平原的南端，京杭大运河穿城而过。

来到扬州，就不能不来平山堂。因为这是自己的恩师欧阳修宋仁宗庆历八年（1048）在此任知府时所建。平山堂，位于扬州市西北郊蜀冈。坐此堂上，江南诸山，历历在目，似与堂平，平山堂因而得名。后来，与欧阳修过从甚密的刘敞被任命扬州知州，当时已任翰林学士的欧阳修为其饯行，写下了一首词《朝中措·送刘仲原甫出守维扬》：

平山阑槛倚晴空，山色有无中。手种堂前垂柳，别来几度春风。　文章太守，挥毫万字，一饮千钟。行乐直须年少，尊前看取衰翁。

苏东坡这是第三次经过这里，第一次是到杭州任通判时，第二次是出守密州时。这次距与恩师欧阳修最后一次见面已有十年，距离他逝世也已经八年。重游故地，抚今追昔，墙上文字笔走龙蛇，恩师音容历历在目，恩师教诲脑海萦绕，苏东坡不禁万千感慨，一首《西江月》脱口而出：

三过平山堂下，半生弹指声中。十年不见老仙翁。壁上龙蛇飞动。　欲吊文章太守，仍歌杨柳春风。休言万事转头空。未转头时皆梦。

欧公仙逝了，一切皆空，而活在世上的人，又何尝不是在梦中。人生如梦，万事皆空，落寞之感，跃然纸上。

前路漫漫，祸福未卜，汝州无家无业，而常州尚有田产。这时的苏东坡真的不想再去汝州复命了。他什么都不想要了，只想有一个自己的家。于是，连夜给神宗皇帝上表，请求允许他安居常州。

但以禄廪久空，衣食不继。累重道远，不免舟行。自离黄州，风涛惊恐，举家重病，一子丧亡。今虽已至泗州，而赀用罄竭，去汝尚远，难于陆行。无屋可居，无田可食，二十余口，不知所归，饥寒之忧，近在朝夕。与其强颜忍耻，干求于众人；不若归命投诚，控告于君父。臣有薄田在常州宜兴县，粗给饘粥，欲望圣慈，许于常州居住。(《乞常州居住表》)

言之恳切，让人泪目。苏东坡想委托扬州知府帮忙奏报皇上，但扬州知府却以苏东坡为贬官，不合规制拒绝了。

泗州除夕夜

于是，苏东坡继续北上，随后到达泗州。而此时淮水浅枯，且有冰冻，不能行船，苏东坡一家人只能暂留泗州城中。天寒地冻，一家人寓居在破陋的官舍，苏东坡对家的渴望愈加强烈，于是他专门派人把自己的《乞常州居住表》送往朝廷。

在百无聊赖的等待中，泗州名士刘倩叔前来拜访，并邀请苏东坡到泗州南山游玩。当日斜风细雨，寒意瑟瑟，但淡淡的烟雾和初青的杨柳使得汴河的沙滩非常的妩媚，特别是清香的绿茶和美味的野菜，让苏东坡感受到真正的人间滋味还是清淡的欢愉。

细雨斜风作晓寒，淡烟疏柳媚晴滩。入淮清洛渐漫漫。　雪沫乳花浮午盏，蓼茸蒿笋试春盘。人间有味是清欢。(《浣溪沙·细雨斜风作晓寒》)

除夕之夜，苏东坡依杖立于淮水之畔，逆水而望京都开封，浮想神宗皇帝是否收到自己的奏折。这时，自己的亲家黄寔正好路过这里，远远看见苏东坡依杖茕茕孑立的孤单身影，心里十分酸楚。

除夜泊汴口，见苏子瞻植杖立对岸，若有所俟。归舟中以扬州厨酿二

尊、雍酥一奁遗之。（涵芬楼本《说郛》）

黄寔的赠予无疑是雪中送炭，给苏家这个冷落的除夕，增添了十分喜庆。苏东坡连忙把这些交给妻子王闰之，并吟诗二首：

其一

暮雪纷纷投碎米，春流咽咽走黄沙。

旧游似梦徒能说，逐客如僧岂有家。

冷砚欲书先自冻，孤灯何事独成花。

使君半夜分酥酒，惊起妻孥一笑哗。

其二

关右土酥黄似酒，扬州云液却如酥。

欲从元放觅拄杖，忽有曲生来坐隅。

对雪不堪令饱暖，隔船应已厌歌呼。

明朝积玉深三尺，高枕床头尚一壶。（《泗州除夜雪中黄师是送酥酒二首》）

一直在犹豫是否起用苏东坡的宋神宗，亲自下诏，将他移任汝州。苏东坡一路北行，在泗州上表朝廷，称因旅途劳顿全家病倒，又因缺少资金难以前去汝州，他向朝廷申请在常州定居。不久，圣旨下来，自己乞居常州的请求得到批准。

经过大半年的颠沛流离，苏东坡终于成了一个可以回常州居住的闲人。苏东坡如愿以偿，喜极而泣，复作一篇《满庭芳》：

归去来兮，清溪无底，上有千仞嵯峨。画楼东畔，天远夕阳多。老去君恩未报，空回首、弹铗悲歌。船头转，长风万里，归马驻平坡。　　无何。何处有，银潢尽处，天女停梭。问何事人间，久戏风波。顾谓同来稚子，应烂汝、腰下长柯。青衫破，群仙笑我，千缕挂烟蓑。

否极泰来

其实，苏东坡从黄州迁居汝州，到常州买田，再到被批准常州居住，他的命运已经慢慢开始向好的方面转变。就在他以“闲人”身份逗留南都期间，北宋朝廷政局发生了巨大的变化。

元丰八年（1085）三月，宋神宗病逝。年仅十岁的太子赵煦继位为皇帝，即为宋哲宗。宋神宗是位励精图治的皇帝，为了改变宋朝积贫积弱的局面，他对内支持王安石变法，对外加强对西夏的防御。但自王安石被罢相后，宋神宗缺乏掌握局面的宰相，只能大权独揽，以至于心力交瘁，英年早逝。但长期独揽大权的恶果就是一旦皇帝逝去，新皇帝尚幼，不能亲自理政，就难免政归后宫。果然，神宗皇帝的母亲高氏，以皇帝太小为由，以太皇太后的身份垂帘听政。

高太后对王安石的变法一直是持反对态度的，她一直同情以司马光为首的旧党，并且十分欣赏苏东坡的才华。她的当政，无疑为以司马光为首的旧党以及苏东坡的政治命运带来了转机。

不久，太皇太后高氏免去了宋神宗留下的顾命宰相职务，任命司马光为宰相。随着司马光的东山再起，过去被变法所排挤的旧党人物纷纷联袂而出。苏轼、苏辙兄弟同时出现在了司马光给太皇太后提供的起用名单之中。

而此时的苏东坡一家人，正奔波在回常州宜兴的路上。舟行至扬州，距离宜兴越来越近了。苏东坡的心情格外舒畅，他登上扬州竹西寺后的山冈，喝着山泉水，欣赏着满城的杨柳春色，诗兴大发。

其一

十年归梦寄西风，此去真为田舍翁。

剩觅蜀冈新井水，要携乡味过江东。

其三

此生已觉都无事，今岁仍逢大有年。

山寺归来闻好语，野花啼鸟亦欣然。（《归宜兴留题竹西寺三首》）

如此的心花怒放，甚至有些得意忘形，显然与皇帝全国大丧的氛围有些格格不入。这首诗又为他日后的困厄埋下了伏笔。

莫嫌五日匆匆守

——登州任职

“莫嫌五日匆匆守，归去先传乐职诗。”(《留别登州举人》) 元丰八年（1085）六月，刚刚到达常州宜兴的苏东坡接到了“复朝奉郎，起知登州军州事”的任命。

> 云水萦回溪上路。叠叠青山，环绕溪东注。月白沙汀翘宿鹭。更无一点尘来处。　溪叟相看私自语。底事区区，苦要为官去。尊酒不空田百亩。归来分得闲中趣。(《蝶恋花·述怀》)

叠叠青山，潺潺溪水，沙汀白鹭，稻田百亩，如此美好的归隐之所。刚准备归园田居，却又接到了登州知州的任命。苏东坡显得十分冷静，为仕途往来，自己已经七过长江了，此次知任登州，在他看来不过是海边送老罢了。“吾生七往来，送老海上城；逢人辄自哂，得鱼不忍烹。”(《次韵孙莘老斗野亭寄子由在邵伯堰》)

无作官即善

然而，苏东坡毕竟有一颗“致君尧舜”的初心，虽历经磨难，几乎雄心不再，归隐的欲望也日渐浓厚，但新的任命又重新唤醒了初心，他毅然携家带口，踏上了赴任登州的漫漫路途。

据说苏东坡行至泰州，夜宿当地天庆观，遇见一位名叫徐守信的奇人。徐守信，又名徐三翁，泰州海陵人。少年时生活穷困，衣食无着，在泰州城中天庆观出家。徐三翁每天都在观里扫地，只吃道士们吃剩的饭菜。后来，他积善成德，修成“神仙抱一之道”。他能占卜吉凶，预见未来，十分精准。当地人都称他徐神翁。苏东坡也请徐三翁为自己占卜未来。徐三翁说：“君无作官即善！”(苏辙《龙川略志》)苏东坡十分相信徐三翁的预测，但“常恨此身非我有，何时忘却营营”，感觉自己好像踏上了一条不归路，只能不断执着向前。

就在他赴登州的路途之中，弟弟苏辙也传来了好消息，他也被召回京，任秘书省校书郎。好朋友王巩、学生黄庭坚等也都被召进京。新的晋升，又加快了苏东坡赴任登州的步伐。

经泗上，过涟水，在密州短暂停留后，自密州赴登州，并在海上舟行数日，终于到达登州境内。

登州地处山东半岛，始建于唐朝,在文登置登州后移治蓬莱，辖蓬莱、黄县、文登、牟平。将至登州境内，忽见一群百姓迎在前面，说是欢迎新任太守。但说起的话题，却是前任太守马默的功业，并希望苏东坡能像马默一样为政爱民。“公为政爱民，得如马使君乎？”(《宋史·马默传》)

原来马默在出任登州太守时，登州沙门岛上被看押的犯人很多，但朝廷供给口粮的限额只有三百人。因此，每次增加人数，就把多出的囚犯扔进大海里淹死。马默知道后上奏朝廷，请求更改原来的《配岛法》，把常年无过错、表现良好的人移居登州，鼓励囚犯改过自新，重新做人。这样，不仅救活了很多沙门岛囚犯，也增加了当地的生产力，促进了当地经济发展。因此，马默深得民心，深受登州广大百姓的爱戴。

从登州百姓无限期待的眼神中，苏东坡感到了自己肩上的重任。经时济世的责任感，使他忘记了所有的痛苦经历，打消了归园田居的出世念头。他一到登州，就投入了繁忙的政务之中。

登州之政

其实从进入登州境内，苏东坡就着意访问体察民情。一路走来，他发现登州存在关系国计民生的两大问题。

一是老百姓也和当年杭州百姓一样，守着大海没盐吃。以前，海边灶户以煮盐为生，百姓吃盐均从灶户处买。而朝廷实行“榷盐法”后，进行食盐专卖。灶户的盐只能低价卖给官家，官家再以高价出售，导致许多灶户纷纷破产，而百姓因盐价太高吃不起盐，有的长期不吃盐，导致体弱患病，生产力下降，有的私下煮盐、贩盐，又被抓去坐牢，因而民愤极大。

一到登州，苏东坡即连夜上书朝廷《乞罢登州榷盐状》，陈言榷盐之弊端，主张废除食盐专卖，依旧由灶户卖盐给百姓，官府只收盐税。这样既能保护盐民的积极性，又方便百姓生活，减轻百姓负担。后来，朝廷诏准了苏东坡的奏章，登州百姓无不欢欣鼓舞。清代盐政碑记载：“苏文忠公莅任五日即上榷盐书，为民图休息。土人至今祀之，盖非以文章祀，实以治绩也。”

二是登州边防守备松弛，屯兵外调情况严重。登州海望番夷，北接辽国，地处国防前沿。海边常有倭寇袭扰，边境常有辽兵侵犯，而登州却“兵势分弱”。于是，苏东坡撰写了《登州召还议水军状》，报告给朝廷。建议整顿登州水军，加强海防，解除国家边患。从此，登州边防得以加强。

然而，到任仅仅五天的苏东坡，正踌躇满志准备大干一场的时候，朝廷一纸诏命飞来：“尔议论文章，卓然名世。而失职浸久，所学未伸，今兹命尔为郎，以待不次之选。”（王震《王震授苏轼礼部郎中诰》）苏东坡官升一级，被任命为礼部郎中，立即回京复命。

游蓬莱仙岛

五天，仅仅五天，苏东坡就看出了登州的问题，找到了施政的方向。也因为才五天，苏东坡还没来得及登一登蓬莱仙岛，看一看波澜壮阔的大东海，就要离开了。

郁郁苍梧海上山，蓬莱方丈有无间。
旧闻草木皆仙药，欲弃妻孥守市寰。
雅志未成空自叹，故人相对若为颜。

酒醒却忆儿童事，长恨双凫去莫攀。(《次韵陈海州书怀》)

临行前，苏东坡来到登州北三里海滨的蓬莱阁。蓬莱阁始建于嘉祐六年(1061)，虎踞丹涯，云拥浪托，极目远眺，烟波浩渺，白云仙岛，隐约可见，素有人间仙境之称。

每年的春天和夏天，海面上都会出现海市蜃楼的奇特景观，因此吸引了四面八方的游客。此时已经进入冬季，海市蜃楼还有可能出现吗？苏东坡心存侥幸地幻想着。

令人称奇的是，第二天，当苏东坡登上蓬莱阁的时候，海面上的海市蜃楼竟然出现了。惊喜之余，苏东坡挥笔而诗：

东方云海空复空，群仙出没空明中。
荡摇浮世生万象，岂有贝阙藏珠宫。
心知所见皆幻影，敢以耳目烦神功。
岁寒水冷天地闭，为我起蛰鞭鱼龙。
重楼翠阜出霜晓，异事惊倒百岁翁。
人间所得容力取，世外无物谁为雄。
率然有请不我拒，信我人厄非天穷。
潮阳太守南迁归，喜见石廪堆祝融。
自言正直动山鬼，岂知造物哀龙钟。
伸眉一笑岂易得，神之报汝亦已丰。
斜阳万里孤鸟没，但见碧海磨青铜。
新诗绮语亦安用，相与变灭随东风。

这首《登州海市》，诗文声势浩大，仙气荡漾，神秘而又浪漫，为蓬莱仙岛增添了无限的艺术魅力。后人将其碑刻于石，并建立苏公祠，以示纪念。清代诗人张弓有诗云：“赖有公来官五日，三山万古重蓬莱。”

作别登州西行，苏东坡步履匆匆地踏上了京都开封的路途。他知道，司马光的复出将是他政治前途的重大转折，而且这种转折已经随着旧党人士的不断复出接踵而来。此时，他也早已忘掉了泰州道士徐三翁“君无作官即善”的告诫了。

听到苏东坡要走的消息，登州的举子们相约为其送行，感叹他在登州的时间太短，希望苏东坡官居高位的时候莫忘记登州百姓。苏东坡依依不舍，以诗留别。

身世相忘久自知，此行闲看古黄腄。
自非北海孔文举，谁识东莱太史慈。
落笔已吞云梦客，抱琴欲访水仙师。
莫嫌五日匆匆守，归去先传乐职诗。（《留别登州举人》）

遥知朔漠多风雪

——六到开封

“忆观沧海过东莱，日照三山迤逦开。”(《再和二首》其二）元丰八年（1085）冬，苏东坡别登州，至莱州，出青州，过济南，经郓州，到南都，于十二月上旬到达京都开封，就任礼部郎中，掌管礼仪、祭祀、贡举等事。一千多里的路程，苏东坡只用了不到一个月的时间。可见他对入朝为官的渴望，远远超过了他对入朝为官的隐忧。

元祐更化

1086年，宋哲宗改年号为元祐元年。元祐元年一月，苏东坡升任为起居舍人，负责记载皇帝起居言行，是皇帝身边的秘书。起居舍人虽然与礼部郎中同为六品，其重要性却不可同日而语。苏东坡感到很欣慰的同时，又有些惴惴不安。他曾经上书请辞，但不仅没有辞去，反而又接连晋升。是年三月，他又升任为中书舍人兼知制诰，负责起草皇帝的诏命。不久，又升任为翰林学士、知制诰兼皇帝侍读，正三品，成为皇帝、太皇太后身边最亲近的顾问兼秘书官。

同时，被召还朝的弟弟苏辙担任御史台的右司谏，成了一个极具权威的谏官。兄弟二人同时成了朝中重臣。但苏轼兄弟毕竟曾是被神宗皇帝打击过的贬官，如此天翻地覆的变动，很可能引起旧党对神宗皇帝的怨恨。于是，高太后单独召见了苏东坡，问他知不知道自己为什么升迁这么快。苏东坡回答说是承蒙太皇太后的提拔，但高太后却说，这是先帝的意思。由于神宗皇帝十分欣赏他的才华，本想起用他来修宋史，却因大臣们的反对而未能实现。苏东坡不禁感激涕零，长久谢跪，表示自己一定要“激昂晚节、砥砺初心”(《谢翰林学士表二首》其一)。苏东坡已经忘却了所有恩怨、伤痛、隐忧和危机，一心要为北宋王朝大业鞠躬尽瘁了。

此时司马光大权独掌，权倾朝野，开始了轰轰烈烈的拨乱反正，恢复变法前的一切制度。苏辙以平均三天一篇的速度弹劾奏议，经他审定之后，再由苏轼的如椽大笔，起草文件发布执行。他们所反对的新法一项项被废除，他们所厌恶的新党臣僚一个个被罢免，北宋朝廷的政治局面被彻底改变，这就是历史上的“元祐更化”。但是，苏东坡终归是苏东坡，当官、做语言的枪手都不是他的真正目的，他已经完全超脱了个人恩怨和党派之争，“志常在民”、忠君报国才是他的孜孜追求。

新法运行了十多年，无论是新党人物还是旧党人物，大多认为改革有利也有弊。比如“青苗法”，就是一个“恶法”，本来是为了解民之急，提供贷款，让青黄不接的百姓领一笔青苗钱，收获后加二分利息还给官府。最后却被简易操作成了不领青苗钱，每年也要收二分利息，造成了“一领青苗，终身增一赋”的后果。而新法中的“免役法”却是一个“良法”，将原来按户轮流服差役，改为由官府雇人承担，不愿服差役的民户则按贫富等级缴纳一定数量的钱，称为免役钱。官僚地主也不例外。比过去的只有老百姓服役的差役法好很多，很受百姓的欢迎。但是，这种对新法的全盘否定，完全忽略了改革的利弊取舍，似乎更多地带着旧党对新党的复仇情绪。这就是苏东坡与司马光产生分歧的关键因素。

“司马牛”

苏东坡在变法时期虽然遭到变法派的排挤，甚至是诬陷打击，但对司马光等人全盘否定的行为并不苟同。他认为司马光“专欲变熙宁之法，不复校量利害，参用所长”(《辩试馆职策问札子二首》)，是不符合实际的。应该从实际出发，参用所长。他还将自己在密州践行免役法的好处告诉司马光，但司马光对苏东坡的意见并不以为然，依然我行我素，一意孤行。两人常常在朝廷上各抒己见，激烈争论，谁也说服不了谁。对此，苏东坡十分愤慨，回到家里后，捶胸顿足，大骂司马光："司马牛，司马牛！"

元祐二年（1087），西夏吐蕃侵扰边境，朝廷出兵，大获全胜。这时候，百官纷纷朝贺，并主张与边境签书和约，采取怀柔政策，以求边境安宁。其实，这种边境政策虽能换来一时和平，但时间久了必然养虎为患。苏东坡清醒地看到了这些，于是上书朝廷"为国不可以生事，亦不可以畏事"（《因擒鬼章论西羌夏人事宜札子》），坚决地反对议和。

但此举与当时高涨的主张议和声音明显不协调，更加招致了司马光执政集团的不满。正当苏东坡准备与司马光进行深度沟通交流，以达成妥协和谅解的时候，司马光因病去世。活人的观点可以改变，而死去的司马光却把苏东坡定格为两面派的典型。处于执政核心地位的司马光的门生故旧也都把苏东坡当成了自己的对立面，而心存戒心。

蜀洛党争

其实，由于苏轼兄弟的文学才华和苏轼的文坛领袖地位，再加上他们二人的不断升迁，在他们的周围逐渐形成了一个团体，这个团体就是被后人称为的"蜀党"。在司马光的门生故旧中，以理学家程颐为中心，以他的门生谏官朱光庭和贾易为骨干，也形成了一个团体，被后人称为"洛党"。从元祐元年（1086）末，蜀洛党争就已经在暗地里开始了。旧党的内部发生了彻底的分裂，新的党争又开始在朝廷上蔓延。

司马光死后，旧党群龙无主。同朝为官的苏东坡与程颐因政见不同，性格各异，关系日渐紧张。苏东坡性格爽朗，耿介洒脱，自由狂放；而程颐崇尚礼仪，讲究理学，处处循规蹈矩，近乎迂腐。苏东坡看不惯程颐的一本正经，程颐也憎恨苏东坡的无礼和张扬。于是，政见的不合又夹杂着个人的恩怨，蜀洛党争充满着阴险的倾轧和恶劣的攻击。

从元祐元年（1086）司马光去世后，"洛党"中的谏官贾易、朱光庭就开始把苏东坡视为眼中钉。

他们也和原来新党攻击苏东坡的方法一样，从其诗歌、词赋、文章入手，翻出一些词句来证明苏东坡对朝廷特别是神宗皇帝的不敬。

忠直耿介，口无遮拦，天马行空，这本是苏东坡言语文章的特点，也是其遭人攻击的抓手，因此苏东坡不得不上书自辩。这样，蜀洛党争在朝廷之上彻底明朗。双方朝臣各居左右，针锋相对。攻击苏东坡的“不止三人，交章累上，不啻数十”(《辩试馆职策问札子二首》)，而攻击程颐的也不乏其人。

程颐虽为司马光门人，身居崇政殿说书，但毕竟在才华和声望上不抵苏东坡。太皇太后怕再生党争之祸，就把程颐赶回洛阳，以结束这可怕的党争。

但树欲静而风不止，时任监察御史的赵挺之看到“洛党”人士开始攻击苏东坡，他也不失时机添了一把火。赵挺之，字正夫，密州诸城人，熙宁三年（1070）进士，是著名女词人李清照的公公。在他通判德州的时候，因“市易法”的推行问题与时监德安镇的黄庭坚发生了矛盾。赵挺之想从德安镇开始试行“市易法”，但黄庭坚认为德安镇镇小民贫，征收市易税是与民争利，祸害百姓，坚决不予执行。此事闹得沸沸扬扬。当皇帝准备起用赵挺之，向苏东坡问起这件事的时候，苏东坡对皇帝说：“挺之聚敛小人，学行无取，岂堪此选。”(《宋史·赵挺之传》）至此，两人结怨。

“我亦江海人，市朝非所安。”(《送曹辅赴闽漕》）历史的一幕惊人的相似，曾经不容于新党，屡遭攻击，差点丧命，而现在又不容于自己所属的旧党，攻击不断，危机四伏。虽胸有报国之志，但很难自安于朝，一种无名的悲怆涌上心头。其实，在苏东坡的精神世界里，一直都有着出世与入世的纠结，但救世济民的入世精神仍然是其底色和根本，而宗教精神的超然和宁静，也始终浸润着他的思想。

其一

为向东坡传语，人在玉堂深处。别后有谁来？雪压小桥无路。归去，归去，江上一犁春雨。

其二

手种堂前桃李，无限绿阴青子。帘外百舌儿，惊起五更春睡。居士，居士，莫忘小桥流水。

这两首《如梦令》，是苏东坡身在朝廷之上时，对黄州生活的追忆。惊悚而又复杂的朝堂生活，使他更加怀念黄州的贬谪生活。虽然不富裕，但一家人在一起，小桥流水，宁静闲适。

“道旁倘有山中旧，问我收身早晚回。”(《次韵曾子开从驾二首》其二）苏东坡又想起了泰州道士“不作官即善”的告诫，自感已经身处危机，不愿意再次被卷入无休止的党争之中，于是接连上书请求外任。

元祐四年（1089）三月，苏东坡获准以龙图阁学士身份出任杭州知州。

“遥知朔漠多风雪，更待江南半月春。”(《惠崇春江晚景二首》其二）西湖的风景曾经无数次地进入梦乡，勾起他退隐山林的念想。接到诏命，苏东坡逃一般地离开了京都开封。

还来一醉西湖雨

——再到杭州

“到处相逢是偶然，梦中相对各华颠。还来一醉西湖雨，不见跳珠十五年。”（《与莫同年雨中饮湖上》）元祐四年（1089）七月，苏东坡再次来到与之阔别十五年的“东南第一州”——杭州。

杭州赈灾

故地重来，苏东坡并没有看到当年熟悉的景象。迎接他的并不是西湖美景，而是严重的自然灾害。这一年的杭州，是大灾之年，浙西七州水涝成灾，春天不能播种，夏天又遭遇大旱，不能插秧。早晚两季稻子都遭受了巨大的损失。土地荒芜，粮食昂贵，饥馑成灾，百姓流离失所，杭州城里到处都是乞讨的灾民。

天灾导致瘟疫流行，许多人贫病交加，失去生命。面对如此严重的灾情，当地官员却漠视百姓疾苦，瞒报灾情。苏东坡立即上书朝廷，极言灾情之重，请求减免当年赋税，开仓赈灾，很快得到了朝廷的许可。同时，他组织当地郎中甚至粗通医术的道士、和尚进行巡诊。在街上、村头搭建临时病房，收纳医治患者，免费熬药，与瘟疫赛跑，抢救生命，当年就救治了上千名百姓。

然而，就是这样利国利民的好事，依然受到了来自朝廷“洛党”的攻击。说苏东坡利用自己的影响，谎报灾情，套取国家的财政资金。这种丑恶的党争，已经达到了无所不用其极的地步，竟然拿灾民的生死作为攻击的筹码。

疏浚西湖

就是这样的攻击，也没有阻止苏东坡治理杭州的步伐。由于连续遭遇水旱之灾，西湖淤塞荒芜的面积几乎占了一半，积葑二十五万余丈（约四千一百多亩），干涸时几至龟裂，且杂草丛生。唐代大诗人白居易在杭州任职时，曾经疏浚西湖，引湖水灌溉良田上万顷。自宋朝开国以来，对西湖并没有进行专门的治理。多年来，西湖水愈浅，葑愈横，“如云翳空，倏忽便满”(《杭州乞度牒开西湖状》)，已经完全失去了泄洪的功能，更别说美丽的风景了。苏东坡上书朝廷说：“使杭州而无西湖，如人去其眉目，岂复为人乎？”(《杭州乞度牒开西湖状》) 并述说了疏浚西湖的五大好处：一是可为放生祝寿之地；二是杭州人不复饮咸苦之水；三是可灌溉良田千顷；四是可调剂运河流水；五是可用西湖泉水酿造官酒。苏东坡的奏议最终得到了朝廷的批准，发一百多道度牒予以支持。

所谓度牒，就是官府发给出家僧尼的凭证，凡持有度牒的僧尼可免田赋和徭役。官府鬻牒为利，定价约为三百贯，苏杭一带多寺庙，申请度牒的人很多。苏轼就是用三万多贯资金，以工代赈，开始疏浚治理西湖。

> 我在钱塘拓湖渌，大堤士女争昌丰。
>
> 六桥横绝天汉上，北山始与南屏通。
>
> 忽惊二十五万丈，老葑席卷苍云空。(《轼在颍州与赵德麟同治西湖未成改扬州三月十六日湖成德麟有诗见怀次韵》)

苏东坡经过认真考察，制定出了疏浚西湖的详细方案。元祐五年（1090）四月下旬，治理工程开始了，近万名民工和士兵差役在苏东坡的亲自指挥下，清挖葑泥。并把清理出的葑泥堆积湖中，构成一条南起南屏山，北至栖霞岭，纵横南北的长堤。长堤上遍植杨柳，并中开六座拱桥以通水，建九座亭阁供人休憩，使西湖重新焕发出往日的光彩。后人为了纪念苏东坡，就将这座长堤命名为“苏堤”。

为了防止西湖再次湮塞，他又命人在湖上建造三座石塔，禁止石塔以内水域种植水生作物。石塔之外，租赁给农户，分别种菱、荷和茭白，租户若不尽心，再生菱葑，就命人铲赁。这样，租户担心租地被铲夺，也就尽心尽力保护水面干净，从根本上消除了菱葑等杂草的产生。苏东坡立下规矩，官府租赁的收入不得挪作他用，只能用作西湖的修整。“至今凤皇山下路，长借一箭开两翼。我凿西湖还旧观，一眼已尽西南碧。”（《与叶淳老侯敦夫张秉道同相视新河秉道有诗次韵二首》其一）

经过四个月的努力，西湖治理工程终于完工了。“水光潋滟”的景象又恢复了，一条大堤贯穿南北，不仅改善了湖上的交通，而且形成了一道独特的风景，“苏堤春晓”被列为“西湖十景”之首。人们纷纷涌上苏堤，高呼此乃千古盛事。苏东坡的老朋友，诗僧参寥高兴之余，赋诗称赞。

伟人谋议不求多，事定纷纷自唯阿。
尽放龟鱼还绿净，肯容萧苇障前坡。
一朝美事谁能纪，百尺苍崖尚可磨。
天上列星当亦喜，月明时下浴明波。（道潜《观开西湖次吴左丞韵》）

钱塘花灯

元祐六年（1091）的春节，苏东坡带领杭州百姓，完成了赈灾和治湖工作。在这辞旧迎新的日子里，他们想好好庆祝一番，一来祈祷新的一年风调雨顺，二来感谢州郡长官的日夜操劳。但天气不作美，整天浓云密布，好像要下雪的样子。可到了正月十五这天，天气突然放晴，艳阳高照。于是人们便将庆祝春节的活动改为庆祝元宵赏花灯活动。

正月十五这一天，受灵隐寺法惠长老的邀请，苏东坡来到灵隐寺参观寺内伽蓝院。当地信众为他献上了一束美丽的剪彩花。剪彩花，俗称伽花，是专门供养佛祖用的。彩花制作精美，灿烂夺目，如同真实的报春花，苏东坡十分喜爱，于是作《浣溪沙》寄给远方的好友，让他像这剪彩花一样，永葆年轻的心态。

雪颔霜髯不自惊。更将翦彩发春荣。羞颜未醉已先赪。　莫唱黄鸡并白发，且呼张丈唤殷兄。有人归去欲卿卿。（《浣溪沙·雪颔霜髯不自惊》）

当天晚上，杭州城内张灯结彩，歌舞升平，苏东坡和杭州百姓一起度过了一个难忘的元宵节。此时，他已经接到了朝廷吏部尚书的任命，这将是他在杭州的最后一个节日。由于操心公务，此时的苏东坡已经须发霜白，旧病复发。他多想告老卜居垂钓湖滨，安享晚年啊！

华灯闷艰岁，冷月挂空府。
三吴重时节，九陌自歌舞。
云从月几望，遂至一百五。
嘉辰可屈指，乐事相继武。
今宵扫云阵，极目净天宇。
嬉游各忘归，阗咽顷未睹。
飞球互明灭，激水相吞吐。
老去反儿童，归来尚铙鼓。
新年消暗雪，旧岁添丝缕。
何时九江城，相对两渔父。(《次韵刘景文路分上元》)

寒日赏梅

"绿发寻春湖畔回，万松岭上一枝开。而今纵老霜根在，得见刘郎又独来。"(《次韵杨公济奉议梅花十首》其三）十五年前，苏东坡曾在万松岭上看到了一枚傲然独立的梅花，如今十多年过去了，这株饱经风霜的梅花更加根深蒂固，独立不倚。苏东坡喜欢海棠、菊花，而现在他更加喜欢梅花，喜欢梅花的性格和品质。因此，每有闲暇，他必去万松岭上，踏雪寻梅。在杭州一年多的时间，写梅花的诗就有二十多首。

万松岭上除了松林，还有大片的蜡梅，而且品种稀缺，闻名遐迩："君不见万松岭上黄千叶，玉蕊檀心两奇绝。醉中不觉度千山，夜闻梅香失醉眠。"(《蜡梅一首赠赵景贶》)

白天赏梅是雅趣，月下把盏赏梅更独具浪漫色彩，别有一番风味。"相逢月下是瑶台，藉草清樽连夜开。月日酒醒应满地，空令饥鹤啄莓苔。”（《次韵杨公济奉议梅花十首》其二）梅花不着粉黛，却冰肌玉骨，无需青枝绿叶装点，也芬芳艳丽。它凛然独放，傲霜凌雪，清香高洁，向人们预示着春天的到来，不像娇艳的牡丹，虽雍容华贵，却毫无风骨。

“洗尽铅华见雪肌，要将真色斗生枝。檀心已作龙涎吐，玉颊何劳獭髓医。”（《再和杨公济梅花十绝》其七）“冰盘未荐含酸子，雪岭先看耐冻枝。应笑春风木芍药，丰肌弱骨要人医。”（《次韵杨公济奉议梅花十首》）对梅花的热爱，已经显示出苏东坡思想的转变，他想要“凌寒独自开”，不愿与群芳争春。

“老病思归真暂寓，功名如幻终何得。”（《与叶淳老侯敦夫张秉道同相视新河秉道有诗次韵二首》其一）因此，苏东坡真的不想再回到纷纷扰扰的大宋朝廷。如今，他已经年近半百，须发斑白。摆脱尘世牵绊，泛舟江湖，归隐山野，清风明月，诗酒人生，才是自己的最佳选择。

湖上雨晴时，秋水半篙初没。朱槛俯窥寒鉴，照衰颜华发。　醉中吹坠白纶巾，溪风漾流月。独棹小舟归去，任烟波飘兀。（《好事近·湖上雨晴时》）

因此，得到召还回京任吏部尚书的任命后，苏东坡两次上书请免，乞郡地方任职。但苏东坡的本质又是积极入世的，他不甘于只在地方任职。在赠予同处窘境的好友刘景文的一首七言绝句里，就透露了他的不甘心。

荷尽已无擎雨盖，
菊残犹有傲霜枝。
一年好景君须记，
最是橙黄橘绿时。（《赠刘景文》）

第一次通判杭州的三年，苏东坡不是主官，虽有政绩，但并不显著，重要的是他“游遍钱塘湖山上”，创作了大量的诗词文章，记录了杭州的山水风物，给这座城市披上了艺术的盛装。第二次出守杭州，他是主官，虽然仅仅一年八个月，但他和杭州百姓同甘共苦，日夜操劳，救治了上千名杭州百姓，修建了一个举世闻名的西子湖，形成了官民和谐共进的风气。两次，不到五年的时间，他将杭州的现实与艺术进行了十分完美的融合，给世人留下了一个独具艺术魅力的杭州。

他自己也与杭州产生了浓厚的感情，几乎把杭州当成了自己的故乡。“居杭积五岁，自意本杭人。故山归无家，欲卜西湖邻。”(《送襄阳从事李友谅归钱塘》)

当他离开杭州的时候，杭州城的老百姓“家有画像，饮食必祝，又作生祠以报”(《宋史·苏轼传》)。

元祐六年（1091）三月，苏东坡告别同僚好友和百姓，离杭北上。回望西湖群山主峰天竺山，苏东坡怅然若失：“在郡依前六百日，山中不记几回来。还将天竺一峰去，欲把云根到处栽。”(《予去杭十六年而复来留二年而去平生自觉出处老少粗似乐天虽才名相远而安分寡求亦庶几焉三月十六日来别南北山诸道人而下天竺惠净师以丑石赠行作三绝句》其三）

一首寄给好友参寥的《八声甘州》，表达了他对杭州、对好友的真挚感情。

有情风、万里卷潮来，无情送潮归。问钱塘江上，西兴浦口，几度斜晖。不用思量今古，俯仰昔人非。谁似东坡老，白首忘机。　记取西湖西畔，正暮山好处，空翠烟霏。算诗人相得，如我与君稀。约他年、东还海道，愿谢公、雅志莫相违。西州路，不应回首，为我沾衣。

再见了，杭州！

江上愁心千叠山

——七进开封

“江上愁心千叠山，浮空积翠如云烟。”(《书王定国所藏烟江叠嶂图》) 元祐六年（1091）三月，苏东坡从杭州出发，自下塘起行，先沿苕溪顺流北上湖州，再东行至苏州吴江，然后入运河北上。与苏东坡一起同行的还有四位好友：由闽经杭州进京为官的曹辅、时任两浙兵马监督的刘季孙、杭州监税苏坚、杭州名流张弼。

前后“六客会”

不久，苏东坡到达湖州德清县。苕溪进入德清县境，经县城东南，谓之“余不溪”，“县因溪而尚其清，溪亦因人而增其美”(葛应龙《左顾亭记》)。德清县城北有石壁山，山下有一泉水，因“断崖吐月，才出半规”，而名“半月泉”，泉水清凉甘美。“请得一日假，来游半月泉。何人施大手，擘破水中天。”(《半月泉苏轼、曹辅、刘季孙、鲍朝懋、郑嘉会、苏固同游，元祐六年三月十一日》)

船行至湖州，苏东坡忽然想起了十五年前的湖州，六客相聚，恍然隔世。当时他正要赴密州太守任上，奉调入京的杭州太守杨绘和自己同行，而隐居湖州的张先和隐居秀州的陈舜俞也相约到常州看望新任湖州知州李常，六人同聚于湖州城南东苕溪（霅溪）畔的观澜堂，吟诗作赋，好不热闹。

词坛大家号称“张三影”的张先一首《定风波》，使那次六客聚会名扬天下，史称“前六客会”。序曰：“霅溪席上，同会者六人：杨元素侍读，刘孝叔吏部，苏子瞻、李公择二学士，陈令举贤良。”

西阁名臣奉诏行，南床吏部锦衣荣。中有瀛仙宾与主，相遇，平津选首更神清。　溪上玉楼同宴喜。欢醉，对堤杯叶惜秋英。尽道贤人聚吴分，试问：也应旁有老人星？

如今却物是人非。苏东坡听说原来的湖州太守李常刚刚在庐山去世，张先、陈舜俞、刘述也都于几年前先后离开人世，不禁老泪纵横，感叹“逝者如斯”。好在如今身边仍有几个朋友，加上热情的湖州太守张询也是六个人。在大家的共同邀请下，苏东坡也作《定风波》，缅怀逝去的好友。这就是有名的“后六客会”。

月满苕溪照夜堂，五星一老斗光芒。十五年间真梦里。何事，长庚对月独凄凉。　绿鬓苍颜同一醉，还是，六人吟笑水云乡。宾主谈锋谁得似？看取，曹刘今对两苏张。

不久，苏东坡途经润州。润州知府林希，就是接替苏东坡的新任杭州太守，专门在此等候苏东坡的到来。

林希是表兄文同的朋友，与苏东坡早有诗词唱和。老朋友接替自己，让苏东坡十分放心，多有释怀。苏东坡介绍了杭州的现状，并把自己的施政思想交代给林希。希望他能更好地造福杭州百姓，这也算是一个奇特的上下任交接仪式。

昨夜扁舟京口，今朝马首长安。旧官何物与新官。只有湖山公案。　此景百年几变，个中下语千难。使君才气卷波澜。与把新诗判断。（《西江月·送别》）

好友张弼等将苏东坡送至润州，才与苏东坡依依惜别。要过江了，天堑之隔，今生不知能否再相见。想起这些，张弼等人不觉泪流满面。然而，已经习惯了漂泊生活的苏东坡却不以为然，作词相劝：

我劝髯张归去好，从来自己忘情。尘心消尽道心平。江南与塞北，何处不堪行。　俎豆庚桑真过矣，凭君说与南荣。愿闻吴越报丰登。君王如有问，结袜赖王生。(《临江仙·我劝髯张归去好》)

翰林学士兼皇帝侍读

苏东坡是元祐六年（1091）正月接到的吏部尚书任命，不久又改任翰林学士。吏部尚书掌管吏部七司，正三品；翰林学士负责起草朝廷制诰、赦、敕、国书，充当朝廷顾问，正三品。如此居高和重要的职务，对苏东坡并没有多大的吸引力，倒使他感到这些如乱山浮云般的缥缈无定。

弟弟苏辙此时已经位居朝奉郎加龙图阁直学士，官居二品，是副宰相。一家同朝两位高官，难免遭人嫉恨。再加上自己一直是新旧党争和蜀洛党争的焦点，再次进京入朝，究竟是一个怎样的局面，苏东坡十分忧虑，甚至还有些惧怕。因此，他没有像上次从登州进京一样步履匆匆，而是三月中旬才从杭州动身，自下塘起行，取道湖州，至苏州、常州、润州、扬州、南都，一路徐徐舟行，用了将近三个月的时间，才到达京城。随后入学士院，苏东坡又被赐封衣金带马，兼皇帝侍读。

“人能碎千金之璧，不能无失声于破釜；能搏猛虎，不能无变色于蜂虿。”(《黠鼠赋》) 苏轼兄弟对皇帝、太皇太后的厚爱十分恐惧，他们害怕会因此招致明枪暗箭的攻击。这时，弟弟苏辙急忙上书皇帝，请求辞去自己的职务，以避免与哥哥同朝为官，但遭到拒绝。

果然，苏东坡的还朝引起了洛党人士的高度不满，虽然程颐已经离开朝堂，但他的铁杆门生贾易、朱光庭却高居侍御史谏官之位。苏东坡知道其中的潜在危险，害怕在朝廷的党争之中再次陷入泥潭，于是立即上书皇帝和太皇太后，乞郡外任，离开朝廷，以避贾易之流。但太皇太后好像没有明白他的意思，仍坚持让苏东坡留在皇帝身边。

再遭洛党弹劾

八月二日，贾易公然上书皇帝、太皇太后，以五大理由弹劾苏轼、苏辙兄弟。

一是在宋神宗去世的国丧期间，苏轼作诗自庆："此生已觉都无事，今岁仍逢大有年。山寺归来闻好语，野花啼鸟亦欣然。"（《归宜兴留题竹西寺三首》其三）

其实这是苏东坡托人买田成功之后，想到自己终于结束漂泊动荡的生活，有家可归了。喜悦的情绪十分高涨，写下了这样的诗句，丝毫没有庆祝神宗皇帝去世的意思。因为写诗的时候，神宗皇帝已经过世两个多月了。

二是"轼之为人，趋向狭促，以沮议为出众，以自异为不群"（李焘《续资治通鉴长编》），先朝行免役法时他反对，现在复行差役法了，他仍反对，反复无常。

三是在杭州太守期间，利用自己在京城的影响夸张杭州灾情，谎报西湖湮塞，多要朝廷度牒，以提高自己的政绩。

四是自我矫情，皇帝屡有任用，他却不以朝廷大业为重，每次都乞郡外任，其实是变相要挟朝廷，想和弟弟苏辙一样高居相位，达到兄弟专国的目的。

五是结党营私，尽纳蜀人。与秦观、王巩、黄庭坚、晁补之等人结为党群，"分据要路，复聚群小，俾害忠良"（李焘《续资治通鉴长编》）。

这五大罪状，虽证据不足，有些捕风捉影，却条条充满着刻薄与恶毒，一旦做实，足以死罪！

从这言之凿凿、攻势凌厉的奏折中，太皇太后感觉到了蜀洛党争的严重性，政见不同中已经夹杂着刻骨的仇恨，而且这种仇恨的蔓延会直接影响大宋江山的稳定。于是，八月五日，朝廷决定"轼累乞外任，可依所奏；易言事失当，可与外任也"（李焘《续资治通鉴长编》），对贾易和苏东坡各打五十大板，苏东坡以龙图阁学士身份外放颍州任太守，贾易外放庐州任太守。

苏东坡一家人进京才两个多月，连家都没有来得及安顿，先是住在兴国寺里，后借宿到弟弟苏辙在东园的家里，现在又要离开了。虽然是自请外任，但兄弟再次别离的忧伤和朝堂危机四伏的凄凉，仍然十分浓重。

床头枕驰道，双阙夜未央。
车毂鸣枕中，客梦安得长。
新秋入梧叶，风雨惊洞房。
独行惭月影，怅焉感初凉。
筮仕记怀远，谪居念黄冈。
一住三十年，此怀未始忘。
扣门呼阿同，安寝已太康。
青山映华发，归计三月粮。
我欲自汝阴，径上潼江章。
想见冰盘中，石蜜与柿霜。
怜子遇明主，忧患已再尝。
报国何时毕，我心久已降。(《感旧诗》)

空听潺潺清颍咽

——颍州为官

“霜余已失长淮阔，空听潺潺清颍咽。”(《木兰花令·霜余已失长准阔韵》)元祐六年（1091）闰八月初，苏东坡于蔡河登舟南下，离开京城。闰八月十三日，到达陈州。这是苏东坡第三次到陈州。第一次是二十年前通判杭州时经过这里看望任州学教授的苏辙，在此居住一个多月；第二次是十一年前贬谪黄州时经过这里，居住了几天，弟弟苏辙从南都步行二百多里来为他送行。

三过陈州

这一次到陈州，仅仅是路过，虽然没有多少熟人，但此时的苏东坡已经是“天下谁人不识君”了，码头上挤满了要一睹他风采的人。

著名的治蜀名人、宋真宗时期的吏部尚书张咏的曾孙张祖也在其中。张咏，字复之，号乖崖，谥号“忠定”，濮州鄄城人。北宋太平兴国年间进士，累擢枢密直学士，真宗时官至礼部尚书，诗文俱佳，是北宋太宗、真宗两朝的名臣，尤以治蜀著称，著有《张乖崖集》。他一生最大的政绩是治理四川。宋太祖收复四川后，一直叛乱动荡不止。张咏受命入蜀后，发展生产，兴学助教，从严治理，政绩卓著。他“恩威并用，蜀民畏而爱之”(《宋史·张咏传》)，真宗皇帝曾表扬他说：“得卿在蜀，朕无西顾之忧矣。”(《宋史·张咏传》)

张咏的曾孙张祖取出曾祖父的一幅书法作品，请苏东坡题字。苏东坡仰慕张咏的为人，将其与三国时期的诸葛亮相提并论，毫不犹豫地写下了一段话：

以宽得爱，爱止于一时。以严得畏，畏止于力之所及。故宽而见畏，严而见爱，皆圣贤之难事而所及者远矣。张忠定公治蜀，用法之严似诸葛孔明。(《题张乖崖书后》)

这段话既总结了张咏的为官执政思想，也是苏东坡自己在仕途之中所奉行的准则。关于如何驭下，这是苏东坡在其作品中少有的阐述。

以意用药

离开陈州，船由蔡河转入颍河，慢慢进入颍州地界。一进颍州，苏东坡便想起了恩师欧阳修。四十年前，恩公在此任太守，致仕之后返回颍州安享晚年。二十年前，他通判杭州路过这里，适逢恩公生日，师徒泛舟颍州西湖，诗酒人生，好不快意。如今，他竟步恩公后尘，也来这里当太守，仿佛是冥冥之中的邀约，或许也是命中注定。忆及往事，苏东坡忽然想起当年在颍州西湖上与恩公的一段笑谈，不禁粲然一笑，回到船舱，记下了那段往事。

欧阳文忠公尝言："有患疾者，医问其得疾之由，曰：乘船遇风，惊而得之。医取多年柂牙，为柂工手汗所渍处，刮末，杂丹砂、茯神之流，饮之而愈。今《本草》注引《药性论》云：止汗,用麻黄根节及故竹扇为末服之。"

文忠因言："医以意用药，多此比。初似儿戏，然或有验，殆未易致诘也。"

予因谓公："以笔墨烧灰饮学者，当治昏惰耶？推此而广之，则饮伯夷之盥水，可以疗贪；食比干之馂余，可以已佞；舐樊哙之盾，可以治怯；嗅西子之珥，可以疗恶疾矣。"公遂大笑。(《医者以意用药》)

这是一个很有意思的故事。欧阳修说，有一个患病的人，医生问他病因，他说是因乘船时遇到风浪受惊而患病。于是，医生就取多年的船舵把手，刮成末，掺和丹砂、茯神，这个人喝下就痊愈了。《本草》注引《药性论》也说:止汗，用麻黄根节和旧竹扇化成末服用。这是医生凭想象来用药，最初好像儿戏，或许有点疗效，几乎不容易对他产生怀疑。苏东坡却说，要这样说的话，那么把毛笔和墨烧成灰让学生喝下去，就能治好他的糊涂和懒惰了吗？推而广之，喝伯夷的洗澡水，就能够治好贪婪；吃比干的剩饭菜，就能够治好奸伪；舔樊哙的盾牌，能够治好胆怯；闻西施的耳环，就能够变得好看。欧阳修听后大笑不止。

颍州，因淮河最大支流颍水而得名，就是今天的安徽阜阳。秦代始置汝阴县，汉属汝南郡，北魏始名颍州，北宋时为颍州府，下辖汝阳、泰和、颍上、沈丘四县。颍州城北临颍水，西北有西湖，是颍河、清河、小汝河、白龙沟四水交汇的地方，风景如画，与杭州西湖、扬州瘦西湖齐名。

霜余已失长淮阔，空听潺潺清颍咽。
佳人犹唱醉翁词，四十三年如电抹。
草头秋露流珠滑。三五盈盈还二八。
与余同是识翁人，惟有西湖波底月。

秋天的河水变浅了，河道变窄了，缓缓的颍河水好像在轻轻地呜咽，欧公四十三年前的词作，如今歌女们依然在传唱。秋天的月夜，露似珍珠，晃动在西湖水面的圆月，泛动着善解人意的光芒，好像在向苏东坡诉说着欧公往日的故事。这首《木兰花令·次欧公西湖韵》哀婉而惆怅，寄托着苏东坡对欧阳修的不尽缅怀之情。

初到颍州，苏东坡就遇到了一件“医以意用药”的事情，他接到朝廷命令，要他接待朝廷负责水利的官员，共同商议开挖八丈沟的事宜。原因是多年来，京城开封连续遇水灾，水部官员主张在陈州境内开挖八丈沟（在古代邓艾沟故道上，长约三百五十四里），通颍水，再压颍入淮，以疏导京城、陈州一带积水，消灭水患。

苏东坡深谙水利之道，知道这恐怕是水部官员想当然“以意用药”开出的药方。开挖沟渠必须因地制宜，因势利导，先进行科学的测量，方能商议开挖事宜。于是苏东坡上书朝廷："臣以到任之初，未知利害之详，难以会议""候到任见得的确利害，别具申省，方可指挥逐官前来会议。"（《奏论八丈沟不可开状》）征得朝廷同意后，苏东坡立即组成勘探小组，从蔡口到淮上，沿途进行仔细的测量，弄清地形高低，各沟河深浅，淮河涨水的高低，以及各交汇河口的壅塞情况。结果显示：八丈沟入淮口的水位，在淮河汛期涨水时高于上游蔡口等水位八尺五寸，一旦涨水，就会形成倒灌之势，引起新的洪灾。

苏东坡立即上书朝廷指出：开挖八丈沟，工程巨大，耗资巨大，劳民伤财，不但不能解决水患，还会将周边洪水引入颍州大地，以产粮为主的颍州就会水患无穷，恐怕连颍州城也难以保全。

最终，朝廷放弃开挖八丈沟的决定。其实，阻止这项工程对身在官场的苏东坡来说是颇具风险的，既得罪了主张开挖的开封知府、陈州知府，又有冒犯朝廷之嫌疑。若当一个太平官，他大可不必反对此事，但事关百姓福祉的民生问题，苏东坡是不会让步的。他以科学的精神，用扎实的数据据理力争，避免了一场规划错误的工程。

我性喜临水，得颍意甚奇。
到官十日来，九日河之湄。
吏民笑相语，使君老而痴。
使君实不痴，流水有令姿。
绕郡十余里，不驶亦不迟。
上流直而清，下流曲而漪。
画船俯明镜，笑问汝为谁。
忽然生鳞甲，乱我须与眉。
散为百东坡，顷刻复在兹。
此岂水薄相，与我相娱嬉。
声色与臭味，颠倒眩小儿。

等是儿戏物，水中少磷淄。

赵陈两欧阳，同参天人师。

观妙各有得，共赋泛颍诗。(《泛颍》)

疏浚颍州西湖

颍州地势较低，四河交汇，形成西湖，本来风景优美，但由于西湖年久淤积，缺乏治理，调水功能减弱，所以颍州也是多年水患不断。

“大千起灭一尘里，未觉杭颍谁雌雄。”(《轼在颍州与赵德麟同治西湖未成改扬州三月十六日湖成德麟有诗见怀次其韵》)苏东坡一到颍州，就组织民工对西湖进行疏浚清理，并奏请朝廷将治理黄河的一万多民工调集到颍州，帮助疏浚西湖。他们建造了三座水闸，沟通了焦陂、清河、西湖与泉河、淮河的航道，使西湖能够调节整个颍州大地的流水，涝可排泄，旱可灌溉。同时，他也像治理杭州西湖一样，对颍州西湖进行美化，广栽杨柳，种植菱荷，湖中建造亭台阁堂，使颍州西湖以优美自然的风光融合独特的园林建筑而名闻天下。

“白露下众草，碧空卷微云。孤光为谁来，似为我与君。”(《九月十五日观月听琴西湖示坐客》)治理后的颍州西湖，与颍水、清河等连成一体，碧波万顷，波光粼粼。是日夜，苏东坡与客人泛舟其上，仿佛又回到了杭州西湖，水面波光荡漾，月影重重，水中映出许多个自己鬓发霜染、慈眉善目的影像。此时的他，也已经是一位欧阳修般的老仙翁了。

相约聚星堂

元祐六年（1091）冬，天气异常干旱，已经有两个月没下雨了，苏东坡带领官员和百姓到颍上县的张龙公祠祈雨，雨没有下，却来了一场小雪，缓解了旱情。苏东坡也仿效欧公，与朋友们相约聚星堂，诗词唱和，以示庆贺。聚星堂在州府衙内，是欧阳修在此任太守时所建。当年，欧公曾与吕公著、刘原父、魏广、焦千之、王回等各作分韵诗，赋室内物，事后这些诗被编成集，流行于世。此时，欧公虽然不在，但他的两个儿子在场，苏东坡也建议大家以“雪”为题，分韵作诗。

窗前暗响鸣枯叶，龙公试手初行雪。
映空先集疑有无，作态斜飞正愁绝。
众宾起舞风竹乱，老守先醉霜松折。
恨无翠袖点横斜，只有微灯照明灭。
归来尚喜更鼓永，晨起不待铃索掣。
未嫌长夜作衣棱，却怕初阳生眼缬。
欲浮大白追余赏，幸有回飙惊落屑。(《聚星堂雪》)

元祐七年（1092）正月，做了半年多的颍州太守，苏东坡又接到了知山东郓州的诏命。还没来得及去赴任，又接到了以龙图阁学士充任淮南东路兵马钤辖知扬州军州事的诏命。这天夜晚，同僚好友们再次相会聚星堂。庭院深深，九曲回廊，皓月当空，轻云薄雾，举杯话别，飘然欲醉。一股离别的伤感充盈其间。

春庭月午，摇荡香醪光欲舞。步转回廊，半落梅花婉娩香。　轻云薄雾，总是少年行乐处。不似秋光，只与离人照断肠。(《减字木兰花·春月》)

这种频繁的调动，让苏东坡十分厌倦，一个地方刚刚打开局面，就不得不仓皇离去。生活颠沛流离也罢，更可气的是，朝堂上仍然谤言不断，让他感到十分疲惫，使他更加向往与弟弟苏辙夜雨对床的隐逸生活。

清颍东流，愁目断、孤帆明灭。宦游处，青山白浪，万重千叠。孤负当年林下意，对床夜雨听萧瑟。恨此生长向别离中，雕华发。　一尊酒，黄河侧。无限事，从头说。相看恍如昨，许多年月。衣上旧痕余苦泪，眉间喜气添黄色。便与君，池上觅残春，花如雪。(《满江红·怀子由作》)

颍水相送，看着征鸿渐行渐远，苏东坡的心情十分悲戚，愁绪就像万千重叠的青山白浪一样，涌上心头。当年与弟弟“夜雨对床”的誓约至今也没有实现，却一直漂泊在渺渺茫茫的路途之上，不知何地才是终点。他设想有那么一天，兄弟重逢在黄河之滨，自由自在地觅春赏花。

楚州徐仲车

元祐七年（1092）三月初，苏东坡自颍入淮，舟行东进，经亳州，过泗州，至楚州，去往扬州。船行至楚州，当地的州学教授、苏轼的好朋友徐积早早等候在岸边。徐积，字仲车，楚州山阳人，治平四年进士。苏东坡元丰八年（1085）赴登州、元祐四年（1089）赴杭州经过这里，都受到了他的热情接待。徐仲车的热情消解了苏东坡疲于奔命的劳累和朝堂谤言的苦闷，反而让他更加从容于这种漂泊的生活了。

恶衣恶食诗愈好，恰似霜松啭春鸟。
苍蝇莫乱远鸡声，世上谁如公觉早。
八年看我走三州，月自当空水自流。
人间扰扰真蝼蚁，应笑人呼作斗牛。(《次韵徐仲车》)

每到平山忆醉翁

——扬州从政

“二年阅三州，我老不自惜。团团如磨牛，步步踏陈迹。”(《送芝上人游庐山》）元祐七年（1092）三月初，苏东坡顺颍河舟行而下，离开颍州，入淮河，于三月十二日到达泗州，北行至淮安、楚州，入运河南行，于三月二十六日到达扬州。

这里说说当时京城到扬州的主要交通路线，除陆路外，汴京到扬州的主要水路交通路线有两条：一条是从汴河东行，经宿山、零壁到泗州入淮河，经洪泽湖到达楚州，入运河南行经高邮，到达扬州。另一条，也就是苏东坡这次从开封知颍州又知扬州的路线，从开封南入蔡河经陈州，入颍河到颍州，顺颍河而下入淮河到达泗州。两条路线，泗州都是必经之路，而扬州是江北到江南的重要交通枢纽。

或外放任职，或提拔进京，苏东坡都不止一次地经过这里。现在渐入暮年，他却还像一头团团乱转的拉磨老牛一样，不止一次地脚踏陈迹。

通判晁补之

“少年独识晁新城，闭门却扫卷旆旌。”(《次韵和晁无咎学士相迎》）让苏东坡感到更加安慰的是，自己的学生晁补之在此任扬州通判。晁补之，字无咎，号归来子，济州钜野（今山东巨野）人。他十七岁时随杭州做官的父亲到杭州，不久结识苏东坡，将自己描写杭州的处女作《七述》呈给苏东坡请求指教，得到了苏东坡的高度评价，从此拜其门下，执弟子礼。晁补之工书画，能诗词，善属文。其散文语言凝练、通晓流畅，风格与柳宗元相近。他诗学陶渊明，词学苏东坡，格调豪爽，语言清秀，有着浓厚的归隐思想，著有《鸡肋集》等。师徒携手为官，自然让苏东坡感到很轻松。

平山堂与谷林堂

“每到平山忆醉翁，悬知他日君思我。”（《次韵和晁无咎学士相迎》）每次来到扬州平山堂，苏东坡都会想起自己的恩师。当年，恩师欧阳修曾因“庆历新政”而被外放滁州、扬州和颍州，他也步其后尘，外放杭州、颍州和扬州。冥冥之中，他好像一直在踏着先师的步伐踽踽独行。

平山堂是恩师修建的。每次经过这里，苏东坡都会前去参观，缅怀恩师。这次，不是短暂的停留，而是要像先师一样，做一个一心为民的“文章太守”。想到这些，苏东坡心中所有的幽怨都消失了。

“深谷下窈窕，高林合扶疏。美哉新堂成，及此秋风初。”（《谷林堂》）到达扬州后，苏东坡在平山堂后又建了一座谷林堂，堂名取自“深谷下窈窕，高林合扶疏”，以纪念恩师欧阳修。谷林堂在平山堂后面，低于平山堂，显得高雅而又低调。

奏罢积欠

这一年，扬州的粮食获得了大丰收，但老百姓的生活丝毫没有改善的迹象，许多农民生活困苦，面露饥色。苏东坡不带兵卒，只身下乡入田访问乡亲，才知道百姓被官府债务压得喘不过气。“胥徒在门，枷棒在身”，百姓“日就穷蹙，死亡过半”，胥吏却从中渔利发财，“举欣欣然日有所得”（《论积欠六事并乞检会应诏所论四事一处行下状》）。

苏东坡连夜上书朝廷：“苛政猛于虎。”“水旱杀人，百倍于虎；而人畏催欠，乃甚于水旱。”他请求朝廷免去历年来百姓积欠（《论积欠六事并乞检会应诏所论四事一处行下状》），给老百姓一条生路，以更好地恢复生产。奏折写好后，他立即派人星夜兼程送往京城。但主管大臣却以国家正在西线用兵、财政吃紧为由，不同意减免积欠。到了六月，扬州一带发生瘟疫，许多百姓贫病交加，病死饿死的很多。苏东坡再次上书："臣访闻浙西饥疫大作，苏、湖、秀三州，人死过半……有田无人，有人无粮，有粮无种，有种无牛，饿死之余，人如鬼腊。"（《再论积欠四事札子》）当时，正赶上哲宗皇帝册封皇后，于是朝廷下诏："不论新旧，各种积欠一律宽免一年。"

即使这样，也能让疫情中的百姓得以喘息。扬州百姓欢欣鼓舞，奔走相告，感谢为民请命的苏太守。

民劳吏无德，岁美天有道。

暑雨避麦秋，温风送蚕老。

三咽初有闻，一溉未濡槁。

诏书免积欠，父老颜色好。（《和陶饮酒二十首》其十一）

恢复漕运旧法

漕运是古代南北最主要的运输通道，承担着粮食运输的重要功能。扬州是南北漕运的一个重要枢纽，有着一大批以此为生的船家和船夫。按照原来的规矩，船家在承运官粮时，可以私载一些货物，南北贩卖，以补贴船用，所以船家都非常富裕，运粮的速度也十分快捷。但后来，官府与船家争利，每到一个码头，官府都要上船检查，发现私带货物，就要没收或征税，致使船家入不敷出。因此他们暗地里盗窃官粮以济饥寒，上交官粮时，后粮补前粮，以致积欠甚多，破产后或逃亡，或法办治罪，运粮速度也大大减缓，有的甚至故意沉船以毁灭罪证。

苏东坡上书朝廷，直言新规之弊，请求恢复旧制。

轼知扬州，发运司主东南漕。先是漕挽听其私载，往往视官舟为家，以时修葺，故所载无虞。近岁严私载之禁，舟坏人贫，公私皆病。轼奏乞复故，从之。（《徽宗实录·苏轼列传》）

朝廷采纳了苏东坡的建议恢复旧制，船民们安居乐业，到处传颂苏东坡的功德。

取消万花会

就像洛阳人爱种植牡丹一样，扬州人以种植芍药为时尚，素有“芍药唯广陵天下最”（陈淏子《花镜》）的说法。但洛阳人每年都举办牡丹万花会，扬州却没有。直到元祐五年（1090），蔡京任扬州太守，“扬州芍药为天下冠，蔡京为守，始作万花会，用花十余万枝”（《仇池笔记》）。

苏东坡深深知道，连续多年的旱涝之灾，使扬州百姓穷困无比，举办如此盛会，只会劳民伤财，让吏卒从中渔利，祸害的终归是百姓。因此，苏东坡决定停办万花会。他在给好友的信中说：“花会检旧案，用花千万朵，吏缘为奸，扬州大害，已罢之矣。虽煞风景，免造业也。”（张邦基《墨庄漫录》）消息一出，全城轰动。老百姓奔走相告，交口称赞。

当然，苏东坡只是为免民之疾苦才这样做的，他也十分喜爱扬州的芍药，在《赵昌四季芍药》里他赞美道：“倚竹佳人翠袖长，天寒犹著薄罗裳。扬州近日红千叶，自是风流时世妆。”

始吟“和陶诗”

> 昔我在广陵，怅望柴桑陌。
> 长吟饮酒诗，颇获一笑适。
> 当时已放浪，朝坐夕不夕。（《和陶归园田居六首》其六）

远离朝堂的苏东坡，依然摆脱不了朝廷之上的利益纷争，他知道自己已经成了蜀洛党争的一个抓手，自己命运的变迁，就是党争消长的风向标。八月，苏东坡又接到诏命，回京担任兵部尚书。这使他愈加感到惶恐和不安，便立即上书请求辞免此任，并乞请在地方上任职，但遭到了朝廷的拒绝。

“我不如陶生，世事缠绵之。”（《和陶饮酒二十首》其一）这时的苏东坡才真正向往陶渊明那无拘无束的田园生活，开始以次韵、从韵、步韵等形式唱和陶渊明的诗歌，表达自己的人生态度。“江左风流人，醉中亦求名。渊明独清真，谈笑得此生。”在扬州，苏东坡写下了《和陶饮酒二十首》，立即引起了诗坛的轰动，文人墨客争相效仿。从此“和陶”成了文坛风气，开启了后世“和陶诗”的先河。

但苏东坡终不是陶渊明，陶公自甘清高，脱离尘世，如仙人；而苏公却心系百姓，向往清静，如行者。前者是率性的清真，而后者却是清真的率性。

自己的门生兼好友扬州通判晁补之道出了他们之间的真正区别。

陶公群于人，而无人之情。

诗岂世外语，世语不可名。

东坡怜此翁，同调但隔生。

形光来户牖，真处人不惊。

得酒自醒醉，放意无亏成。（晁补之《饮酒二十首同苏翰林先生次韵追和陶渊明》其三）

其中的“无人之情”“真处”“放意”，可以道出两人性格区别的真谛。知我者，晁无咎也！难怪苏东坡曾愉快地对他说：“赖有风流贤别驾，犹堪十里卷春风。”(《次韵和晁无咎学士相迎》)

不到五个月的时间，元祐七年（1092）八月，苏东坡就接到了以龙图阁学士左朝奉郎守兵部尚书兼侍读、差充南郊卤簿使的诏命。他不得不离开扬州，再次回京任职。

未填沟壑犹朝请

——八进开封

老身倦马河堤永，踏尽黄榆绿槐影。
荒鸡号月未三更，客梦还家得俄顷。
归老江湖无岁月，未填沟壑犹朝请。
黄门殿中奏事罢，诏许来迎先出省。
已飞青盖在河梁，定饷黄封兼赐茗。
远来无物可相赠，一味丰年说淮颍。(《召还至都门先寄子由》)

元祐七年（1092）八月，苏东坡离开扬州，可他并没有直接回开封，而是转道常州宜兴，先去查看了这片归老的田园。水田郁郁葱葱，庄稼长势很好，而依山傍水的屋舍却空空如也。现在，归田园居已经是奢望，他不得不恋恋不舍地北行进京了。经宿州、泗州，于九月九日到达南都。

此时，太中大夫、守门下侍郎苏辙，奉诏命来此迎候兄长苏东坡。可见，当时朝廷给他的礼遇是很高的。正因为这样，苏东坡更加惴惴不安。他知道，他们兄弟两个目前不仅成为旧党的首要代表，也被当成了旧党内部“蜀洛党争”中蜀党的领袖。

兄弟两个同时身居高位，难免有“兄弟专国”、把持朝政的嫌疑。因此，苏轼兄弟屡次上书朝廷，求降职乞郡外任，但都没有得到允许。苏东坡知道，自己已是弦上之箭，想退是不可能的了。

元祐七年（1092）九月末，苏东坡到任京都开封，皇帝亲授衣金带马。苏东坡知道，隐退不能，只有积极向前。现有的职位，更能够为国效力，为民谋福祉。

乞免五谷力胜税

五谷力胜税，是宋代对商运五谷征收的税，凡商民用车、船载来谷、食盐入市售卖，其车和船均需纳税，称作力胜钱。力胜钱的征收，客观上增加了财政收入，却打击了运粮、贩粮者的积极性，使得丰年谷贱伤农，灾年农民没饭吃，流离失所。

苏东坡在浙西时期亲见累岁水灾，许多百姓有钱无谷，饿死于市，原因是“官收五谷力胜税钱，致商贾不行之咎也”(《乞免五谷力胜税钱札子》)。他认为“五谷无税，商贾必大流通，不载见钱，必有回货。见钱回货，自皆有税，所得未必减于力胜。而灾伤之地，有无相通，易为振救。官私省费，其利不可胜计”(《乞免五谷力胜税钱札子》)。他建议，与其花费大的财力、物力去救灾，不如废除不合理的五谷力胜钱，让粮食贩子有利可图，粮食就会自由流通，粮价也会自然波动。鼓励和引导商人丰年大量存储粮食，凶年再把存粮贩运到灾区，救济百姓，从而“丰凶相济，农末皆利”(《乞免五谷力胜税钱札子》)。

这种利用商人逐利的本性，通过免税政策进行赈灾的策略，是苏东坡成熟行政经验的彰显，与其前期的《乞罢登州榷盐状》《谏买浙灯状》《上蔡省主论放欠书》等一脉相承。

阻高丽人买书

元祐八年（1093），高丽使臣进京朝拜，请求购买一些书籍，以学习大宋文化。宋哲宗诏命：依旧例购买。但苏东坡却连续三次上书皇帝，坚决反对卖书给高丽人。当时的东北亚，北宋、辽国、高丽三足鼎立。北宋与辽国屡发战事，都以北宋失败告终。为了防止辽国通过汉籍调查北宋境内的地理环境而南侵，宋真宗景德年间，朝廷就颁布诏令“民以书籍赴缘边榷场博易者，自非《九经》书疏，悉禁之。违者案罪，其书没官”（李焘《续资治通鉴长编》卷六四），禁止将汉籍卖给辽国。

对高丽，北宋则采取“联丽制辽”的政策，并没有禁止书籍的外流。苏东坡认为，高丽与北宋之间虽没有边界上的利害关系，但其在北宋与辽国之间蛇鼠两端，为追求自身利益，经常将汉籍奉送给辽国，“中国书籍山积于高丽，而云布于契丹”“使敌人周知山川险要，边防利害，为患至大”（李焘《续资治通鉴长编》卷四百八十一）。因此，苏东坡担心高丽人购书会流向契丹，从国家安全的角度理解，是十分具有战略意义的。

当时，许多人对苏东坡反对输出书籍给高丽人的行为，是心胸太小杞人忧天，没有天朝大国的怀柔气象。但是，仔细翻阅宋与辽的谈判史就会发现，宋朝即使在军事实力占据优势的情况下，仍多次出现被辽国恐吓而签下屈辱条约的事情。就是因为辽国掌握了北宋朝廷惧兵心理，知道了北宋朝廷的谈判筹码，理解了其以大国自居的文化心态，这与北宋当时的书籍输出、保密不严有很大的关系。当然，后来北宋的灭亡，也是这样堤溃蚁穴的结果。

不畏权贵劾奏贵戚

苏东坡为兵部尚书，兼卤簿使。所谓卤簿，用现代语言就是掌握国家首脑重大国事活动的主管，负责皇帝重大祭祀活动的仪仗。元祐七年（1092）十一月，宋哲宗率领百官到南郊太庙举行祭祀大典。苏东坡担任卤簿使，在前去太庙祭祀天地祖宗的路上，旌旗蔽空，仪仗肃然，威风凛凛。将至景陵宫，前面忽然有百余辆红伞青盖的牛车冲撞而来。苏东坡派人前去查看，才知道是皇后、国太长公主、皇帝奶娘的车驾。在国家的重大祭祀活动中居然会出现这样的事情。苏东坡认为，后宫虽尊，但决不能与国家大礼相悖。因此，祭祀结束后，他立即上书皇帝：“窃见二圣寅畏祗慎，昭事天地，敬奉宗祧，而内中犊车，冲突卤簿，公然乱行，恐累二圣所以明祀之意，谨弹劾以闻。”（李廌《师友谈记》）

宋哲宗欣然准奏，责令有司严整宫内仗卫。因此事，后人评价苏东坡：“东坡不惟文章可以盖代，而政事忠亮，风节凛凛，过人远甚。”（李廌《师友谈记》）

三遭弹劾

树欲静而风不止。元祐八年（1093），监察御史黄庆基和董敦逸联名上书，弹劾苏轼兄弟。

黄庆基，字吉甫，号灵南，江西金溪人。嘉祐六年（1061）进士，与王安石同学，关系亲密，却反对王安石变法。他以司马光、吕公著、孙固、程颢等为贤，却不喜苏轼。

董敦逸，字梦授，江西乐安人。先后任工部侍郎、翰林学士兼侍讲，历任地方官职，元祐六年（1091）任监察御史。

其中，董敦逸"四状言辙"，黄庆基"三状言轼"。"苏轼天资凶险，不顾义理，言伪而辨，行僻而坚，故名足以惑众，智足以饰非，所谓小人之雄而君子之贼者也……"（李焘《续资治通鉴长编》卷四百八十四）

罪状之一是"以喜怒之私，轻废朝廷之制"（李焘《续资治通鉴长编》卷四百八十四）。很明显，苏东坡屡次上书为民请命的奏折，均被诬蔑为"轻废朝廷之制"。

罪状之二是"主张差除之人，惟苏轼为多""或是亲知及其乡人有在要近"（李焘《续资治通鉴长编》卷四百八十二）。是说苏轼兄弟屡用自己的乡人、亲人、门生，有结党营私的嫌疑，并请求削去苏轼所推荐的所有官员的职务。

罪状之三是攻击先皇神宗皇帝。黄庆基摘抄出苏轼大量的奏折、文诰、诗文中议论朝政的词句，证明苏东坡对先皇的不满，说他其实是发泄自己在"乌台诗案"中的怨怒。

罪状之四是攻击苏东坡宜兴买田是强买强卖的行为。

最后还说："苏辙怀邪徇私，援引党与，怙势曲法。务与其兄相为肘腋，以紊乱朝政。"（李焘《续资治通鉴长编》卷四百八十四）

同时，董敦逸上书攻击苏辙，其最终的落脚点也是兄弟二人互为肘腋，把持朝政，祸国殃民，一日不除，国无宁日。

黄庆基和董敦逸的弹劾奏章，在朝堂上引起了轩然大波，一番相互攻击和辩解闹得沸沸扬扬。苏东坡在不断地自证清白中感到越来越疲惫。虽然朝廷并没有听信黄庆基和董敦逸的劾奏，将他们两个逐出朝廷，外放任职，但这并没有打消他急于离开朝堂的念头。

"我顷三章乞越州，欲寻万壑看交流。"（《次韵滕大夫三首雪浪石》其二）苏东坡连续三次上书乞郡越州。越州就是今天的绍兴，古称会稽、山阴，魏晋风度的嵇康出生地，是东晋望族的休闲之地，王羲之的《兰亭集序》就出在这里。越州紧靠杭州，山水相连，风景秀丽，是个隐居的好地方。

"梦绕吴山却月廊，白梅庐橘觉犹香；会稽且作须臾意，从此归田策最良。"(《七年九月自广陵召还,复馆于浴室东堂八月乞会稽将去汶公乞诗乃复用前韵三首》其二）这是苏东坡做梦都想去的一个地方，但三次奏请，都没有得到朝廷的许可。

经过这次弹劾风波，苏东坡愈来愈感到朝堂的凶险，并隐隐约约感觉到朝堂马上会发生重大的变化。因为垂帘听政的太皇太后病了，而那位长年被晾在一边，"只见臀背"的宋哲宗已经十八岁，很快就可能亲政，他正是所有被贬谪的"新党"们复出的最大希望。

元祐八年（1093）夏，苏东坡乞郡外任的诏命终于下来了，让人意外的是，不是苏东坡一心想念的越州，而是北部边关定州。他再次上书朝廷，希望能改知越州，仍然没有得到允许。不过，总算可以离开这个是非之地了，苏东坡喜忧参半。

痛失王闰之

"当年江上生奇女，一盏寿觞谁与举。"(《蝶恋花·同安生日放鱼取金光明经救鱼事》）正当苏东坡准备起行北去定州的时候，又一个不幸降临了。元祐八年（1093）八月，苏东坡的第二任妻子，年仅四十六岁的王闰之因病去世。

> 呜呼！昔通义君，没不待年。嗣为兄弟，莫如君贤。妇职既修，母仪甚敦。三子如一，爱出于天。从我南行，菽水欣然。汤沐两郡，喜不见颜。我曰归哉，行返丘园。曾不少须，弃我而先。孰迎我门，孰馈我田。已矣奈何，泪尽目干。旅殡国门，我实少恩。惟有同穴，尚蹈此言。呜呼哀哉！(《祭亡妻同安郡君文》)

王闰之死后，苏东坡亲自执丧，“尽礼致哀”。

王闰之，小苏东坡十一岁，天生貌美，性格温顺，从小崇拜才华横溢、风流倜傥的姐夫苏东坡，因暗恋姐夫，虽到嫁人的年龄，但仍待字闺中，跟随苏东坡夫妇，不愿离开，直到堂姐王弗去世。当时，儿子苏迈年仅六岁，苏东坡为了儿子不受委屈，再加上他也不想辜负堂妹的一番情意，于是续娶王闰之作为继室。

从熙宁元年（1068）到元祐八年（1093），两人琴瑟相和二十五年，王闰之随同苏东坡经历了人生最大的起起伏伏，把自己一生最美好的时光都献给了苏东坡。苏东坡狂放豪横的背后，是一个柔顺谦卑的王闰之；苏东坡颠沛流离的背后，是一个不离不弃的王闰之；苏东坡痛苦不堪的背后，是一个暖意融融的王闰之；苏东坡穷困潦倒的背后，又是一个贤惠勤劳的王闰之。甚至，在苏东坡情绪最低落的贬谪时期，她竟然把侍女朝云送给丈夫作小妾，并终身与其和睦相处；在苏东坡被捕入狱的时候，她害怕被找出新的罪证，悄悄地焚毁了丈夫大量诗稿。

泛泛东风初破五。江柳微黄，万万千千缕。佳气郁葱来绣户。当年江上生奇女。一盏寿觞谁与举。　　三个明珠，膝上王文度，放尽穷鳞看圉圉。天公为下曼陀雨。

这是苏东坡唯一赞美王闰之的词作，是她过生日的时候，苏东坡买鱼放生为其资福，赞美她对三个儿子一视同仁。王闰之就像是岷江河畔的仙女，漫步在山岭青翠、碧水潺潺、佳气葱郁的曼陀罗花雨之中。

现在，秋光离人断肠处，苏东坡回忆起自己与王闰之风风雨雨的一生，感慨万千，做出了“唯有同穴，尚蹈此言”的承诺。

王闰之的葬礼结束后，她的灵柩被暂时安放在京西的寺院里，等待着“唯有同穴”愿望的实现。

“至矣吾三后，功高汉已还。复推元祐冠，盖得永昭全。”（《大行太皇太后挽词二首》其一）就在苏东坡准备起程离京的时候，又一噩耗传来，垂帘听政的太皇太后高氏病亡，这位旧党的主要支持者、元祐更化的主导者、苏东坡忠实粉丝的去世，犹如一场地震轰动了整个北宋朝野。而宋哲宗的亲政，又预示着北宋朝廷将会有天翻地覆的变化。

这位长期被晾在一边，“只见臀背”的小皇帝，如今已经十八岁，年轻气盛，再加上长期的压抑，使他对元祐大臣们和祖母有着一种报复性的不满。其实，新党早已经嗅出了小皇帝的不满情绪，一些不利于当朝的传言和蛊惑正助长着宋哲宗把不满变成私愤，直接指向了旧党。

哲宗皇帝听从礼部侍郎杨畏的建议，将章惇、吕惠卿等新党召回朝廷，决心把所有旧党人士全部贬谪出朝。

苏东坡虽做过哲宗的老师，但这个学生对祖母倚重的这位老师显然不感兴趣。尽管苏东坡同司马光等旧党的意见并不相合，而且也遭到他们的排挤和陷害，但哲宗皇帝仍然对其非常冷落。在苏东坡于九月二十七日赴定州前，以边帅身份向其面辞时，被他毫不留情地拒绝了。

苏东坡知道旧党大势已去，于是临行上表，苦苦规劝宋哲宗：“陛下之有为，惟忧太早，不患稍迟！”“臣恐急进好利之臣，辄劝陛下轻有改变，故辄进此说，敢望陛下深信古语，且守中医安稳万全之策，勿为恶药所误，实社稷宗庙之利，天下幸甚。”(《朝辞赴定州论事状》) 但这些都无济于事了，国势要大变了。

庭下梧桐树，三年三见汝。
前年适汝阴，见汝鸣秋雨。
去年秋雨时，我自广陵归。
今年中山去，白首归无期。(《东府雨中别子由》)

元丰八年（1093）九月末，苏东坡凄然惜别弟弟子由，默然离开了京都开封，以端明殿学士兼翰林仕读学士、礼部尚书知定州。

我亦旗鼓严中军

——定州的政绩

“聚散一梦中，人北雁南翔。吾生如寄耳，送老天一方。”(《谢仲适坐上送王敏仲北使》)元祐八年（1093）九月二十六日，苏东坡离开京都开封，经过三个月的长途跋涉，于十二月到达定州任上。

定州，战国初期为中山国，北宋庆历八年（1048）置定州路，驻扎定州，管辖定州、保州、祁州、相州等八州，属于边塞地区，北邻辽国，有一百多公里的边境线，边防驻军很多，为北部边防重镇。

旗鼓严军

“我亦旗鼓严中军。国恩当报敢不勤。”(《子由生日,以檀香观音像及新合印香银篆盘为寿》)来到定州，苏东坡以“忘身忧国之心”，全力推行“丰财”“择吏”“强兵”“富民”的主张，“勤恤民劳，密修边备”(《定州谢到任表》)，严肃整饬军纪，巩固北宋边防，惠及定州百姓。

苏东坡不仅是知州，还兼任河北西路安抚使兼马步军都总管的职务，从严治理军队也是其重要的工作职责。定州虽为边防军事重镇，但“承平百年烽燧冷”(《雪浪石》)。当时的定州，“军政坏弛，诸卫卒骄惰不教，军校蚕食其廪赐，前守不敢谁何”(《宋史·苏轼列传》)，因此，整饬军纪成了当务之急。

苏东坡严明法纪，查处贪污盗窃、克扣军饷、聚众赌博、鱼肉百姓等行为。论罪处罚，严惩守犯，“以警众革弊”，使军队纪律明显好转，军队的士气得到提升。同时，上书朝廷，乞降度牒，筹集资金，大力修补营房，改善士兵生活条件，“恤其有无，同其苦乐”(《乞降度牒修定州禁军营房状》)。他还带领广大士卒自力更生，种植桑树、枣树、槐树，以贴补军用。至今，定州文庙大院内，仍保存着两株古老的国槐，相传是苏轼亲手种植的，一株如凤凰展翅，另一株似神龙游天，历经千年，枝繁叶茂，人称“东坡双槐”。

作为边防重镇，必须居安思危，但由于长期没有战争，“沿边诸郡，军政少弛，将骄卒惰，缓急恐不可用”(《乞增修弓箭社条约状二首》其一)。平日保境安民，防止邻国偷袭，必须依靠当地百姓。自澶渊之盟以来，定州的百姓为了抗敌自保，自发组织了“弓箭社”这样的民间自卫组织。百姓在田里耕作时随身携带武器，一边耕作，一边随时准备御寇，遇到紧急情况击鼓相应，顷刻可至千人，很快就能组织起来抗击敌人。但王安石变法之后，因推行“保甲法”，“弓箭社”被大为削弱。苏东坡认为“弓箭社实为边防要用，其势决不可废”(《乞增修弓箭社条约状二首》其一)。苏东坡一方面奏请朝廷，将成立“弓箭社”立为沿边保境安民的法条；另一方面，组建少壮“弓箭社”，让老百姓“带弓而锄，佩剑而樵”(《乞增修弓箭社条约状二首》其一)，农忙务农，农闲习武，并轮番巡边，“人自为战”，使得“敌甚畏之”(《乞增修弓箭社条约状二首》其一)。在苏东坡的精心组织下，仅定州、保州两地就成立了六百多个“弓箭社”，人数多达三万余人，比当地驻军的人数还要多。形成军民一体的战备体制，确保当地百姓安居乐业。

赈灾救荒

元祐八年(1093)，河北一带遭受自然灾害，定州受灾严重，百姓缺粮，陷入饥荒。苏东坡一方面禁止苛捐杂税，免税五谷；另一方面奏请朝廷减价售卖仓储粮食，平抑物价，求将陈粮贷给百姓，等来年以新粮还官，这样“不惟乘此饥年，人户阙食，优加赈济，又使官中却得新好白米充军粮支遣，及免年深转至损坏，尽为土壤”(《乞将损弱米贷与上户令赈济佃客状》)，可谓一举两得。朝廷同意了苏东坡的奏请，使定州百姓顺利度过了饥荒。

另外，苏东坡还组织当地百姓利用唐河及黑龙潭水源，把一片沼泽地改良成水田，组织当地百姓专门学习水稻栽种技术，因地制宜种植水稻。他还教大家学唱南方的插秧歌，让老百姓在歌唱中忘记劳动的辛苦。后来人们把当地村庄的名字改为苏泉村，苏泉秧歌也流传至今。一系列的惠民措施促进了经济发展，惠及了百姓，使当地出现了“牛健民声喜”(《立春日小集呈李端叔》) 的欢乐场面。

雪浪石

定州、曲阳、阜平等地有一种石头，质地坚润，黑地白脉，纹理清晰。原石裸露的部分常呈黄褐色，白色的纹络如雪花一样均匀地撒在石面上，清晰而不张扬，有些石面上则有着明快的白色花纹，形似溪水瀑泉、浪涌雪沫，亦如一幅若隐若现的山水画卷。

苏东坡在修葺府衙东侧的众春园时挖出此石，如获至宝。观其花纹形势，很像蜀中著名画家孙知微所画雪浪画，遂起名雪浪石。后来，苏东坡又专门从曲阳运来一块汉白玉,请工匠雕琢成芙蓉盆，用于盛放雪浪石，并在众春园建起一座“雪浪斋”，并赋诗一首刻于盆上。

尽水之变蜀两孙，与不传者归九原。
异哉驳石雪浪飞，石中乃有此理存。
玉井芙蓉丈八盆，伏流飞空漱其根，
东坡作铭岂多言，四月辛酉绍圣元。(《雪浪斋铭》)

从此，中国产生了一个新石种——雪浪石。雪浪石名闻四海，成为宋代第一名石。后来，苏东坡到曲阳县走访时，又在太行山中发现大量的雪浪石矿脉。观其纹理，有的如万马奔腾，有的像飞流直下，有的似翩翩起舞……形态各异，气象万千，苏东坡遂咏《雪浪石》一首：

太行西来万马屯，势与岱岳争雄尊。

飞狐上党天下脊，半掩落日先黄昏。
削成山东二百郡，气压代北三家村。
千峰石卷矗牙帐，崩崖凿断开土门。
揭来城下作飞石，一炮惊落天骄魂。
承平百年烽燧冷，此物僵卧枯榆根。
画师争摹雪浪势，天工不见雷斧痕。
离堆四面绕江水，坐无蜀士谁与论。
老翁儿戏作飞雨，把酒坐看珠跳盆。
此身自幻孰非梦，故园山水聊心存。

贬谪英州

正当苏东坡为巩固边防、发展生产殚精竭虑的时候，京都开封的朝堂之上，正经历着一场天翻地覆的变革。宋哲宗以“绍述”的名义，全盘推翻了旧党的元祐之政，一大批元祐大臣纷纷被赶出朝堂。元祐九年（1094）春，首宰吕大防被贬为颍昌知府，两天后又改知永兴军。不久，弟弟苏辙也被贬为汝州知府。

四月，宋哲宗改年号为“绍圣”，意为继承神宗皇帝成法，进行政治改革。他起用新党激进派章惇为相，大张旗鼓地恢复了神宗皇帝时期的所有改革措施。但是，他们却抛弃了王安石变法的革新精神，把打击元祐党人作为其主要政治目标，大肆贬谪旧党大臣，在朝任职的高级官员约三十多人被贬出京城，史称“绍圣绍述”。

中山古战国，杀气浮高牙。
丛台余袨服，易水雄悲笳。
自从此花开，玉肌洗尘沙。
坐令游侠窟，化作温柔家。
我老念江海，不饮空咨嗟。
刘郎归何日，红桃烁残霞。

明年花开时，举酒望三巴。（《三月二十日多叶杏盛开》）

虽远在定州，苏东坡已经隐隐感觉到灾难即将来临，这时候，他想归田园居，恐怕也成了奢望。什么功名利禄，什么利害得失，到头来都是虚空一场。

清夜无尘，月色如银。酒斟时、须满十分。浮名浮利，虚苦劳神。叹隙中驹，石中火，梦中身。　　虽抱文章，开口谁亲。且陶陶、乐尽天真。几时归去，作个闲人。对一张琴，一壶酒，一溪云。（《行香子·述怀》）

果然，作为旧党主要人物的苏东坡，逃脱不了被“追杀”的命运。绍圣元年（1094），依附于章惇的虞策、吕惠卿、来之邵、蔡卞等人再次玩起了“乌台诗案”的伎俩，把苏东坡起草文书中所谓“讥斥神宗”之语罗列出来。蔡卞在诰文中说他语涉讥讪，“行污而丑正，学僻而欺愚”（黄以周《续资治通鉴长编拾补》卷九）。这些虽是老调重弹，但杀伤力依然很强。于是，苏东坡以诽谤先帝的罪名直落两职（取消端明殿学士、翰林侍读学士的称号），追贬一官（官品降低一级），以左朝奉郎（文职正六品上）责知英州。

英州，位于岭南，是落后的蛮貊之乡、瘴疠之地，生活条件极为艰苦，自古以来为罪臣流放之地。一般只有朝廷眼中“罪大恶极”的官员，才会被贬谪此地，以示最大限度的惩罚。

离开定州的那天，天气晴朗，巍巍太行山绵延不断，历历在目，万里南迁命运未卜，不知自己何时能像韩愈一样贬地北归，摆脱厄运。当年韩愈被贬谪到岭南，后遇赦北归，走到衡山的时候，写了一首《谒衡岳庙遂宿岳寺题门楼》：

我来正逢秋雨节，阴气晦昧无清风。
潜心默祷若有应，岂非正直能感通。
须臾静扫众峰出，仰见突兀撑青空。
紫盖连延接天柱，石廪腾掷堆祝融。

突然想起这首诗，苏东坡莫名地兴奋，立即安慰自己的家人："吾南迁其速返乎？退之衡山诗之详也。"(《临城道中作(并引)》) 自己是不会像柳宗元一样长留贬谪之地的。

> 逐客何人著眼看，太行千里送征鞍。
>
> 未应愚谷能留柳，可独衡山解识韩。(《临城道中作》)

但他哪里知道，自己不是韩愈，宋哲宗也非当年的唐德宗，贬谪英州仅仅是他厄运的开始。

此生归路愈茫然

——赴任惠州

“此生归路愈茫然，无数青山水拍天。”（《慈湖夹阻风五首》其二）从定州到岭南英州，远隔千山万水，前路茫茫，吉凶难卜。绍圣元年（1094）闰四月初三，五十九岁的苏东坡，不得不带着一家老小离开了安居不到半年的定州，踏上了前往岭南的遥远路途。

汤阴豌豆大麦粥

经临城、内丘，过邢台，一路来到汤阴。中午时分，天气炎热，苏东坡一家饥饿难耐，见到街边有卖豌豆大麦粥的，食客甚多，乳黄色的大麦粥里点缀着翠绿的豌豆，非常诱人。停下车来，每人一大碗，青色的豌豆发出清脆的响声，香浓的味道慰藉着苏东坡疲惫不堪的心。

逆旅唱晨粥，行庖得时珍。
青班照匕箸，脆响鸣牙龈。
玉食谢故吏，风餐便逐臣。
漂零竟何适，浩荡寄此身。
争劝加餐食，实无负吏民。
何当万里客，归及三年新。（《过汤阴市得豌豆大麦粥示三儿子》）

汤阴街上的父老乡亲看到苏东坡在此喝粥，纷纷上前，争着买单，并劝其再来一碗。这既是令苏东坡十分欣慰的场面，也是多年来他一心为民的结果。

从陆路到岭南，虽然路途近一点，但一路车马劳顿，还要翻山越岭，一家人上有老下有小，太过辛苦。并且苏东坡患有痔疮，双手还有些麻木。家境也有些窘迫，连雇用人马的钱也没有。从汤阴走到滑州时，苏东坡感到如此走下去，人到不了岭南，可能就会累病而死。于是，苏东坡上书朝廷："得罪以来，三改谪命"，请求朝廷允许他"前去汴泗之间，乘舟泛江，倍道而行，至南康军出陆赴任。"(《赴英州乞舟行状》)后来，哲宗皇帝尚念师生之情，答应了苏东坡的请求。

是的，走水路入汴泗、入淮河，转运河，入长江逆流而上到达江西，过鄱阳湖，顺赣江南行，翻越南岭，即到英州。路途虽然遥远一倍多，近七千多里，但绝大部分是行舟，免去了行路之苦。

过黄河汝州见弟

将过黄河，京城传来消息，秦观被贬至处州监酒税。原因就是"秦观浮薄小人，影附于轼。请正轼之罪，褫观职任，以示天下后世"(黄以周《续资治通鉴长编拾补》)。工部尚书李之纯因为替苏辙辩解，也以"阿附苏轼、苏辙"之由而被降知单州。自己含冤受屈犹可忍受，最难以忍受的是自己的门生故友们受到牵连。面对着滚滚东流的黄河水，仰望头顶白云青天，苏东坡几乎出离愤怒，感叹青天无眼，黄水难清。

> 活活何人见混茫，昆仑气脉本来黄。
> 浊流若解污清济，惊浪应须动太行。
> 帝假一源神禹迹，世流三患梗尧乡。
> 灵槎果有仙家事，试问青天路短长。(《黄河》)

渡过黄河，绕过京都开封，苏东坡经陈留西行来到汝州，此时弟弟苏辙已到汝州知州任上。兄弟二人虽情意深厚，但总是聚少离多，此番一别能否再见，都很难说。因此，相聚的气氛也十分压抑。

从汝州到金陵

苏东坡离开汝州时，弟弟送至陈留。这时候，皇帝允许其舟行的诏书已经下达。苏东坡一家人登舟入汴河，与弟弟含泪挥别。

> 人事千头及万头，得时何喜失时忧。
> 只知紫绶三公贵，不觉黄粱一梦游。
> 适见恩纶临定武，忽遭分职赴英州。
> 南行若到江干侧，休宿浔阳旧酒楼。(《被命南迁途中寄定武同僚》)

沿汴河一路东行，入泗水，过泗州、龟山、山阳，到达高邮。此时，好友孙升正在高邮老家闲居。

孙升，字君孚，高邮人。曾任元祐时期监察御史，旧党人士，也刚刚遭遇新党的弹劾，被驱逐出朝堂，正闲居在家。苏东坡十分羡慕，对自己来说，虽然阳羡已经置买田产，但谪命在身有家难回，孙君孚的家居生活对他来说无疑是一种奢望。

> 过淮风气清，一洗尘埃容。
> 水木渐幽茂，菰蒲杂游龙。
> 可怜夜合花，青枝散红茸。
> 美人游不归，一笑当谁供。
> 故园在何处，已偃手种松。
> 我行忽失路，归梦山千重。
> 闻君有负郭，二顷收横从。
> 卷野毕秋获，殷床闻夜舂。
> 乐哉何所忧，社酒粥面醲。
> 宦游岂不好，毋令到千钟。(《过高邮寄孙君孚》)

出高邮，过扬州，到仪真，稍作停留。在这里，苏东坡见到了长芦僧人思聪。思聪和尚与道潜（参寥）和尚是朋友。朋友的朋友也和道潜一样，慧根很深，了悟人生。苏东坡与他参禅论道，相见甚欢。临别时，思聪和尚江边送客，依依不舍。苏东坡吟诗赠送，并委托其也转赠道潜和尚。

亦知壶子不死，敢问老聃所游。
瑟瑟寒松露骨，耽耽病虎垂头。
莫言西蜀万里，且到南华一游。
扶病江边送客，杖挈浦口回头。
老去此生一诀，兴来明日重游。
卧闻三老白事，半夜南风打头。(《仆所至未尝出游过长芦闻复禅师病甚不可不一问既见则有间矣明日阻风复留见之作三绝句呈闻复并请转呈参寥子各赋数首》)

船至金陵，因大风阻挡，难以行船，于是全家人船泊金陵，登钟山，拜会老朋友法泉佛慧禅师。第二天，苏东坡带着三个儿子来到金陵清凉寺。因为妻子王闰之有过遗言，要画一幅阿弥陀佛像供奉庙里，保佑全家平安。苏东坡在这里令苏迈等完成画像，并供奉在此，以了却王闰之的遗愿。清凉寺的长老为其作法，祈愿苏东坡一家此去岭南，一路平安，免受岭南瘴疠之害。苏东坡十分感谢，吟诗回赠。

代北初辞没马尘，江南来见卧云人。
问禅不契前三语，施佛空留丈六身。
老去山林徒梦想，雨余钟鼓更清新。
会须一洗黄茅瘴，未用深藏白氎巾。(《赠清凉寺和长老》)

在清凉寺，法泉佛慧禅师告诉苏东坡，新亭崇因禅院的宗袭长老筹资造了一尊绝妙的观世音像，希望他能去瞻仰。崇因禅院系六朝古寺，南朝刘宋时（420—479）名旷野寺，宋初改称崇因寺，也叫崇因院。苏东坡在观世音菩萨面前许下誓愿："吾北归当复过此，而为之颂。"（《观世音菩萨颂》）

离开金陵，船行至当涂慈湖夹，江面顿起大风。阴风怒号，浊浪排空，惊涛拍岸，舟船在江面上起伏摇摆，难以前行。苏东坡联想到自己的一生，何曾不是在风浪中行舟？虽然屡遭凶险，但依然艰难前行。

其一

捍索桅竿立啸空，篙师酣寝浪花中。

故应菅蒯知心腹，弱缆能争万里风。

其二

此生归路愈茫然，无数青山水拍天。

犹有小船来卖饼，喜闻墟落在山前。

其三

我行都是退之诗，真有人家水半扉。

千顷桑麻在船底，空余石发挂鱼衣。

其四

日轮亭午汗珠融，谁识南讹长养功。

暴雨过云聊一快，未妨明月却当空。

其五

卧看落月横千丈，起唤清风得半帆。

且并水村欹侧过，人间何处不巉岩。（《慈湖夹阻风五首》）

再贬惠州

尚未到英州，朝廷又传来坏消息，新任御史来之邵等再次弹劾苏东坡，“复言先生自元祐以来，多托文字讥斥先朝，虽已责降，未厌舆论”。皇帝下旨：“责授宁远军节度副使、惠州安置。”(《苏轼文集编年笺注》) 同时，弟弟苏辙因“与轼大倡丑言，未尝加罪”(《苏轼年谱》)，降受左朝议大夫，知袁州。

英州未到，再贬惠州，苏东坡一下子被赶到了荒蛮的大海边。接到诏命，他好像感受到了来自朝堂的刻骨仇恨，而且这种仇恨还会随着新党人士的不断复出更甚。于是，他命大儿子苏迈带着全家人直接回阳羡家中，自己带三儿子苏过前去惠州。泪流满面的王朝云不同意这样的安排，坚决要求随苏东坡一起前往。无奈之下，苏东坡带着三儿子苏过和爱妾王朝云一起赴惠州。在润州做知州的门生张耒听说此事之后，派了两名兵卒随行护送，以防不测。

“人生何处不巉岩”，离别家人，苏东坡突然洒脱起来，他好像不是在贬谪途上，更像是一次愉快的旅行。

舟行至彭泽，他站在船头眺望彭泽小城，好像看到了当年的县令陶渊明，不为五斗米折腰，唱着“归去来兮，田园将芜胡不归”拂袖而去，于是走进船舱，挥毫抄录了《归去来兮辞》。

船到湖口，苏东坡遇到了当时著名的画家、宦官李正臣。他家里蓄有一奇石，石高五尺有余，上有九座山峰，山峰玲珑，山谷幽深，称为“壶中九华”。苏东坡十分喜爱，想买来与自己在扬州收藏的仇石作伴，但遭到拒绝，于是吟诗抒爱。

清溪电转失云峰，梦里犹惊翠扫空。
五岭莫愁千嶂外，九华今在一壶中。
天池水落层层见，玉女窗明处处通。
念我仇池太孤绝，百金归买碧玲珑。(《壶中九华诗》)

船到九江，苏东坡遇见了昔日好友苏坚。苏坚，字伯固，泉州人。在苏东坡任杭州太守时，苏坚曾为“督开西湖”的总理。此时他为永丰尉，正路过九江在去往澧阳任职的路上。陌路遇旧识，分外亲切。一首《归朝欢》，人生漂泊的伤感中，充满着豪迈积极的开朗情怀。

我梦扁舟浮震泽，雪浪摇空千顷白。觉来满眼是庐山，倚天无数开青壁。此生长接淅。与君同是江南客。梦中游，觉来清赏，同作飞梭掷。　明日西风还挂席。唱我新词泪沾臆。灵均去后楚山空，澧阳兰芷无颜色。君才如梦得。武陵更在西南极。竹枝词，莫摇新唱，谁谓古今隔。

上阕写梦境，感叹人生如梦，四处漂泊，而下阕则心随帆行，希望好朋友像楚地的屈原、澧阳的刘禹锡一样，作出新的“竹枝词”。

鄱阳湖上“苏黄”会

七月中旬，舟行至彭蠡湖（鄱阳湖）上，苏东坡遇到了自己最有才华的门生黄庭坚。原来，黄庭坚也同他一样被一贬再贬。先是被贬至宣州，快到宣州任上时，又被贬至鄂州，他不得不回头赶往鄂州，就是这样递进式的贬谪，使两位文坛上的“苏黄”绝配，相聚在了烟波浩渺的洞庭湖之上。整整三天时间，他们朝夕相处，吟诗唱和，好不快哉。

黄庭坚曾偶得一铜雀陶砚，大概有近千年的历史，深埋于地下，偶然被发掘出来重见天日。黄庭坚把陶砚展示给老师，苏东坡非常喜欢，立即作铭文，并亲自刻于砚台之上。

漳滨之埴，陶氏我厄。受成不化，以与真隔。人亡台废，得反天宅。遇发丘陇，复为麟获。累然黄子，玄岂尚白。天实命我，使与其迹。(《黄鲁直铜雀砚铭》)

虽为吊古兴亡之作，却透露着两个人怀才不遇的伤感。三日之后匆匆作别，这竟然是两位文坛巨子的诀别。也就是在这个时候，朝廷又传来消息，弟弟苏辙也遭三谪的命运，又一次被贬至江西筠州居住。

八月初，苏东坡终于渡过了彭蠡湖，在吴城镇登岸，来到了著名的望湖亭。望湖亭始建于晋代，坐落在彭蠡湖的岸边，登亭远眺，透过迷茫浩渺的湖水，北面的庐山隐约而观，秋风萧瑟，暮霭沉沉，湖中孤单的风帆给人一种寂寞寥落的感觉。

八月渡长湖，萧条万象疏。
秋风片帆急，暮霭一山孤。
许国心犹在，康时术已虚。
岷峨家万里，投老得归无。(《南康望湖亭》)

逆赣水南行

出彭蠡湖，入赣水南行。赣江水清澈见底，游鱼穿梭，水上渔排往来，时有白鳞入篓，渔人放歌。江岸白沙细腻，岸上群山高低错落，山上翠竹随风舞动，时有稻田农庄镶嵌其中，田中老叟扶犁鞭牛，好一派世外田园风光。

江西山水真吾邦，白沙翠竹石底江。
舟行十里磨九泷，篙声荦确相舂撞。
醉卧欲醒闻淙淙，真欲一口吸老庞。
何人得俊窥鱼矼，举叉绝叫尺鲤双。(《江西》)

经豫章，到庐陵，江平岸阔。忽见岸上稻田中，农夫骑一木马状的农具，插秧劳作，非常方便。苏东坡不禁十分惊讶，下船查看究竟。原来是当地一种插秧用的木制农具名曰“秧马”，外形似小船，头尾翘起，“以榆枣为腹欲其滑；以楸桐为背欲其轻。腹如小舟，昂其首尾，背如覆瓦，以便两髀。雀跃于泥中，系束藁其首以缚秧，日行千畦”(《秧马歌（并引）》)。这样的农具不仅提高了插秧的效率，还大大降低了劳动的辛苦程度。好奇的苏东坡赤脚下田，亲自试用，大呼方便。俯仰之间，他诗兴大发，一首《秧马歌》脱口而出。

春云濛濛雨凄凄，春秧欲老翠剡齐。
嗟我妇子行水泥，朝分一垄暮千畦。
腰如箜篌首啄鸡，筋烦骨殆声酸嘶。
我有桐马手自提，头尻轩昂腹胁低。
背如覆瓦去角圭，以我两足为四蹄。
耸踊滑汰如凫鹥，纤纤束藁亦可赍。
何用繁缨与月题，揭从畦东走畦西。
山城欲闭闻鼓鼙，忽作的卢跃檀溪。
归来挂壁从高栖，了无刍秣饥不啼。
少壮骑汝逮老黧，何曾蹶轶防颠跻。
锦鞯公子朝金闺，笑我一生蹋牛犁，
不知自有木马骈騠。

这时，他突然想起了定州刚刚学会种水稻的农民们，要是他们也有这样的农具，该多么方便啊！

受庐陵名流曾安止的邀请，苏东坡畅游庐陵名胜。路上遇一人前呼后拥，非常气派。此人名叫刘弇，字伟明，少年时以才学自负，元丰进士，意气风发，自视才华第一。两人相见，苏东坡谦卑地问其尊姓大名。刘弇见是一位白发老者，且神形疲倦，不知道他就是苏东坡，想以自己的名号折服人，颇有些不屑一顾，大声说：“庐陵刘弇。”接着，刘弇也反问苏东坡，苏东坡低头一揖说：“罪人苏轼。”刘弇大惊，马上作揖致敬，大呼：“不意乃见所畏。”

离开庐陵，顺江南行，以下江水弯多滩险，有十八个滩头。船行至万安黄公滩，这是所有滩头中最危险的一个，水深流急且乱石错综，常有舟破人亡的事故。苏东坡虽然有些紧张害怕，却戏称“黄公滩”为“惶恐滩”。

七千里外二毛人，十八滩头一叶身。

山忆喜欢劳远梦，地名惶恐泣孤臣。

长风送客添帆腹，积雨浮舟减石鳞。

便合与官充水手，此生何止略知津。(《八月七日初入赣过惶恐滩》)

船在船工的灵活掌控之下，顺利地渡过了黄公滩。东坡过后，黄公滩从此更名“惶恐滩”。继续前行至造口，天色将晚，又下起了大雨，只能夜宿造口。

夜半三更，雨打梧桐，顿时寒意浓浓，听着蛐蛐凄厉的叫声，苏东坡久久难以入梦。回望过去，往事历历在目。如今，夜宿荒野，不知明天又会在哪里。

梧桐叶上三更雨，惊破梦魂无觅处。夜凉枕簟已知秋，更听寒蛩促机杼。　梦中历历来时路，犹在江亭醉歌舞。尊前必有问君人，为道别来心与绪。(《木兰花令·梧桐叶上三更雨》)

虔州八景

继续南行，到达虔州，苏东坡将从这里登陆，改为陆行。虔州，因虔化水而得名，隋朝开皇年间改南康郡为虔州，后改名为赣州。因此，赣州简称虔。虔州城下，章江和贡江汇合成赣江，襟带千里，蜿蜒向北，注入彭蠡湖。因此，虔州素有“千里赣江第一城”称号。

说起虔州，苏东坡早在十八年前就已经与其结下了缘分。宋仁宗嘉祐年间(1056—1063)，虔州知州孔子第四十六世孙——孔宗翰因江水环城，“州城岁为水啮”，“伐石为址，冶铁固基”，“改甃以石，并建台城上”(《赣州府志》)。楼台建成后，登台而望，著名的“虔州八景”尽收眼底。因此，楼台被取名为“八景台”。孔宗翰离开虔州时，请画师将虔州八景绘制成图，名为“八景图”，以作留念。

熙宁十年(1077)，苏东坡由密州太守改任徐州太守时，孔宗翰接任密州。临行前，孔宗翰拿出自己的“八景图”，请苏东坡按图题诗，以便寄回虔州，镌刻于石，以图永存。苏东坡虽十分欣赏“八景图”，但因事紧路急，思路未成，便婉言拒绝，孔宗翰未能如愿。

两年之后，孔宗翰调任陕州，路过彭城，再次与苏东坡相遇。苏东坡欣然看图作诗八首，了却了当年遗憾。孔宗翰立即将诗寄往虔州，着人将其镌刻于八景台。从此，“虔州八景”名扬天下。

这次路过虔州，苏东坡感到十分亲切，他要亲自看看这“虔州八景”是否与诗意相合。虔州太守黄元翁热情地接待了苏东坡。虔州的文人墨客听说苏东坡来了，也纷纷前往拜谒，陪同游览。

在众人的簇拥下，苏东坡登上虔州城西贺兰山顶，山顶有一楼台，郁然孤峙，这就是有名的“郁孤台”。站在台上，既可远眺秀丽的山水风光，也可俯瞰虔州全城。在众人的怂恿下，苏东坡再吟“郁孤台”：“八境见图画，郁孤如旧游。山为翠浪涌，水作玉虹流。”

虔州城外，贡水东岸，有马祖岩，理学家周敦颐在此修建了五个亭子，其中“尘外亭”就是虔州八景之一。登上了马祖岩，小憩尘外亭，苏东坡仿佛来到了世外仙境，陶醉之余又吟“尘外亭”：“楚山澹无尘，赣水清可厉。散策尘外游，麾手谢此世。山高惜人力，十步辄一憩。却立浮云端，俯视万井丽。”

在虔州期间，苏东坡还专门拜访了当地著名的隐士阳孝本。阳孝本，字行先，二十九岁游学汴京，学识渊博。因看不惯当时京城骄奢专横，辞官还乡。他将自己的财产分为三份，一份捐给乡里的师友，一份捐给虔州通天岩的寺庙，一份留给自己急用。然后，隐居通天岩，号称“玉岩居士”。

两人相见，“深讶相遇之晚，遂为刎颈之交”(《全元文》卷一二四三)。虔州州衙旁有报恩光孝寺，寺内有廉泉。廉泉得名于被发现时的南朝刘宋元嘉时期(424—453)，时任太守因泉建寺，并以廉洁著名，故名廉泉。苏东坡与阳孝本两次相聚于廉泉，彻夜长谈。一首有感而作的《廉泉》，大致记录了他们长谈的内容，见证了两人高洁的品德。

水性故自清，不清或挠之。
君看此廉泉，五色烂摩尼。

廉者为我廉，我以此名为。

有廉则有贪，有慧则有痴。

谁为柳宗元，孰是吴隐之。

渔父足岂洁，许由耳何淄。

纷然立名字，此水了不知。

毁誉有时尽，不知无尽时。

揭来廉泉上，捋须看鬓眉。

好在水中人，到处相娱嬉。

离别虔州时，虔州的乡贤们纷纷请其亲书旧作《八景图》，以刻石纪念。

石　楼：坐看奔湍绕石楼，使君高会百无忧。三犀窃鄙秦太守，八咏聊同沈隐侯。

章贡台：涛头寂寞打城还，章贡台前暮霭寒。倦客登临无限思，孤云落日是长安。

白鹊楼：白鹊楼前翠作堆，萦云岭路若为开。故人应在千山外，不寄梅花远信来。

皂盖台：朱楼深处日微明，皂盖归时酒半醒。薄暮渔樵人去尽，碧溪青嶂绕螺亭。

马祖岩：使君那暇日参禅，一望丛林一怅然。成佛莫教灵运后，着鞭从使祖生先。

坐外亭：却从尘外望尘中，无限楼台烟雨濛。山水照人迷向背，只寻孤塔认西东。

郁孤台：烟云缥缈郁孤台，积翠浮空雨半开。想见之罘观海市，绛宫明灭是蓬莱。

峰　山：回峰乱嶂郁参差，云外高人世得知。谁向空山弄明月，山中木客解吟诗。

在当地文人墨客的陪同下，苏东坡遍游八景，深感虔州风景秀丽，文韵深厚，自己当年看图之作有些单薄，“虽至千万未有不一者也”(《虔州八境图八景并序》)。

离开虔州，苏东坡沿上犹江继续前行。上犹江是一条美丽多情的江，蜿蜒曲折，水色清澈，落差近千米，又称“九十九曲河”。苏东坡被它的多情美丽所迷住，大加赞叹：“长河流水碧潺潺，一百湾兮少一湾。造化自知太元巧，不留足数与人看。”(《上犹江》)

翻越大庾岭

一路前行，苏东坡来到大庾岭脚下大庾县。大庾岭即庾岭要塞，又称梅岭，为南岭中的“五岭”之一，因汉武帝时庾胜将军筑台得名。翻越大庾岭，就要到达荒蛮之地的岭南了，苏东坡毅然决然登上了大庾岭。

一念失垢污，身心洞清净。
浩然天地间，惟我独也正。
今日岭上行，身世永相忘。
仙人拊我顶，结发授长生。(《过大庾岭》)

正在大山中穿行，苏东坡忽然看见两位道人。道人见有行人，立即隐入林中不出。苏东坡告诉两个随行兵卒：“此中一定有异人，咱们一起去拜访他们吧。”在两个兵卒的陪同下，苏东坡深入林中，见有茅屋数间，两位道人居住其中，神态怡然，行动洒脱。他们问道：“你们是何人？”苏东坡回答是苏学士。道人问：“莫不是苏子瞻乎？”苏东坡说：“学士始于文章得，终以文章失。”两个道人相视一笑说：“文章岂能解荣辱，富贵从来有盛衰”。苏东坡十分吃惊，进而感叹：难道世上的有道之士，都隐居在这山林之中吗?

越过城南韶关，到达韶州。城南有一月华寺，因遭遇火灾正在重建。寺中住持听说苏东坡经过这里，连忙请他为新寺题梁。苏东坡挥笔题写：“上祝天子万年，永作神主。敛时五福，敷锡庶民。地狱天宫，皆为净土。有性无性，齐成佛

道。”(《曲江县志》)

身为贬谪之士，却祝天上人间皆为净土，天子庶民皆福寿万全，毫无怨愤之气，足见苏东坡的宽容大度。

过南雄州，经双峰山下，入曹溪。曹溪旁有一座南华寺，这是六祖惠能光大禅宗的地方。苏东坡入寺朝拜，仰望六祖惠能的塔中漆储真身，想到六祖与师兄惠明争夺衣钵的故事，再想想自己如今的遭遇，苏东坡泪如雨下。

> 云何见祖师，要识本来面。
> 亭亭塔中人，问我何所见。
> 可怜明上座，万法了一电。
> 饮水既自知，指月无复眩。
> 我本修行人，三世积精练。
> 中间一念失，受此百年谴。
> 抠衣礼真相，感动泪雨霰。
> 借师锡端泉，洗我绮语砚。(《南华寺》)

想当年，惠明和尚为夺六祖得传的衣钵，追逐惠能和尚于山林之中。惠能将衣钵放在石头上，惠明却怎么也拿不动，只得向惠能求法，六祖惠能让他屏息诸念，良久问曰：“不思善，不思恶，正与么时，那个是明上座本来面目。”于是惠明大悟，对六祖惠能说：“蒙受指教，明心见性，如人饮水，冷暖自知。”六祖惠能又说：“智如日，慧如月，智慧常明。于外著境，被妄念浮云盖覆自性，不得明朗。”

苏东坡觉得自己好像一直被妄念浮云所遮蔽，劳碌大半生，得到了什么，又失去了什么？他真想用这曹溪祖庭的卓锡泉水，洗尽自己满身的浮世铅华。

英州之行

继续南行到达英州，英州是个小州，位于南山北面江边，只管辖两个小县，人烟稀少。根据第一道贬谪诏命，他本应以左朝奉郎出知英州的，但因屡改谪命，连在这一小小的英州也成了奢望。来到英州州衙，苏东坡没有初到虔州时的前呼后拥，没人迎接，也没人欢送，他只是在州衙的小亭稍作休息，就离开了。在此期间，苏东坡携儿子苏过游览了英州碧落洞，参观了当地的寿圣寺（南山寺），遇见了当地隐士石汝砺。汝砺，字器之，钻研《易经》，撰写《易解》《易图》，曾经被推荐给朝廷，但因王安石的阻拦不被重用，至今隐居在此。两人相谈十分投机，石汝砺给苏东坡介绍了惠州的风土人情，还特别赞美惠州罗浮山的美景。直到傍晚，他们才依依作别。

广州清远峡

“小寒初渡梅花岭，万壑千岩背人境。清远聊为泛宅行，一梦分明堕乡井。”（《清远舟中寄耘老》）从英州继续南行至广州境内清远县，顺北江而下，到达清远峡山。听说山上有飞来寺，于是泊舟山下，摄衣而上。到达寺内，得知寺中住持寿公长老外出化缘，甚感失望。

他抬头四顾，见两峰青翠，一湾碧绿，风抚松林，云碓自春，时有猿鸟乱啼，忽然想起唐人孙洛之妻袁氏的故事就发生在这里。唐朝中期，飞来寺收养了一只聪明可爱的白色小猴子，后被送到京城长安，献给了唐明皇。“安史之乱”时，猴子逃出宫中，化为一袁姓女子，与名叫孙洛的书生结为夫妻。苏东坡问留寺僧人，是否确有其事。寺僧不置可否，但坚称的确经常见到许多白猿在峡山一带活动。

苏东坡十分兴奋，一首《峡山寺》应时而出：

天开清远峡，地转凝碧湾。
我行无迟速，摄衣步孱颜。
山僧本幽独，乞食况未还。
云碓水自舂，松门风为关。
石泉解娱客，琴筑鸣空山。

佳人剑翁孙，游戏暂人间。

忽忆啸云侣，赋诗留玉环。

林空不可见，雾雨霾髻鬟。

其中归猿的故事，因苏东坡的这首诗在清远峡生根发芽，清远峡山相继出现了归猿峰、归猿洞以及归猿的戏曲故事，形成了独到的归猿文化。

顺江而下，来到清远县城。苏东坡走出船舱，但见码头上挤满了人，要一睹苏学士的风采。一位姓顾的秀才十分热情，知道他此行的目的地是惠州，就向苏东坡详细地介绍了惠州的风物人情，从火红的荔枝到芳香的桂花，从便宜的朱橘到昂贵的黄柑，让苏东坡听后十分向往。

到处聚观香案吏，此邦宜著玉堂仙。

江云漠漠桂花湿，海雨翛翛荔子然。

闻道黄柑常抵鹊，不容朱橘更论钱。

恰从神武来弘景，便向罗浮觅稚川。(《舟行至清远县见顾秀才极谈惠州风物之美》)

广州白云山

从清远继续南行，到达广州。广州的推官程全父、通判谭掞热情地接待了苏东坡，带东坡畅游了白云山。白云山山体宽阔，由三十多座山峰组成。白云山的东麓有一道山涧盛产菖蒲草，因此名叫蒲涧。从涧顶到涧底有数十米，涧顶常年滴水，人称滴水岩，到夏天则成飞瀑，如帘幕般落下，又称帘泉。蒲涧东侧有一座寺庙，名曰蒲涧寺。进入寺内，山上森木苍翠，山涧菖蒲蓊郁，滴水岩飞流直下，清晰可见。

不用山僧导我前，自寻云外出山泉。

千章古木临无地，百尺飞涛泻漏天。

昔日菖蒲方士宅，后来薝蔔祖师禅。

而今只有花含笑，笑道秦皇欲学仙。(《广州蒲涧寺》)

广州浴日亭

广州东扶胥有一座南海神庙，神庙西侧有座小山丘，古称章丘。山丘上有一座小亭子，前临大海，茫然无际，是观赏海景的最佳位置。离开广州前，苏东坡登临望远，即兴赋诗：

剑气峥嵘夜插天，瑞光明灭到黄湾。

坐看旸谷浮金晕，遥想钱塘涌雪山。

已觉苍凉苏病骨，更烦沆瀣洗衰颜。

忽惊鸟动行人起，飞上千峰紫翠间。(《浴日亭》)

诗因亭作，亭因诗成。从此“浴日亭”名扬天下，被作为广州八景之首，称作“扶胥浴日”。

朝市日已远，此身良自如。

三杯软饱后，一枕黑甜余。

蒲涧疏钟外，黄湾落木初。

天涯未觉远，处处各樵渔。(《发广州》)

走进罗浮山

离开广州，朔东江东行约一百里，进入惠州境内。这一日，苏东坡夜宿罗浮山下的泊头镇。由于英州隐士石汝砺和清远顾秀才的介绍，苏东坡几乎对惠州和罗浮山充满了向往。第二天，他就与儿子苏过登上罗浮山。

罗浮山在惠州博罗县境内，由罗山和浮山组成。相传浮山原是蓬莱之山，尧时洪水，漂流而来，博于罗山，故名罗浮山。罗浮山是著名的道教名山，被誉为“岭南第一山”。方圆约二百六十平方公里，大小山峰四百多座，飞瀑名泉近千处，有洞天幽岩近百处，有冲虚观、朱明洞等很多道观，号称第七洞天、第三十四福地。东晋道家、炼丹家葛洪，曾在这里炼丹，并有专著《抱朴子》。据唐代张读《宣室志》卷一记述：“唐玄宗时，僧契虚入商山，遇棒子（肩背竹篓的商贩），同游山顶，见有城邑宫阙，玑玉交映于云霞之外。棒子指语：此仙都稚川也。至一殿，见一人具簪笏，凭玉几而坐，其貌甚伟，侍卫环列，呵禁极严，曰是稚川真君。”因此，人们把道家仙山都称为稚川。

罗浮高万仞，下看扶桑卑。
默坐朱明洞，玉池自生肥。
从来性坦率，醉语漏天机。
相逢莫相问，我不记吾谁。(《次韵定慧钦长老见寄八首》其三)

置身罗浮山中，苏东坡好像真到了洞天福地的稚川。他畅游了长寿观、冲虚观，畅饮了卓锡泉，还在葛洪的丹灶上题了字。晚宿宝积寺中阁，盛赞罗浮山“山不甚高，而夜见日，此可异也”(《游罗浮山一首示儿子过》)。

绍圣元年（1094）十月，经过半年的长途跋涉，历尽千难万险，苏东坡与侍妾朝云、三子苏过终于到达宁远军节度副使、惠州安置的任上。

便向罗浮觅稚川

——惠州为官的苦与甜

“恰从神武来弘景，便向罗浮觅稚川。”(《舟行至清远县见顾秀才极谈惠州风物之美》)惠州，春秋时期为缚娄小国，秦朝时期为傅罗县，三国时改名博罗县，梁朝时置梁化郡，隋朝时置循州，唐改名祯州，北宋天禧年间，为避宋仁宗赵祯之讳，改名惠州，辖归善、博罗、海丰、河源四县。

“左瞰丰湖右瞰江，五峰出没水中央。”(杨万里《惠州丰湖亦名西湖》)惠州小城四面环水，北边有东江由东向西流过，城的四周有南湖、丰湖、平湖、菱湖和鳄湖五座湖泊。城中有三座小山，其中梌山最高，站在山顶，惠州小城一览无余，惠州衙就在梌山之上。

寓居合江楼

绍圣元年（1094）十月初，苏东坡到达惠州码头。已是冬天的惠州气候湿润舒适，和煦的阳光普照着山水相拥的小城，码头上挤满了迎接的官员和看热闹的百姓。苏东坡一出现在船头，就引起岸上人们的骚动，许多人呼喊着他的名号。苏东坡觉得自己不像是一位被贬谪的罪人，倒像是一位凯旋的英雄，不由得让他热泪盈眶。

仿佛曾游岂梦中，欣然鸡犬识新丰。
吏民惊怪坐何事，父老相携迎此翁。
苏武岂知还漠北，管宁自欲老辽东。
岭南万户皆春色，会有幽人客寓公。(《十月二日初到惠州》)

惠州太守詹范，字器之，福建崇安人，宋嘉祐八年（1063）的进士。与苏东坡年龄相仿，为人正直，为官清廉。虽然以前不曾与苏东坡见过面，但他欣赏苏东坡的才华，仰慕他的为人，所以对他尊重有加，非常亲切。苏东坡对詹范太守也十分地钦佩，他在《和陶贫士》中这样描述："老詹亦白发，相对垂霜蓬。赋诗殊有味，涉世非所工。杖藜山谷间，状类渤海龚。"

詹范太守虽然也和他一样已经白发苍苍了，但诗赋文章都很不错，且为人处世很单纯，关心民瘼，经常深入民间，劝课农桑。

詹范太守将苏东坡安置在了惠州最好的皇家驿馆合江楼。合江楼在三司行衙之中，依山而建，脚下东江水与西支江水合流于此。登楼眺望，青山、流水与楼台交相融合，城在山水中，人在仙境里。

海上葱昽气佳哉，二江合处朱楼开。
蓬莱方丈应不远，肯为苏子浮江来。
江风初凉睡正美，楼上啼鸦呼我起。
我今身世两相违，西流白日东流水。
楼中老人日清新，天上岂有痴仙人。
三山咫尺不归去，一杯付与罗浮春。(《寓居合江楼》)

迁居嘉佑寺

合江楼虽好，但自己身为罪臣，"身世两相违"，长期居住是不合适的。于是，在半个月之后，苏东坡不得不迁居归善县城郊的嘉佑寺。这里虽没有合江楼的气派豪华，但很静谧幽雅。寺院傍山而建，周围是桄榔林，山上种满了荔枝树，山顶有峻峰，松柏上千株，葱郁茂密，顶上有一座亭子，名松风亭。亭子的尖顶随着起伏的松涛，时隐时现。嘉佑寺的早上鸦鹊声声，傍晚牛羊归圈。"昔我初来时，水东有幽宅。晨与鸦鹊朝，暮与牛羊夕。"(《和陶移居二首》其一)

俗话说，穷日子难熬。在嘉佑寺，苏东坡为了摆脱郁闷和悲观，决心像葛洪一样修炼养生之术，恢复体力。他给自己的房间起名“思无邪斋”，并给斋室作铭：

幅巾危坐，终日不言。明目直视，而无所见。摄心正念，而无所觉。于是得道，乃名其斋曰思无邪，而铭之曰：大患缘有身，无身则无病。廓然自圆明，镜镜非我镜。如以水洗水，二水同一净。浩然天地间，惟我独也正。（《思无邪斋铭（并叙）》）

他在《思无邪丹赞》记录了自己禅坐练功的情况：

饮食之精，草木之华。集我丹田，我丹所家。我丹伊何，铅汞丹砂。客主相守，如巢养鸦。培以戊己，耕以赤蛇。化以丙丁，滋以河车。乃根乃株，乃实乃华。昼炼于日，赫然丹霞。夜浴于月，皓然素葩。金丹自成，曰思无邪。

在嘉佑寺里，他以食物的精华、草木的元气集于丹田养炼，然后借助铅汞丹砂，培养元力，最终能达到思无邪的澄澈之境，修得内心的安宁。

是年秋，将近黄昏，苏东坡漫步在嘉佑寺的后山，准备登临松风亭，欣赏夕阳晚景。忽然他看到道旁桄榔林里有数枝梅花开放，淡黄色的花朵像晶莹的星星一样，掩映在茂密的荔枝树旁。神情恍惚间，他仿佛回到了黄州，在春风岭上所看到的梅花，心想，它们莫非是天界仙子，随我而来？

春风岭上淮南村，昔年梅花曾断魂。
岂知流落复相见，蛮风蜒雨愁黄昏。
长条半落荔支浦，卧树独秀桄榔园。
岂惟幽光留夜色，直恐冷艳排冬温。
松风亭下荆棘里，两株玉蕊明朝暾。

海南仙云娇堕砌，月下缟衣来扣门。

酒醒梦觉起绕树，妙意有在终无言。

先生独饮勿叹息，幸有落月窥清樽。(《十一月二十六日松风亭下梅花盛开》)

从嘉佑寺到松风亭，是苏东坡经常散步的线路。一天，苏东坡走到半山腰，忽然感到十分疲乏，不胜脚力，就想到松风亭里休息。可抬头一看，松风亭的尖顶还在树林的高处、远处，不知道什么时候才能走到。转念一想，为什么非要爬到松风亭去休息，这里不也能休息吗？于是他席地而坐，就地休息。苏东坡忽然茅塞顿开，就像挂钩之鱼突然得到解脱一样。战场上，战鼓如雷霆，冲上去就要死于敌手，退回来就要死于军法，这时不妨坐下来好好休息一下。人活在世，总是执着太多，或执着于人，或执着于事，或执着于物，甚至执着于一句话。过去的已经过去，过分执着只会徒增其忧。只有放下，才能得到解脱。

苏东坡不禁又想起了一段往事，那年，自己刚刚被召还朝担任礼部郎中。那时，好朋友王巩也从被贬谪的岭南宾州回到京城。王巩是“乌台诗案”的最大受害者，被贬谪的地方最为遥远。当时，侍妾柔奴心甘情愿地追随王巩去了岭南宾州。在岭南的日子里，柔奴歌声相伴，温柔服侍，使王巩不但没有变老，反而更加精神焕发，性情更加豁达。苏东坡为其接风洗尘期间，他见到了年轻貌美的柔奴，发现她的歌声更为甜美，容颜也更加红润，看来宾州的水土真养人啊！苏东坡试探地问柔奴其中的奥妙，柔奴则脱口回答：“此心安处，便是吾乡。”如此豁达之语，竟然出自一个柔弱女子，苏东坡十分惊诧，立刻填词《定风波》一阕。

常羡人间琢玉郎，天应乞与点酥娘。自作清歌传皓齿，风起，雪飞炎海变清凉。　万里归来颜愈少，微笑，笑时犹带岭梅香。试问岭南应不好？却道，此心安处是吾乡。

回忆完往事，苏东坡粲然一笑，是啊，“此心安处是吾乡”。如今，作为戴罪之身，自己身边也有像柔奴一样的朝云陪伴，惠州就是自己洞天福地的稚川，不向前、不后退，不如停下来好好体会当下。

但是，如今条件实在太艰苦，嘉佑寺里阴暗潮湿，蚊虫很多，苏东坡的痔疮屡屡发作，朝云水土不服，经常疾病缠身。自己的病犹可忍，最让他伤心的是看着在病痛折磨下日渐憔悴的朝云。

苏东坡不禁想起白居易的美妾樊素。樊素擅唱杨柳词，人称杨柳。后来，白居易年老体衰，樊素就自己溜走了。因此，有人唱道："春尽絮飞留不得，随风好去落谁家。"（《朝云诗（并引）》）他又想起了晋人刘伶元，年老时也有一个名叫樊通德的小妾，二人一直情笃意深，并经常谈诗论赋，议古论今，人称"刘樊双修"。

年轻的王朝云从十几岁就跟随苏东坡，心甘情愿地随自己南迁，虽历经千辛万苦，但与樊通德一样，始终对他不离不弃，生死相随。特别是儿子苏遁夭折之后，朝云一心礼佛，每天不是念经就是熬药，唯望有朝一日，与苏东坡一同羽化登仙。面对如此痴情的朝云，苏东坡五味杂陈。

> 不似杨枝别乐天，恰如通德伴伶玄。
> 阿奴络秀不同老，天女维摩总解禅。
> 经卷药炉新活计，舞衫歌扇旧因缘。
> 丹成逐我三山去，不作巫阳云雨仙。（《朝云》）

表兄程子才

苏东坡听说自己的表兄、姐夫程正辅时任广南东路提刑，提点冤狱，惠州正是其管辖范围，于是就想请他帮衬一下自己。然而，早在四十多年前，苏家就和程家结怨。原因为姐姐八娘嫁给程正辅后不久就不明不白地死了，父亲认为是被程家虐待致死，十分愤怒，修建"苏氏族谱亭"，大骂程家，并立下誓言坚决与程家断绝关系。

四十多年过去了，不知苏、程两家的恩怨是否还能解开。苏东坡觉得程子才是母亲的侄子，自己的亲表兄、亲姐夫，打断骨头还连着筋呢！上一代已去，恩怨自然不能再延续到下一代。于是，苏东坡主动给程子才送去一封信，述说了自己的现状，并说苏、程两家关系断绝已有四十多年，早该摒弃前嫌了。

书信送出不久，广南东路提刑程正辅就到了惠州。没想到第二天，他就乘船前往嘉佑寺，看望自己的表弟、妹夫苏东坡。从此，苏、程两家四十多年的恩怨被一笔勾销，苏东坡母亲程氏若地下有知，定会十分欣慰。

热情的朝云捧出了当地的罗浮春酒，请他们兄弟二人边饮边谈。酒兴盎然之中，他们回忆往事，吟诗唱和。但嘉佑寺里太过破败，桄榔林里蚊虫很多，实在无法留宿。直到很晚，他们才依依惜别。

程子才十天的惠州巡按结束了，按照规矩苏东坡是不能在合江码头参与送行的。于是，他在程子才的官船开出之后，雇一小舟，沿东江顺流而下，在博罗县码头追上表兄，邀他上岸一叙。

孤臣南游堕黄菅，君亦何事来牧蛮。
舣舟蜑户龙冈窟，置酒椰叶桄榔间。
高谈已笑衰语陋，杰句尤觉清诗孱。
博罗小县僧舍古，我不忍去君忘还。
君应回望秦与楚，梦涉汉水愁秦关。
我亦坐念高安客，神游黄蘖参洞山。
何时旷荡洗瑕垢，与君归驾相追攀。
梨花寒食隔江路，两山遥对双烟鬟。
归耕不用一钱物，惟要两脚飞孱颜。
玉床丹鼎记分我，助我金鼎光斓斑。（《追饯正辅表兄至博罗赋诗为别》）

博罗县令林抃听说程子才和苏东坡到了博罗，立即赶往迎接，并请他们一起游览了博罗香积寺。香积寺在博罗城东北七里，大北山、象头山和白水山交界的一个山谷里，寺前流水潺潺，岸上麦苗吐穗，寺后山林葱翠，寺里长年香火旺盛。

二年流落蛙鱼乡，朝来喜见麦吐芒。
东风摇波舞净绿，初日泫露酣娇黄。
汪汪春泥已没膝，剡剡秋谷初分秧。
谁言万里出无友，见此二美喜欲狂。
三山屏拥僧舍小，一溪雷转松阴凉。
要令水力供臼磨，与相地脉增堤防。
霏霏落雪看收面，隐隐叠鼓闻舂糠。
散流一啜云子白，炊裂十字琼肌香。
岂惟牢丸荐古味，要使真一流天浆。
诗成捧腹便绝倒，书生说食真膏肓。

一首酣畅淋漓的《游博罗香积寺》，描写了美丽的麦田，寄托了丰收的希望。苏东坡建议博罗县令林抃，在溪中建一道拦河坝，修一座水碓磨，方便磨面和舂米，为老百姓减小劳动强度。

回到惠州不久，在程正辅的特别关照和詹太守的亲自安排下，苏东坡搬离了嘉佑寺，重新住进了合江楼。他写信给程子才："迁居已八日，坐享安便，知愧知愧！非兄巨庇，何以得此。"(《与程正辅七十五首》其二十九）

惠州救民生

绍圣二年（1095）夏，惠州遭遇罕见的台风，暴雨如注，东江和西支江水位上涨，惠州城一片汪洋。

其一
越井冈头云出山，牂牁江上水如天。
床床避漏幽人屋，浦浦移家蜑子船。
龙卷鱼虾并雨落，人随鸡犬上墙眠。
只应楼下平阶水，长记先生过岭年。

其二

急雨萧萧作晚凉，卧闻榕叶响长廊。

微明灯火耿残梦，半湿帘帷浥旧香。

高浪隐床吹瓮盎，暗风惊树摆琳琅。

先生不出晴无用，留向空阶滴夜长。(《连雨江涨二首》)

惠州百姓陷入一片混乱，很多人被洪水淹死，大部分人无家可归。这时候，朝廷派程正辅来惠州视察灾情。正为百姓遭灾心忧如焚却无计可施的苏东坡立刻兴奋起来，与州衙官员和百姓一起跑到合江码头去迎接。在程正辅视察惠州的十多天里，苏东坡前后不离地陪在身边，向他介绍灾情，请求救灾资金，并提出西湖筑堤修桥改造惠州城的建议。

“君子有责于斯世，力能救则救之……力能正则正之。”(《东坡易传》)按说，作为一个“不得签书公事”的贬官，是不得参与公事的，惠州城的一切公事都与其无关，但苏东坡好像忘记了这些。此时，程正辅和太守詹范才明白，为什么杭州那么多老百姓喜欢苏东坡，甚至修筑生祠纪念他。因为在苏东坡那狂放不羁、超然物外的外表下，始终跳动着一颗救世济民的心。

程正辅离开惠州的时候，苏东坡和他一起游览了白水山佛迹岩、汤泉池。白水山又名汤泉，以温泉、冷泉、瀑布、碧潭著称，隐身于三面环山的泽谷中。泉水温度达六七十摄氏度。汤泉附近有像巨人足迹一样的岩石数十个，被称为佛迹岩。温泉西北有“悬泉百仞，山八九折，折处辄为潭”(《读史方舆纪要》)。沿石阶而下，一步一潭，至山底为第九潭。水从天降，如奔雷飞雪而落，蛟龙腾空而降，是谓九龙潭瀑布。

伟哉造物真豪纵，攫土抟沙为此弄。

擘开翠峡走云雷，截破奔流作潭洞。

因随化人履巨迹，得与仙兄蹑飞鞚。

曳杖不知岩谷深，穿云但觉衣裘重。

坐看惊鸟投霜叶，知有老蛟蟠石瓮。
金沙玉砾粲可数，古镜宝奁寒不动。
念兄独立与世疏，绝境难到惟我共。
永辞角上两蛮触，一洗胸中九云梦。
浮来山高回望失，武陵路绝无人送。
筠篮撷翠爪甲香，素绠分碧银瓶冻。
归路霏霏汤谷暗，野堂活活神泉涌。
解衣浴此无垢人，身轻可试云间凤。(《同正辅表兄游白水山》)

程正辅走后，太守詹范非常重视苏东坡筑堤修桥的建议。他们共同筹划，重新改造洪水后这个百废待兴的惠州城。他们决定建造“二桥一堤”，把整个惠州城的山水、城池全部连接起来。第一座桥，重新修建西枝江的浮桥，用四十只小船连为二十舫，每两只为一舫，用锁石碗固定在江中，可以随水涨落，不管江水水位如何，皆可通行；第二座桥是在平湖到西山之间的湖面上修一座长桥，先在两端各筑一段堤坝，中间造飞楼九间，以坚硬的盐木连接桥面，这样桥梁既坚固结实，又可以作为平湖的一个景点。工程开工后，苏东坡和民工一起，每天奔波在工地之上，即使在他痔疮发作的时候，依然乐此不疲。

“人生如朝露，意所乐则为之，何暇计议穷达。”(《答陈师仲主簿书》)工程进展了一半，因资金困难无法正常进行。苏东坡把当年皇帝赏给自己的犀带捐献出来。同时，他写信给弟弟苏辙请求支援，弟媳史夫人将当年皇帝赏赐的黄金数千两捐献出来，资助惠州的工程建设。

经过八个多月的奋战，绍圣三年（1096）夏，“两桥一堤”终于完工了。一座桥叫西新桥，另一座桥叫东新桥，湖中堤坝被称为苏堤，丰湖改名为西湖。惠州百姓欢欣鼓舞，奔走相告，自发地拿出自家的酒肉，在城西村举办庆祝大会。

昔桥本千柱，挂湖如断霓。
浮梁陷积淖，破板随奔溪。

笑看远岸没，坐觉孤城低。
聊因三农隙，稍进百步堤。
炎州无坚植，潦水轻推挤。
千年谁在者，铁柱罗浮西。
独有石盐木，白蚁不敢跻。
似开铜驼峰，如凿铁马蹄。
岌岌类鞭石，山川非会稽。
嗟我久阁笔，不书纸尾鹥。
萧然无尺箠，欲构飞空梯。
百夫下一杙，椓此百尺泥。
探囊赖故侯，宝钱出金闺。
父老喜云集，箪壶无空携。
三日饮不散，杀尽西村鸡。
似闻百岁前，海近湖有犀。
那知陵谷变，枯渎生茭藜。
后来勿忘今，冬涉水过脐。(《西新桥》)

随后，苏东坡和太守詹范一起组织人员，在洪水过后的沟旁渠边、角落收集被淹死人员的尸骨，挖掘公墓进行埋葬，并撰写《惠州官葬暴骨铭》祭奠亡灵，以此来告诫后任官员要兴修水利，保境安民。

前面说过，苏东坡南迁路过江西和县时，看到太和百姓骑秧马插秧，感到非常惊奇，专门写了《秧马歌》。来到惠州后，他把这种插秧的新技术进行推广，并专门抄写《秧马歌》分别送给博罗县令林抃等人。林抃看后，非常高兴，亲自带人制作秧马，并在田间试验。之后，还对秧马进行了改进："以榆枣为腹患其重，当以栀木，则滑而轻矣。"(《题秧马歌后四首》之二)

岭南自古瘴疠盛行，缺医少药，许多人得病后不治而亡。苏东坡一生钻研医术，每到一处都搜集民间医药验方，用于治病救人。在黄州和杭州时就研究过针对瘟疫的药方。来到惠州之后，他了解到治瘴用葱、姜、黑豆熬制成浓汤，口服疗效很好。但惠州没有黑豆，于是他就写信给广州太守王仲敏："此州无黑豆，闻五羊颇有之，便乞为致三硕，得为作豉散饮疾者，不罪不罪。"(《答王敏仲十八首之十三》)

痛失王朝云

苗而不秀岂其天，不使童乌与我玄。
驻景恨无千岁药，赠行惟有小乘禅。
伤心一念偿前债，弹指三生断后缘。
归卧竹根无远近，夜灯勤礼塔中仙。(《悼朝云》)

苏东坡自己研制的药方治好了许多老百姓的瘴毒，却唯独没有治好自己最心爱的女人朝云的性命。

绍圣三年(1096)，陪伴苏东坡二十多年，他人生中最后一个亲密伴侣侍妾王朝云，"遭时之疫，遘病而亡"(《惠州荐朝云疏》)，年仅三十四岁。

二十多年的一路相伴，苏东坡的一举手、一投足，王朝云皆能领会其意。来到惠州后，有朝云的陪伴，生活也充满了乐趣。每到苏东坡闷闷不乐时，王朝云就会为他唱词，其中《蝶恋花》是其最爱唱的一首。

花褪残红青杏小。燕子飞时，绿水人家绕。枝上柳绵吹又少，天涯何处无芳草。　墙里秋千墙外道。墙外行人，墙里佳人笑。笑渐不闻声渐悄，多情却被无情恼。

每当朝云唱到"枝上柳绵吹又少"时，就不胜伤悲，泪流哽咽。苏东坡知道，这是朝云对自己宦海沉浮、流落天涯的悲伤。于是就开玩笑说："我正伤秋，你却又伤起春来了。"朝云去世后，苏东坡"终生不复听此词"。

垂暮之年的苏东坡痛失朝云，冰清玉洁的朝云时时出现在他的梦中。每次梦中醒来，他都老泪湿枕，痛不欲生。但他相信，朝云是天女，冰姿仙风，时时都陪伴在自己这个居家菩萨维摩左右。

玉骨那愁瘴雾，冰姿自有仙风。海仙时遣探芳丛。倒挂绿毛么凤。　素面翻嫌粉涴，洗妆不褪唇红。高情已逐晓云空。不与梨花同梦。（《西江月・梅花》）

据说，王朝云临死之前，一直紧握东坡先生的手，不断低诵着《金刚经》的四句偈："一切有为法，如梦幻泡影，如露亦如电，应作如是观。"

朝云死后，被安葬在惠州西门外栖禅寺东南的松林里。苏东坡亲自为她写下了墓志铭，铭文如偈："浮屠是瞻，伽蓝是依。如汝宿心，惟佛之归。"栖禅寺的寺僧在朝云墓边筑一小亭子，起名六如亭。所谓"六如"，就是"如梦、幻、泡、影、如露，亦如电"，东坡先生亲自为她书写挽联：不合时宜，惟有朝云能识我；独弹古调，每逢暮雨倍思卿。

菜园苦作乐

绍圣三年（1096）初，程子才被朝廷召还，苏东坡在朝中的唯一依托没有了，他又重新搬入了嘉佑寺。此时的苏东坡已是"衣食渐窘，重九伊迩，樽俎萧然"(《和陶贫士七首（并引）》)，已经到了"典衣作重九""落英亦可餐"(《和陶贫士七首》其五）的地步。

但天性乐观的苏东坡并没有坐以待毙，曾经的黄州生活，已经教会他如何自力更生，即使在艰苦的环境中，他也能咀嚼出甘甜的滋味。为了维持生计，他向惠州府上的王参军借了半亩地种菜。

梦回闻雨声，喜我菜甲长。
平明江路湿，并岸飞两桨。

天公真富有，膏乳泻黄壤。

霜根一蕃滋，风叶渐俯仰。

未任筐筥载，已作杯案想。

艰难生理窄，一味敢专飨。

小摘饭山僧，清安寄真赏。

芥蓝如菌蕈，脆美牙颊响。

白菘类羔豚，冒土出蹯掌。

谁能视火候，小灶当自养。（《雨后行菜圃》）

一天晚上，天降喜雨，苏东坡惦记着自己的菜园，天刚亮，他便急忙跑到菜园。菜园里欣欣向荣，蔬菜茂盛又鲜嫩。那肥嫩的白菜，简直像纯美的羔羊肉，肯定会味美无比。苏东坡感到十分的满足，感叹人生无非如此，不必过于贪婪。

吾与过子终年饱菜，夜半饮醉，无以解酒，辄撷菜煮之。味含土膏，气饱风露，虽梁肉不能及也。人生须底物而更贪耶？（《撷菜（并引）》）

菜园里不仅种菜，还种植了用来治病养生的中药材，有“开心定魂魄”“糜身辅吾生”（《人参》）的人参；有“丹田自宿火，渴肺还生津”（《地黄》）的地黄；有“根茎与花实，收拾无弃物”（《枸杞》）的枸杞；有“香风入牙颊，楚些发天藻”（《甘菊》）的甘菊；有“舂为芡珠圆，炊作菰米香”（《薏苡》）的薏苡。让他的菜园子充满了灵动的生活气息。

粮少菜充饥，缺少肉食也能打牙祭。惠州经济落后，集市每天只杀一只羊，除了卖给官府和有钱人外，普通人家很难买到，于是苏东坡就把羊脊骨买回家。先煮熟，然后涂酒撒盐，再放到火炉中炙烤。烤出的羊脊骨酥脆可口，焦香无比。羊脊骨搭配自种的新鲜蔬菜，苏东坡吃得津津有味。他给弟弟苏辙写信说：“如食蟹螯。率数日辄一食，甚觉有补。”（《与子由弟十五首》其七）

江边偶微行，诘曲背城市。
平湖春草合，步到栖禅寺。
堂空不见人，老稚掩关睡。
所营在一食，食已宁复事。
客来岂无得，施子净扫地。
风松独不静，送我作鼓吹。(《残腊独出二首》其二)

惠州的冬末，春天已经来到。

罗浮春欲动，云日有清光。
处处野梅开，家家腊酒香。(《残腊独出二首》其一)

苏东坡沿着江边小路，信步而行，不觉来到栖禅寺。寺内空不见人，老僧和小沙弥都在屋里睡觉。他想，自己又何尝不是像他们那样，忙忙碌碌就为了一餐饭呢？不，还是不一样！苏东坡不自觉地拿起了扫把，打扫地上的落叶，但风起树动，松涛声声，倏然又是落叶满地。

常作岭南人

“日啖荔枝三百颗，不辞长作岭南人。”(《惠州一绝》) 荔枝，属常绿乔木，分布在中国南部地区。苏东坡的老家虽也有种植，但在广东福建一带种植者最多。荔枝果肉呈半透明的凝脂状，香甜可口，与香蕉、菠萝、龙眼一起被称为“南国四大名果”。

绍圣二年（1095）春，苏东坡与詹范太守等一起游览白水山佛迹岩，沐浴汤泉之后，在水龙潭瀑布下晒干头发，然后未坐轿子，而是与客人唱和着歌儿返程。不觉来到水北的荔枝园旁。这时候，“晚日葱昽，竹阴萧然，时荔子累累如芡实矣”(《和陶归园田居六首（并引）》)。一位八旬老人向苏东坡介绍了自家荔枝的经营情况。临别时，老人告诉他，现在荔枝尚未成熟，“及是可食，公能携酒来游乎"(《和陶归园田居六首（并引）》)。苏东坡爽快地答应了。

其四

老人八十余，不识城市娱。

造物偶遗漏，同侪尽丘墟。

平生不渡江，水北有幽居。

手插荔支子，合抱三百株。

莫言陈家紫，甘冷恐不如。

君来坐树下，饱食携其余。

归舍遗儿子，怀抱不可虚。

有酒持饮我，不问钱有无。

从这首《和陶归园田居》来看，苏东坡已经喜欢上了这个地方。荔枝园中的归隐生活，也不失一种甜美的选择。

惠州的火山荔是早熟品种，四月即熟，但核大肉酸，佳品很少，可是却让初食荔枝的苏东坡一见倾心。绍圣二年（1095），苏东坡第一次吃到火山荔就赞不绝口。

南村诸杨北村卢，白花青叶冬不枯。

垂黄缀紫烟雨里，特与荔支为先驱。

海山仙人绛罗襦，红纱中单白玉肤。

不须更待妃子笑，风骨自是倾城姝。

不知天公有意无，遣此尤物生海隅。

云山得伴松桧老，霜雪自困楂梨粗。

先生洗盏酌桂醑，冰盘荐此赪虬珠。

似闻江鳐斫玉柱，更洗河豚烹腹腴。

我生涉世本为口，一官久已轻莼鲈。

人间何者非梦幻，南来万里真良图。(《四月十一日初食荔支》)

“红纱中单白玉肤”，红白对比，写出了荔枝鲜美的颜色。“似闻江鳐斫玉柱，更洗河豚烹腹腴。”苏东坡认为，荔枝就像水中的江鳐柱、河豚鱼一样，是人间美味。如此的美味，如果不是自己被贬他乡，又怎么可能吃得到?

两个月之后，惠州的荔枝成熟了，漫山遍野。饱食荔枝之后，苏东坡想起了历史上许多关于荔枝的典故。唐明皇宠爱杨贵妃，千里送荔枝，差点亡国；汉朝和帝时期，为宫中进贡荔枝、龙眼，十里一置，五里一堠，累死马匹，遭遇猛兽毒蛇的无数，临武的长官劝谏却被罢黜。一个皇帝不管束好自己的癖好，往往会被臣子利用，会出现争宠乱纲的局面。于是，一首《荔支叹》奔涌而出：

十里一置飞尘灰，五里一堠兵火催。
颠坑仆谷相枕藉，知是荔支龙眼来。
飞车跨山鹘横海，风枝露叶如新采。
宫中美人一破颜，惊尘溅血流千载。
永元荔支来交州，天宝岁贡取之涪。
至今欲食林甫肉，无人举觞酹伯游。
我愿天公怜赤子，莫生尤物为疮痏。
雨顺风调百谷登，民不饥寒为上瑞。
君不见，武夷溪边粟粒芽，前丁后蔡相笼加。
争新买宠各出意，今年斗品充官茶。
吾君所乏岂此物，致养口体何陋耶?
洛阳相君忠孝家，可怜亦进姚黄花。

诗的前一部分是一幅汉唐荔枝的进贡图，千里迢迢，人马奔波，死者塞途；后一部分指责钱帷演进贡牡丹，丁谓、蔡襄进贡茶，就像唐朝李林甫一样，专事谄谀，不顾百姓死活，争新买宠。这既是对历史的批判，也是对现实的指责。他从心底里呼唤，当权者一定要慎欲，爱惜民力，“雨顺风调百谷登，民不饥寒为上瑞”。

绍圣三年（1096）春，苏东坡做客惠州太守府上，太守东堂有一株荔枝树，名叫将军树，是早年惠州太守陈尧佐栽种的，根深叶茂，果实累累。此时的苏东坡正在修建白鹤峰的新居，大快朵颐之后，情不自禁，一首《食荔支》，表达了苏东坡心安于此的心态，他已经打算把自己融入这片土地，终老这个地方。“罗浮山下四时春，卢橘杨梅次第新。日啖荔枝三百颗，不辞长作岭南人。”（《惠州一绝》）

乔迁白鹤峰

“三年瘴海上，越峤真我家。”（《丙子重九二首》其一）绍圣二年（1095），哲宗皇帝祭祀先祖，大飨明堂，并颁布赦文，那些表现好的贬官可以北迁。苏东坡得知消息后，立刻致信表兄程子才，希望能在朝廷上运作，使自己的谪地哪怕稍稍北移。还没等到表兄回信，朝廷上就传来一个不幸的消息，监察御史常安民劝说同为御史的董敦逸：“二苏天下文章之士，负天下重望，公不当弹击”（黄以周《续资治通鉴长编拾补》）。董敦逸恼羞成怒，奏报常安民乃苏轼兄弟的死党。哲宗皇帝、宰相章惇震怒，罢去常安民监察御史职务，贬为监滁州酒务。苏东坡知道，朝廷之上已经没有人敢为他说话了。

不久弟弟苏辙来信，皇帝已有旨意，“去岁贬逐十五人，永不叙复，恐赦书量移指麾，亦未该也”（《苏轼佚文汇编》）。在这十五人当中，不仅包括自己，也包括被谪至筠州的苏辙、被谪至黔州的黄庭坚、被谪至处州的秦观。

北归无望，只能以此为家了。但“行馆僧舍，皆非久居之地”（《与南华辩老》）。于是，绍圣三年（1096），苏东坡在朋友的帮助下，于嘉佑寺不远处，归善县城东白鹤峰下找到了数亩空地，准备建房造屋，置圃种树，给自己营造一个家。此地“鹅城万室，错居二水之间。鹤观一峰，独立千岩之上。海山浮动而出没，仙圣飞腾而来往……”（《白鹤新居上梁文》）

新宅在三子苏过的具体操办和惠州当地百姓的热情帮助下，经过近一年的时间，于绍圣四年（1097）才建成。望着新落成的房子，苏东坡不禁老泪纵横，心中感慨万千，并憧憬着今后新家园的美好生活。

南岭过云开紫翠，北江飞雨送凄凉。

酒醒梦回春尽日，闭门隐几坐烧香。

门外橘花犹的皪，墙头荔子已斓斑。

树暗草深人静处，卷帘欹枕卧看山。(《三月二十九日二首》)

新居门外种有桔花，墙边种有荔枝，舍南种有柑橘，有“德有邻堂、思无邪斋”。院内种植有松、柏、柑、橘、柚、荔、茶、梅等树木。在给朋友的信中苏东坡说：“新居在大江上，风云百变，足娱老人。”(《答毛泽民七首》之五）

山上无水，苏东坡又和邻居们一起“凿井疏畦散邻社”(《白鹤山新居》)，周围百姓都不再下山担水。

“中原北望无归日，邻火村春自往还。”(《白鹤峰新居欲成夜过西邻翟秀才二首》其一）此时，长子苏迈卖掉了阳羡田产正带着全家老小在来惠州的路上。他们将在惠州这个新家终老一生。“愿同父老，宴乡社之鸡豚；已戒儿童，恼比邻之鹅鸭。何辞一笑之乐，永结无穷之欢。”(《白鹤新居上梁文》）想起即将全家团圆，苏东坡心情十分舒畅：“白头萧散满霜风，小阁藤床寄病容。报道先生春睡美，道人轻打五更钟。”(《纵笔》)

从这首诗里不难看出，苏东坡悠游自在的心态、诙谐的个性和受尊重的程度，就连打更的道士都怕惊扰了先生的美梦。然而，也正因为这首诗，更加重了他的灾难。

绍圣四年（1097)，苏东坡刚刚搬入倾囊所建的白鹤峰新居后十余天，朝廷上对元祐党人的又一次贬谪行动开始。弟弟苏辙“责授化州别驾，雷州安置”，学生秦观由郴州再贬横州，张耒、晁补之也都被谪降；不久，更糟糕的消息传来，苏东坡“责授琼州别驾、昌化军安置”。

据说，朝廷就是因为看到了苏东坡的这首《纵笔》，才对他大开“杀戒”。

对你一贬再贬，依然不思悔改，远在瘴疠之地，仍自高自大，悠然自乐，简直是对朝廷的嘲弄，大陆也不能留了，那就到海南荒岛，去“春睡美”吧！

这次贬谪行动是昔日老朋友宰相章惇发起的，其中不仅包含了对苏东坡等人的嫉妒和仇恨，还充满了戏谑的味道。据陆游《老学庵笔记》记载：苏轼，字子瞻，贬谪儋州，乃戏取其字之偏旁也。苏辙，字子由，贬谪雷州，乃是雷下有由。刘莘老贬谪新州，也是字之偏旁。黄庭坚，字鲁直，贬谪宜州，以宜类似直。如此朝廷大事在充满了私怨与仇恨的同时，还让人仿佛听到千里之外朝堂之上的隐隐窃笑。

绍圣四年（1097）春，时任惠州太守的方子容沉痛地将“授琼州别驾、昌化军安置”的诏命送到了苏东坡的家里。他告诉苏东坡：“此固前定，可无恨。”（《东坡志林》）说自己的妻子沈氏平日在家供奉僧伽菩萨，非常恭谨。有一次做梦与僧伽菩萨告别，沈氏问他去哪里，僧伽菩萨说是陪同苏子瞻出行，后七十二天当有命。今天，正好七十二日。

僧伽，是唐朝的高僧，经常游历江淮一带，最后在泗州建刹，屡著神异，尝现十一面观音形。苏东坡多次经过泗州，每次都礼敬普光王塔，并写有偈文。

时耶？命耶？接到诰命的第三天，绍圣四年（1097）春，苏东坡独带三子苏过离开惠州。

海南万里真吾乡

——谪居儋州

“天其以我为箕子，要使此意留要荒。他年谁作舆地志，海南万里真吾乡。”(《吾谪海南子由雷州被命即行了不相知至梧乃闻其尚在藤也旦夕当追及作此诗示之》）绍圣四年（1097），六十二岁的苏东坡与三子苏过，在长子苏迈等人的陪送下，沿东江顺流西行，离开惠州。

“某谪海南，狼狈广州。”(《与史氏太君嫂》）舟行至广州扶胥，苏东坡不得不与前来送行的亲友告别，当时“子孙恸哭于江边，已为死别”(《到昌化军谢表》)。他在给朋友的信中说：“某垂老投荒，无复生还之望，昨与长子迈诀，已处置后事矣。今到海南，首当作棺，次便作墓。乃留手疏与诸子，死则葬海外……生不契棺，死不扶柩，此亦东坡之家风也。”(《答王敏仲十八首》其十六）

沿西江逆流而上，至新会县石螺冈。西江洪水暴涨，船行受阻，苏东坡不得不登岸休憩。石螺冈在鹤山县东北五十五里处，冈“前危石饮江，奔涛啮岸，东望则澄江如练，一碧千里”(《鹤山县志》)。当地人听说苏东坡在这里停留，纷纷前来，争相宴请，并陪同游览月华寺。其间，苏东坡听说弟弟苏辙也在前往雷州贬所的路上，已经到了梧州。苏东坡见弟心切，但因西江洪水未退，不能行船，于是立即改走旱路，晓行夜宿，奔向弟弟所在的方向。虽然在石螺冈仅仅停留几日，但当地人倍感荣幸，筑亭于山上，称为“坡亭”，所在的村落改为“坡山村”。

藤州兄弟相会

是年五月，苏轼兄弟相会于藤州江月楼。本以为今生今世难以再见，没想到在这最为落魄的时候，竟然能再次相逢，兄弟两个悲喜交集。随后，他们经藤江、绣江，到达容县的都峤山下，从北流圭江上岸，越过鬼门关，沿着南流江南下雷州。

时来与物逝，路穷非我止。
与子各意行，同落百蛮里。
萧然两别驾，各携一稚子。
子室有孟光，我室惟法喜。
相逢山谷间，一月同卧起。
茫茫海南北，粗亦足生理。
劝我师渊明，力薄且为己。
微疴坐杯酌，止酒则瘳矣。
望道虽未济，隐约见津涘。
从今东坡室，不立杜康祀。

这首《和陶止酒》诗，记录了兄弟藤州相见，同行至雷州的经历。开篇两句，时来而逝，路穷而止，意思就是有机会了就发展，没有路了就停下，劝诫兄弟随遇而安。

此时，苏辙带着儿子和妻子史氏，苏东坡仅带苏过一人，其他家人都留在白鹤峰的家里。在苏东坡渡海之前，他痔疮发作，坐卧不安，夜不能寐。弟弟苏辙彻夜守在他的身边，劝其多唱和陶渊明的诗，并把酒戒掉。

六月五日到达雷州，停留数日。六月十一日，兄弟二人于徐闻递角场分别。登舟之前，苏辙泪流满面，苏东坡则坦然一笑，引用孔子的话对弟弟说："道不行，乘桴浮于海者也！"没想到这一次离别，竟然是兄弟两人的诀别。

天涯海角

"四州环一岛，百洞蟠其中。"(《行琼儋间肩舆坐睡梦中得句云千山动鳞甲万谷酣笙钟觉而遇清风急雨戏作此数句》) 海南岛四周低平，中间以五指山为中心高耸，呈穹隆山地形。秦朝时期属岭南象郡之外徼；西汉设置珠崖郡、儋耳郡；后多有改变，至北宋初期，共置四州：琼州在北、崖州在南、儋州居西偏北、万安州居东偏南，领十四县。熙宁六年（1073）置琼管安抚司，管全岛军政，分别将儋州、万安州、崖州易名为昌化军、万安军和朱崖军。

经过一夜的海上漂流，苏东坡与三子苏过在琼州澄迈县登陆。

“登高望中原，但见积水空。此生当安归，四顾真途穷。”（《行琼儋间肩舆坐睡梦中得句云千山动鳞甲万谷酣笙钟觉而遇清风急雨戏作此数句》）苏东坡北望中原，积水渺茫，这一生恐怕永远也回不去了。但他转念一想，又豁然开朗：“天地在积水中，九州在大瀛海中，中国在少海中，有生孰不在岛者？”（《试笔自书》）人的一生都是在岛上，只是岛的大小有差别而已。宇宙之大，人不过像一只蚂蚁，自己也只不过是从一个大岛来到小岛之上，因而伤感是完全没有必要的。

“千山动鳞甲，万谷酣笙钟。安知非群仙，钧天宴未终。”（《行琼儋间肩舆坐睡梦中得句云千山动鳞甲万谷酣笙钟觉而遇清风急雨戏作此数句》）秀丽的海南岛屹立在天海之间，就像一条巨大的海鱼飘浮在海中，山川树木如鳞甲，随风舞动，万谷齐鸣，气象宏伟，仿佛仙界天宫。

想是这么想，但现实中的海南岛地处海角天涯，交通不便，发展落后，百姓生活十分贫穷。

“如今破茅屋，一夕或三迁。风雨睡不知，黄叶满枕前。”（《和陶怨诗楚调示庞主簿、邓治中》）七月二日，苏东坡父子抵达儋州城。初蹴居官舍，官舍破落，长年未修，屋漏如麻，一夕三迁。他们又不得不在城外桄榔林中搭建一个茅庵居住。两个人像苦行僧一样，“食无肉，病无药，居无室，出无友，冬无炭，夏无寒泉……大率皆无耳”（《与程全父十七首》其十三）。

“海国此奇士，官居我东邻。”（《送昌化军使张中》）好在儋州新任军使张中对苏东坡仰慕已久，令人整饬官舍，让苏东坡父子迁入居住，自己也搬入官舍附近的州衙，与之结为邻居。

然而好景不长，绍圣五年（1098）春，朝廷派湖南提举董必南下查访放逐之臣。严格要求地方官员，不得以任何形式接济、善待被贬谪之臣。查到雷州时，听说苏东坡在官舍居住，就专门派一使臣来到儋州，将苏东坡父子逐出官舍。第二年，军使张中也因此受牵连，被罢官削职。

结庐桄榔林

无室可居的苏轼父子只好在儋州城南的桄榔林中买了一块薄地，准备结庐而居。

万劫互起灭，百年一踟躇。
漂流四十年，今乃言卜居。
且喜天壤间，一席亦吾庐。
稍理兰桂丛，尽平狐兔墟。
黄橼出旧枿，紫茗抽新畬。
我本早衰人，不谓老更劬。
邦君助畚锸，邻里通有无。
竹屋从低深，山窗自明疏。
一饱便终日，高眠忘百须。
自笑四壁空，无妻老相如。(《和〈刘柴桑〉》)

儋州父老听说后，自带工具，纷纷前来，“十数学生助工作，躬泥水之役”(《与程秀才三首》其一)。特别是王介石，“躬其劳辱，甚于家隶，然无丝发之求也”(《与郑清老四首》其一)。

不到一个月的时间，五间茅草屋完工了。因为房顶铺的是桄榔树叶，所以苏东坡为其取名为“桄榔庵”。

朝阳入北林，竹树散疏影。
短篱寻丈间，寄我无穷境。
旧居无一席，逐客犹遭屏。

结茅得兹地，翳翳村巷永。

数朝风雨凉，畦菊发新颖。

俯仰可卒岁，何必谋二顷。(《新居》)

有了新居的苏东坡从此和当地百姓一起，又过上了躬耕生活。他很快和当地的黎汉百姓打成了一片。但儋州毕竟属蛮荒之地，教育落后，学舍荒废；农业落后，土地荒芜，不事农桑；黎族百姓地位卑微，受人欺凌。虽然苏东坡归田园居，作和陶诗，但潜藏在内心深处的经世济民的热情又迸发出来。他要在有生之年，为这里的百姓做些力所能及的事。

《千秋岁》

恰逢此时，有人给他寄来学生秦观在贬谪途中的一首词作《千秋岁》:

水边沙外，城郭春寒退。花影乱，莺声碎。飘零疏酒盏，离别宽衣带。人不见，碧云暮合空相对。　忆昔西池会，鹓鹭同飞盖。携手处，今谁在？日边清梦断，镜里朱颜改。春去也，飞红万点愁如海。

在因苏东坡遭受贬谪的人中，秦观被贬得最远，他先是被贬为杭州通判，在路途中又被贬往处州，任监酒税之职，后来又徙郴州，编管横州，最终被贬到雷州。看到学生的词作，苏东坡潸然泪下。这篇作品凄美而伤感，悲哀而低沉。苏东坡在感叹弟子才华的同时，也感受到了秦观的伤心欲绝。苏东坡心如刀割，自己一生遭遇怎样的坎坷都能忍受，最难以忍受的就是牵连这么多关心和爱戴自己的人。他要告诉自己的学生，不能沉溺于哀伤之中，一定要坚强起来。于是，他次韵少游《千秋岁》:

岛边天外，未老身先退。珠泪溅，丹衷碎。声摇苍玉佩，色重黄金带。一万里，斜阳正与长安对。　道远谁云会，罪大天能盖。君命重，臣节在。新恩犹可觊，旧学终能难改。吾已矣，乘桴且恁浮于海。

自己虽然身退，但不是老而退，而是政见不同而被退。贬谪海外虽不免伤心，但自己仍然忠心一片，天地可鉴。青色的玉佩和金色的腰带依然是臣子的庄严仪表，绝不能因为贬谪而改变。要直面惨淡的现实，坚持自己的见解。政见不能苟同，就像孔夫子告诫我们的一样，“乘桴浮于海”罢了。据说，这是东坡先生的最后一篇豪放词作，既是对弟子的教诲，也是自己的政治节操和人生态度。

姜唐佐

桄榔庵建成之后，很快成了一个以文会友、传播文化的中心。许多学子不惧权贵，千里迢迢慕名而来，向他求学，其中就有琼州的姜唐佐、潮州的吴子野、儋州的大户黎子云兄弟等。苏东坡亲自编写教材，还从广州朋友处借书授课。琼州学生姜唐佐，学习尤为勤奋。苏东坡“甚重其才”，赞扬他的文章“文气雄伟磊落，倏忽变化”，言行“气和而言道，有中州人士之风”。在他准备去广州应试的时候，苏东坡送给他一把扇子，上面题写了两句诗：“沧海何曾断地脉，白袍端合破天荒。”并鼓励姜唐佐，下面的句子等你中举后再续写。

果然，姜唐佐没有辜负苏东坡的厚望，成为有史以来海南第一个举人。当他回到海南岛去拜谢恩师时，苏东坡已经获赦北归。他只好回到琼州，继续发奋学习，以备来年的京城会试。第二年，在去开封路过汝州时，他才从苏辙那里得到了苏东坡仙逝的消息。

悲痛不已的姜唐佐拿出了恩师所送的扇子，呈给苏辙。苏辙看到亡兄的遗作，深思良久，续笔如下：

生长茅间有异芳，风流稷下古诸姜。
适从琼管鱼龙窟，秀出羊城翰墨场。
沧海何曾断地脉，白袍端合破天荒。

锦衣他日千人看，始信东坡眼目长。（苏辙《补子瞻赠姜唐佐秀才》）

宋徽宗大观三年（1109），姜唐佐考中进士，成为海南岛第一位进士。从此之后，海南岛学风渐开，桄榔庵改名为“东坡书院”，学生满堂。宋、明、清几代，出举人七百多人，进士近百人。

教化黎汉

当地生产落后，几乎仍是刀耕火种的程度。因为出产昂贵的沉香木，所以很多黎族老百姓以采集沉香、贩卖沉香获利，不事农耕，造成土地大面积荒芜。生产的芋头、糙米不够食用，主要靠大陆水运粮食。一旦因天气原因航运中断，很多人家就会断粮，往往只能以粥充饥，以蛇、鼠、蝙蝠等小动物为食。黎汉不团结，黎族百姓很受歧视。为此，苏东坡写下《和〈劝农六首〉》，以提倡民族平等，倡导农业生产：

其一

咨尔汉黎，均是一民。鄙夷不训，夫岂其真。

怨忿劫质，寻戈相因。欺谩莫诉，曲自我人。

他劝诫当地百姓，黎、汉都是大宋子民，同是一家，要和睦相处，合力垦荒种田，发展生产。

其二

天祸尔土，不麦不稷。民无用物，珍怪是殖。

播厥薰木，腐余是穑。贪夫污吏，鹰挚狼食。

海南生产沉香，获得容易，且贩卖利高，因此百姓不愿耕种，农耕衰退，造成粮食短缺。

其三

岂无良田，膴膴平陆。兽踪交缔，鸟喙谐穆。

惊麏朝射，猛豨夜逐。芋羹藷糜，以饱耆宿。

海南的土地非常肥沃，荒草满地，猎物很多，成了鸟兽的乐园，希望大家都能开荒种田，生产粮食。

其四

听我苦言，其福永久。利尔锄耜，好尔邻偶。

斩艾蓬藋，南东其亩。父兄搢梃，以抶游手。

希望大家能听从劝告，以农为业，自给自足，倘有不听命的父兄要严命管教，惩罚游手好闲之徒。

其五

天不假易，亦不汝匮。春无遗勤，秋有厚冀。

云举雨决，妇姑毕至。我良孝爱，袒跣何愧。

上天是公平的，只要勤劳耕种，必定五谷丰登，黎汉百姓，只要每个人都懂得爱心和孝敬，兄弟之间又有什么恩怨呢？

其六

逸谚戏侮，博弈顽鄙。投之生黎，俾勿冠履。

霜降稻实，千箱一轨。大作尔社，一醉醇美。

最后一首，苏东坡告诫那些游手好闲、懒惰好赌之徒，如不改邪归正，必将其流放在黎母山深处，让其过原始生活。大家若都能够勤劳耕稼，便能够过上衣食无忧的幸福生活。

短短六首劝农诗歌，言之凿凿，诚之谆谆，忠恳朴实，情真意切。可见，苏东坡已经把儋州黎汉百姓当成了自己的亲人，而且当地百姓也喜爱这位和蔼可亲的老人，同情他的不幸，关心他的生活。《纵笔三首》可见一斑。

其一

寂寂东坡一病翁，白须萧散满霜风。

小儿误喜朱颜在，一笑那知是酒红。

苏东坡说自己身体多病且满头白发，已经老病无力了，当地的孩子们却夸自己脸色红润，其实他们哪里知道，自己是因为酒醉才面色红润的。嬉笑中透露出一丝无奈，世事沧桑都在这自我揶揄中化解了。

其二

父老争看乌角巾，应缘曾现宰官身。

溪边古路三叉口，独立斜阳数过人。

作为朝廷重臣，自己被贬谪海南，无事可做的时候，站在三岔路口，看来往的路人，而当地百姓却也在争相围观自己。恬淡的笔触，不露痕迹地反映出苏东坡心中的丝丝悲凉。

其三

北船不到米如珠，醉饱萧条半月无。

明日东家知祀灶，只鸡斗酒定膰吾。

当地百姓都很关爱苏东坡，虽然海南米贵如珠，但到过节的时候，邻里们却会与他一起分享自己的酒肉。

“白头穿林要藤帽，赤脚渡水须花缦。不愁故人惊绝倒，但使俚俗相恬安。”（《欧阳晦夫遗接罗琴枕戏作此诗谢之》）苏东坡真正做到了与当地的百姓打成一片。他常常戴上黎族的藤帽，插上花缦，赤着双脚渡水穿林，和农夫们一起劳动，与小孩们一起嬉戏。在他的诗词中，有许多姓黎的朋友。有一次，他乘着酒兴，一下子访遍了黎姓朋友：“半醒半醉问诸黎，竹刺藤梢步步迷。但寻牛矢觅归路，家在牛栏西复西。”（《被酒独行遍至子云威徽先觉四黎之舍三首》其一）

苏东坡已经完全融入了当地的生活。访友归来，循着地上的牛粪找到牛圈。因为自己的家就在牛栏的西面，这里已经是他的家了，他也已经是一名普通的儋州百姓了。“借我三亩地，结茅为子邻。鴂舌倘可学，化为黎母民。”（《和陶田舍始春怀古》）

诏命北归

正当苏东坡作为一名儋州百姓准备终老海南岛的时候，元符三年（1100）正月，年仅二十四岁的宋哲宗病亡。紧接着，北宋朝堂发生了一场惊心动魄的政治变革。

原来宋哲宗虽为神宗的长子，却并非神宗正宫皇后向氏所生。向氏虽无子，但其正后的身份不可动摇，在哲宗朝依然高居皇太后之位。现在哲宗死了，也没有子嗣，势必要从其弟弟中挑选继承人。选择一位皇子就意味着又会有一位太后产生，历经两朝的向太后开始成为选择大位继承人的最有权威的人。

宰相章惇为了保证宋哲宗“绍述”国策的延续，以确保自己的宰相地位，他主张由哲宗的母弟，其生母为朱太妃的另一儿子继承。但这势必令朱太妃的地位威胁到向太后，所以一场围绕谁继承皇位的宫廷内斗展开了。最终向太后占据上风。按照哲宗弟弟的年龄排序，由端王赵佶继承皇位，因为赵佶的生母已经去世，并不影响向太后的地位。但章惇认为赵佶是一个“浪子”，所以明确反对。而此时新党内部产生了分裂，新党温和派首领曾布关键时刻支持了向太后，导致章惇的失败。赵佶顺利继承皇位，是为宋徽宗，向太后垂帘听政。

然后，政局在短时间内发生了有利于元祐党人的变化，一场批判章惇的政治运动开始了。首先是章惇被放逐到岭南雷州，伴之而来的就是曾经被章惇放逐的元祐旧党人士渐获起用和北迁。

“余生欲老海南村，帝遣巫阳招我魂。”（《澄迈驿通潮阁二首》其二）元符三年（1100）二月，宋徽宗大赦天下，朝廷有令：苏东坡恩移廉州，苏辙迁循州后恩移永州。“苏门四学士”也均有新授：雷州编管秦观恩移英州，涪州别驾黄庭坚恩移鄂州，信州监酒税晁补之签书武宁军判官，复州监酒税张耒通判黄州。诏命还未到达海南，四月，因宋徽宗生下皇子，又一次大赦天下。苏东坡改授舒州团练副使永州居住，弟弟苏辙移岳州。秦观由英州恩移横州，黄庭坚以奉议郎堂除签判，晁补之堂除通判，张耒被任命为兖州知州。

据说，在得知赦命前的某一天，苏东坡对苏过说：“吾尝语汝，我绝不为海外人，近日颇觉有还中州气象。”（朱弁《曲洧旧闻》卷五）然后，为了应验自己的预言，他索性洗砚磨墨，焚香端坐，道：“果如吾言，写吾平生所做八赋，当不脱误一字。”（朱弁《曲洧旧闻》卷五）写毕，拿原文对照，果然没有脱误，苏东坡大喜：“吾归无疑矣!”（朱弁《曲洧旧闻》卷五）

五月中旬，苏东坡接到了恩移廉州的诏命。

元符三年（1100）六月，已经六十五岁的苏东坡和儿子苏过挥泪惜别儋州父老，从澄迈渡海，离开海岛。儋州父老泪流失声，苦苦相送，并选出十几人担着酒肉，一直送到海边，直至苏东坡父子登船离岸，涕泣而去。

我本儋耳民，寄生西蜀州。
忽然跨海去，譬如事远游。
平生生死梦，三者无劣优。
知君不再见，欲去且少留。

这首《别海南黎民表》，是他临别时赠予一位名叫黎子云的秀才的，他还在后面批注：“新酿甚佳，求一具理。临行写此，以折菜钱。”（张邦基《墨庄漫录》）海南老百姓的滴水之恩，让苏东坡难以释怀。

苏东坡说自己本来就是海南人，眉州故乡只是“寄生”之地。本以为要终老儋州，却又接到诏命跨海北去，也不过是一次远游罢了。“生”“死”“梦”三者已没有优劣之分。对于这样一个四处漂泊的人，何处是家，何处又不是家呢?

三年的海岛生活，环境艰苦，条件恶劣，并没有打垮这位年过花甲、疾病缠身的老人，反而使他彻底地融入当时最底层、最卑微、最穷困的老百姓当中，使他在精神上得到了最大限度的解脱和超越，思想上达到了最高的自由境界，宠辱贵贱，乃至生死，皆为身外之物。“不羡千金买歌舞，一篇珠玉是生涯。”(《绝句》)

三年来，苏东坡一直笔耕不辍，修订了黄州时期所撰写的《东坡易传》九卷、《论语说》五卷，又撰写了《东坡书传》十三卷、《东坡志林》五卷，留下诗词一百多首，为自己在扬州时开始创作的《和陶诗》(一百二十四首)画上了句号。其作品“渐老渐熟，乃造平淡”(《与二郎侄一首》)，成熟老辣，意趣不凡，达到了引人入胜的飘逸境界。弟弟苏辙这样评价：他晚年的作品“精深华妙，不见老人衰惫之气”(苏辙《子瞻和陶渊明诗集引》)。

“一枕昼眠春有梦，扁舟夜渡海无涛。”(《次韵江晦叔兼呈器之》)夜晚三更，船行在大海之上，雨住风停，风平浪静，天上的乌云散了，北斗七星的斗柄转得很低，一块缺月斜挂天空，湛蓝的天空和明亮的星月映照在宽阔的海面上。苏东坡一身轻松，突然感到自己的一生也像这天空和大海一样干净和纯洁，虽遭遇不公，九死一生，但始终恨不起来，因为经历的天下奇绝，丰富了自己的一生。

参横斗转欲三更，苦雨终风也解晴。

云散月明谁点缀，天容海色本澄清。

空余鲁叟乘桴意，粗识轩辕奏乐声。

九死南荒吾不恨，兹游奇绝冠平生。(《六月二十日夜渡海》)

见君合浦如梦寐

——短暂的廉州行

“见君合浦如梦寐，挽须握手俱汍澜。”（《欧阳晦夫遗接罗琴枕戏作此诗谢之》）经过一夜一天的舟行，元符三年（1100）六月下旬，苏东坡父子在雷州徐闻县递角场码头登岸。刚登上岸，苏东坡漂泊海上的悬浮之心，一下子落了地。他侥幸自己没有老死海外，于是急匆匆赶到雷州伏波祠去拜谢。庙里供奉的是汉朝的两位伏波将军路博德和马援，他们曾经南渡琼州，收服叛乱。苏东坡虔诚拜谢，并撰写《伏波将军庙碑》：

……今乃获迁海北，往返皆顺风，念无以答神贶者，乃碑而铭之。铭曰：

至崄莫测海与风，至幽不仁此鱼龙。

至信可恃汉两公，寄命一叶万仞中。

自此而南洗汝胸，抚循民夷必清通。

自此而北端汝躬，屈信穷达常正忠。

生为人英没愈雄，神虽无言意我同。

秦观之死

迎接他们的是海康县令欧阳献和贬谪此地的学生秦观。秦观本来也接到了北移横州的诏命，但为了见老师一面，仍未北行赴任。看到鬓发全白、身体瘦弱的老师，秦观不禁悲从中来，泪流满面。

南来飞燕北归鸿。偶相逢。惨愁容。绿鬓朱颜，重见两衰翁。别后悠悠君莫问，无限事，不言中。　小槽春酒滴珠红。莫匆匆。满金钟。饮散落花，流水各西东。后会不知何处是，烟浪远，暮云重。（秦观《江城子·南来飞燕北归鸿》）

秦观已经五十二岁了，这么多年来，他和老师一荣俱荣、一损俱损，颠沛流离了大半生。纵有满腹诗书，一腔热血，却屡遭谄陷。想到这些，秦观的心情糟糕到了极点。虽有老师的相伴与安慰，也难以平复。在他与老师别离的时候，给自己写了一篇《自作挽词》：

婴衅徙穷荒，茹哀与世辞。
官来录我橐，吏来验我尸。
藤束木皮棺，槁葬路傍陂。
家乡在万里，妻子天一涯。
孤魂不敢归，惴惴犹在兹。
昔忝柱下史，通籍黄金闺。
奇祸一朝作，飘零至于斯。
弱孤未堪事，返骨定何时。
修途缭山海，岂免从阇维。
荼毒复荼毒，彼苍那得知。
岁晚瘴江急，鸟兽鸣声悲。
空蒙寒雨零，惨淡阴风吹。
殡宫生苍藓，纸钱挂空枝。
无人设薄奠，谁与饭黄缁。
亦无挽歌者，空有挽歌辞。

此诗如怨如慕，如泣如诉，凄惶无比。苏东坡并不以为然，认为“少游齐死生，了物我，戏出此语，无足怪者”(《书秦少游挽词后》)。没想到一诗成谶，这竟然成了秦观的绝命之笔。是年九月，当苏东坡北归至广西郁林时，听到了秦观一命归西于北迁路上的噩耗。“闻少游噩耗，两日为之食不下咽。”“少游不幸死道路，哀哉！世岂复有斯人乎？”(《宋史·秦观传》)

苏东坡反复吟诵着学生的晚年之作《踏莎行·郴州旅舍》：

雾失楼台，月迷津渡。桃源望断无寻处。可堪孤馆闭春寒，杜鹃声里斜阳暮。　驿寄梅花，鱼传尺素。砌成此恨无重数。郴江幸自绕郴山，为谁流下潇湘去。

他还把这首词写在扇面上，并在后面写上悼词：“少游已矣，虽万人何赎！(魏庆之《诗人玉屑》)高山流水之悲，千载而下，令人腹痛。”(唐圭璋《词活丛编》)

文明书院

在雷州与秦观作别之后，苏东坡西行四五十里，至雷州西海岸，准备沿海岸线向北，到达廉州。北行的前夜，苏东坡夜宿当地兴廉村的净行院。

荒凉海南北，佛舍如鸡栖。
忽此榕林中，跨空飞栱枅。
当门冽碧井，洗我两足泥。
高堂磨新砖，洞户分角圭。
倒床便甘寝，鼻息如虹霓。
僮仆不肯去，我为半日稽。
晨登一叶舟，醉兀十里溪。
醒来知何处，归路老更迷。(《自雷适廉宿于兴廉村净行院》)

净行院依山傍海，位置绝佳，是个修身养性的好地方。苏东坡对当地的一名乡士说：“此地胜景，当有文明之祥”。苏东坡离开之后不久，净行院里竟然长出了灵芝，当地的读书人皆认为苏东坡的话有灵性，于是建一书院，起名“文明书院”。

宿住净行院的第一天晚上，天上开始下大雨，一连好几天，苏东坡不得不停留几日。每到深夜，涛声、雨声、风声不绝，让人难以入眠。回想自己的一生，名利场内，风高浪急，自己像一叶小小的扁舟，孤孤单单，前路渺茫，只有那兄弟亲情让人温暖留恋。“芒鞋不踏利名场，一叶轻舟寄渺茫。林下对床听夜雨，静无灯火照凄凉。”(《雨夜宿净行院》)

海行至廉州

连日的大雨使北行之路被冲垮，桥梁被冲坏。苏东坡不得不沿海岸线舟行北上。至官寨，听说路上的桥梁仍没有修好，不得不跨北部湾合浦海西行去往廉州。

> 是日，六月晦，无月。碇宿大海中，天水相接，疏星满天，起坐四顾，太息曰：“吾何数乘此险也！已济徐闻，复厄于此乎？”稚子在旁酣睡，呼不应。所撰《易》、《书》、《论语》皆以自随，世未有别本。抚之而叹曰：“天未丧斯文，吾辈必济！”已而果然。七月四日合浦记，时元符三年也。(《书合浦舟行》)

在凶险的大海上，苏东坡没有在乎自己的生命，而是担忧他的三本著作。他希望这三本饱含着自己心血的文化财富能够延续自己有限的生命。

清乐轩

“青山南，白石北，此地嵯峨人不识。”(《残句青山南》）果然，“天未丧斯文”，苏东坡于七月初，终于到达廉州。

廉州，地处北部湾畔，是重要的港口和商埠，今天属广西北海市合浦县的廉州镇。秦朝属象郡，汉朝置合浦郡，后多有变化。唐朝置廉州，因东北有大廉山而得名。北宋时期属广南西路，移治合浦县。合浦，即江河汇集于海之意。

苏东坡到达合浦州后，受到太守张仲修和当地士绅邓拟的热情接待，入住在邓拟自家园林清乐轩。园内小桥流水，茂林修竹，有一个亭子，名叫长春亭。

“浮屠不三宿桑下，东坡盖三宿此矣。去后，仲修使君当复念我耶！庚辰八月二十四日题”(《题廉州清乐轩》) 他说修行的僧人不在同一棵桑树下连宿三个晚上，不然日久生情会有留恋之意，而自己却在此住了很多日子，离开此地后，张仲修太守一定会想自己的。的确，在张仲修太守及当地士绅的陪同下，苏东坡在廉州停留了两个月。直到“永州安置”的诏命下来。

还珠亭

作为一个官员来到廉州，不得不拜还珠亭。还珠亭始建于北宋初年，是为纪念东汉太守孟尝，在城东一里左右，四柱双檐，四周有回廊，前后石级上迭，内立碑刻。记载东汉合浦“不产谷实，而海出珠宝”，当地百姓以采珠为生，很少有人种植稻米，只用珠宝换取粮食。当地虽商业发达，市井繁荣，但前任太守贪赃枉法，巧立名目盘剥珠民，使得珠民不顾珠蚌的生长规律，滥捕滥捞，致使珠蚌逐渐迁移，越来越少，最终竟造成合浦“贫者饿死于道”的惨象。孟尝到任合浦后，“‘前更太守’，‘移风改政’，以致‘去珠复还’”而使“饥民蒙活”。这就是“合浦珠还”的历史典故。苏轼十分感慨：“孟尝高洁，施政廉明，去珠复还，无怪乎千古誉为盛事。”

廉州海角亭，是北宋初年为纪念孟尝太守而建。“距中国万里而远，郡南皆岸大洋，而廉又居其折，故曰海角。”(叶盛《海角亭记全文》) 海角亭地处城西南，东望廉江，南面大海，潮汐一至，涛声滚滚，轰然可听。苏东坡登临其上，东望江水滔滔入海，南望大海茫茫无涯，顿有去国怀乡之心。于是，挥笔题写“万里瞻天”四个大字。

苏佛儿

合浦是岭南佛教圣地，据说佛祖达摩曾在此修行，所以寺庙林立，信众很多。在这里，苏东坡遇见一个苏姓本家，因皈依佛门，取名苏佛儿。他八十二岁，不饮酒食肉，两目灿然，像一个天真的孩子一样。他从十二岁开始吃斋念佛，无妻子，只有两个哥哥，也都持戒修行，老大九十二岁，老二九十岁。苏佛儿一次在城里卖菜，碰见苏东坡，对他说："即心是佛，不在断肉"。也就是说，心就是佛，不在乎是否吃肉。苏佛儿想看看苏东坡对此有何认识。苏东坡却说："勿作此念，众人难感易流。"也就是说，不能这样想，断肉是为了更好地秉持戒律，一般人很难悟到"心即是佛"的真意，不断肉的话就很容易动摇自己的信仰。苏佛儿听后大喜："如是，如是！"是啊，安贫才能乐道，持戒才能修德，这几乎是他身处逆境时所秉持的修身之道。

廉州三廉古刹东山寺，寺内住持愈上人"以诗名岭外"，苏东坡慕名来访，愈上人却"访道南岳"去了，留一句诗于墙上："闲伴孤云自在飞"。如此闲云野鹤，苏东坡大为赞叹，心生羡慕，"戏和其韵"："孤云出岫岂求伴，锡杖凌空自要飞。为问庭松尚西指，不知老壮几年归。"(《合浦愈上人以诗名岭外将访道南岳留诗壁上云闲伴孤云自在飞东坡居士过其精舍戏和其韵》)

廉州龙眼

八月的廉州，正是龙眼成熟的季节。苏东坡第一次吃龙眼，却一口吃出了荔枝的味道。

龙眼与荔支，异出同父祖。
端如甘与橘，未易相可否。
异哉西海滨，琪树罗玄圃。
累累似桃李，一一流膏乳。
坐疑星陨空，又恐珠还浦。
图经未尝说，玉食远莫数。
独使皴皮生，弄色映琱俎。
蛮荒非汝辱，幸免妃子污。(《廉州龙眼质味殊绝可敌荔支》)

最后两句，点出了全诗的精髓。龙眼长在荒蛮之地并不是一件坏事，不会像荔枝一样为了贵妃、公主们的欢喜而劳民伤财，留下骂名。

瓶笙

八月下旬，苏东坡接到了授舒州团练副使，永州居住的诏命。虽然在廉州不到两个月的时间，但苏东坡与廉州各界结下了浓厚的感情。是日，廉州的官员和士绅为苏东坡饯行。席间忽然箫声顿起，婉转清丽，余音袅袅，仿佛天籁之音。四处一看，方知是旁边双瓶煎茶，茶水微沸，水火相得，自然吟啸发出的声音。客人们十分惊叹，都说从来没有听到过这样好听的声音，这是上天美意，祝福东坡先生。于是大家请苏东坡作诗记之。

孤松吟风细泠泠，独茧长缫女娲笙。
陋哉石鼎逢弥明，蚯蚓窍作苍蝇声。
瓶中宫商自相赓，昭文无亏亦无成。
东坡醉熟呼不醒，但云作劳吾耳鸣。(《瓶笙》)

刚刚安顿下来，又将别离，苏东坡已经习惯，而廉州百姓却依依不舍，廉州太守张仲修更是把与苏东坡的相遇当成自己一生的幸事，当成廉州的盛事。惜别之情难以言表，但“有饼如月，遇食则缺”，相聚是美好的，别离恰恰也能显示出一种缺憾之美，可以增进彼此的感情。

编萑以苴猪，瑾涂以涂之。
小饼如嚼月，中有酥与饴。
悬知合浦人，长诵东坡诗。
好在真一酒，为我醉宗资。(《留别廉守》)

曾见南迁几个回

——从廉州到常州

“问翁大庾岭头住，曾见南迁几个回。”(《赠岭上老人》) 元符三年（1100）八月下旬，苏东坡沿南流江（廉江）溯流北行，离开廉州。经白州，于九月初到达郁林州，郁林州守王祖道热情地迎接了苏东坡。

郁林州有一个著名的孝子叫梁诏，他从小没了父亲，对母亲非常孝敬。梁诏时任广东提刑官要去广东上任，但母亲却不愿随往广东，于是梁诏委托弟弟在家侍候母亲。他到广东还没有多长时间，听说母亲有病，就挂冠而归，侍奉母亲。母亲死后，梁诏在母亲墓旁盖一茅庐，为母守孝，并亲手栽种松柏，经岁成林，号曰碧林亭。第二年，梁诏母亲的墓旁甘露降、芝草生，一片祥瑞，十分神奇。苏东坡听说之后，感其孝节，在郁林州守的陪同下，拜会了梁诏。征得梁诏的同意，他将碧林亭改名为“甘露亭”，周围的树林被称为“瑞松”；把梁诏家中的读书楼起名为“薰风楼”，并亲书匾额悬挂其上。

次日，苏东坡离开郁林，郁林州守不忍别离，于是苏东坡以诗作别。

晚途流落不堪言，海上春泥手自翻。
汉使节空余皓首，故侯瓜在有颓垣。
平生多难非天意，此去残年尽主恩。
误辱使君相抆拭，宁闻老鹤更乘轩。(《次韵王郁林》)

鬼门关

“初复中原日，人争拜马蹄！”（释道潜《东坡先生挽词》其四）当时，听说苏东坡不断北迁的消息，不论他走到哪里，各级官吏、新朋旧友以及仰慕者都纷纷前往，或登门求教，或设宴唱和，或邀约游玩，或畅叙旧情，或一睹风采，并以此为荣，这在其北归的路途中，几乎成了苏东坡的一种负担。

“天涯已惯逢人日，归路犹欣过鬼门。”（《庚辰岁人日作时闻黄河已复北流老臣旧数论此今斯言乃验二首》其一）出郁林往东，陆行至天门关。天门关又称鬼门关，与龙狗岭两座山脉对峙，山峰高耸，“两石相对，其间阔三十步，俗号‘鬼门关’”（《旧唐书·地理志》），是古代通向钦州、廉州、海南的重要通道。到了唐代，“鬼门关”因宰相李德裕的一首诗《登崖州城作》成了南贬的标识。“一去一万里，千至千不返。崖州在何处，生度鬼门关。”

南迁的时候，苏东坡也经过这里。但他感到，过“鬼门关”之险远没有贬谪海南更凶险。因此，并没有感到害怕。这次北迁到此，反而感到十分的轻松：“自过鬼门关外天，命同人鲊瓮头船。北人堕泪南人笑，青嶂无梯闻杜鹃。”（《竹枝词》）

过“鬼门关”时，人命就像南方装有人骨的水瓮船一样，在河中凶险地行使，没有丝毫的保障。

越过“鬼门关”，临近北流县城，他又再次吟咏：“老去仍栖隔海村，梦中时见作诗孙。天涯已惯逢人日，旧路犹欣过鬼门。”（《庚辰岁人日作时闻黄河已复北流,老臣旧数论此今斯言乃验二首》其一）

他乡遇故知

过北流县城，入北流圭江，苏东坡乘竹筏顺江而下，到达容州。容州，就是今天的容县。容县城南有一都峤山，又称南山。南流江（廉江）即发源于此。都峤山峰奇、洞多，是道教三十六洞天中的第二十洞天。苏东坡的同乡好友邵彦肃就在这里隐居修道。“相随十日还归去，万劫清游结此因。”（《送邵道士彦肃还都峤》）他乡遇故知，两人都非常兴奋，倾心相谈，仍意犹未尽。邵道士随苏东坡顺江而下，十日相随，直至梧州。

至藤州，太守徐元用是苏东坡在杭州任职时的仁和县令，二人私交甚好。听说苏东坡经过此地，早早携子迎候江边，老酒故交，分外清醇，他们一起同游了东山之上的浮金堂。

昔与徐使君，共赏钱塘春。
爱此小天竺，时来中圣人。
松如迁客老，酒似使君醇。
系舟藤城下，弄月镡江滨。
江月夜夜好，云山朝朝新。
使君有令子，真是石麒麟。
我子乃散材，有如木轮囷。
二老白接䍦，两郎乌角巾。
醉卧松下石，扶归江上津。
浮桥半没水，揭此碧鳞鳞。(《徐元用使君与其子端常邀仆与小儿过同游东山浮金堂戏作此诗》)

昔日钱塘同僚，今日藤州相会，他乡遇故知，多么令人兴奋。他们虽然“相对华颠”，但孩子们还年轻，虽醉卧松石之下，仍被搀扶至岸边。

到藤州北流圭江注入浔江，江面更加宽阔。游罢浮金堂，苏东坡在邵道士的陪同下，在浔江乘船直下苍梧。是夜，朗月当空，万里无云，月照江水如练。邵道士月下弹琴，苏东坡揽月听琴，如痴如醉，感慨万千。

江月照我心，江水洗我肝。
端如径寸珠，堕此白玉盘。
我心本如此，月满江不湍。
起舞者谁欤，莫作三人看。
峤南瘴毒地，有此江月寒。
乃知天壤间，何人不清安。

床头有白酒，盎若白露漙。

独醉还独醒，夜气清漫漫。

仍呼邵道士，取琴月下弹。

相将乘一叶，夜下苍梧滩。(《藤州江下夜起对月赠邵道士》)

这首诗虽凄美清凉，略带忧伤，但又充满着对现实的清醒认知，相聚的欢娱与别离的无奈，就像这月亮一样，圆缺无常。

他多么希望自己也能像邵道士一样，离开这纷纷扰扰的世界，隐居山中，修道成仙。

乞得纷纷扰扰身，结茅都峤与仙邻。

少而寡欲颜常好，老不求名语益真。

许迈有妻还学道，陶潜无酒亦从人。

相随十日还归去，万劫清游结此因。(《送邵道士彦肃还都峤》)

送别邵道士，苏东坡抵达梧州。梧州乃浔江、桂江、西江三江交汇之处。本打算沿西江转贺江北行永州，但此时的贺江处于枯水期，水干无舟，苏东坡只得沿西江顺流而下，准备从广州北行。此时的家人也刚刚从惠州赶到广州。

船行至德庆，见岸边三峰拔地而起，"陡数十丈，四无联属，若挂榜于虚空者"，当地人称之三洲岩。岩下流水湍争，"将至曲江，船上滩欹侧，撑者百指，篙声石声荦然。回顾皆涛濑，士无人色"(《书舟中作字》)。此时的苏东坡却泰然自若，在舟中写字，不受一点影响。因为他知道，身处险境的时候，张皇只会失措，徒然自扰，即使放下笔，也终究做不了任何事情，不如坦然面对。

养病广州

"北归为儿子，破戒堪一笑。"(《将至广州用过韵寄迈迨二子》)九月底，在船上漂泊一个月的苏东坡终于到达广州，儿子苏迈和苏迨早已携家眷在此等候。

七年了，一家人终于团聚。然而，此时的苏东坡却因奔波劳累病倒了，在广州停留一月有余。

“病骨瘦欲折，霜髯笨更疏。”（《和孙叔静兄弟李端叔唱和》）躺在病榻上的苏东坡，看到满堂儿孙因自己漂泊四海却毫无怨言，反而更加亲密无间，感到十分欣慰。老朋友广南路提举昌平孙鼛的看望，使苏东坡的病情明显好转。孙鼛十五岁入太学，为人正直仗义，深受苏东坡赏识，曾与蔡京同窗，但与之政见不同，且看不起蔡京的为人。宋哲宗即位后，他被提举广东昌平。孙鼛的两个儿子分别娶了晁补之和黄庭坚的女儿。听说苏东坡北归路过广州，匆忙前来探望。“秉烛真如梦，倾杯不敢余。天涯老兄弟，怀抱几时摅。”（《和孙叔静兄弟李端叔唱和》）

苏东坡病好之后，转运使摄知广州事程怀立在广州净惠寺宴请了苏东坡。净惠寺是广州的名寺，香火旺盛，当地百姓称之为花塔寺。寺内供奉有六祖惠能的铜像，殿前有六棵大榕树。寺院住持听说苏东坡的到来，十分欣喜，恳请苏东坡为寺院留下墨宝。苏东坡环顾六棵大榕树，遮天蔽日，盘根错节，拱卫着巍峨耸立的花塔，气势不凡，欣然挥笔“六榕”二字。从此，存在了六百多年的净惠寺，被人们称为“六榕寺”。

广州城西有一座天庆观，原名玄妙观。观内有堂名“众妙堂”，其名皆出于老子《道德经》。观中道士名德顺，学识渊博，道行深厚，人称崇道大师。苏东坡听说后，立即想起他在儋州时做过的一个梦，梦里回到孩童时期眉山道士张易简的道观。那时跟随道士学习的孩子有上百人，自己也在其中。梦中孩子们背诵老子《道德经》曰：“玄之又玄，众妙之门。”苏东坡说：“妙一而已，容有众乎？”张易简道士大笑：“一已陋矣，何妙之有？若审妙也，虽众可也。”（《众妙堂记》）

从梦中醒来，苏东坡不置可否。今天遇此天庆观众妙堂，冥冥之中似有点化之意。于是，苏东坡欣然前往。两位老人意趣相投，于东轩饮酒谈道，相见恨晚。

湛然无观古真人，我独观此众妙门。

夫物芸芸各归根，妙中得一道乃存。

道人晨起开东轩，趺坐一醉扶桑暾。

余光照我玻璃盆，倒射窗几清而温。

欲收月魄餐日魂，我自日月谁使吞。(《广州何道士众妙堂》)

广州推官谢举廉，字民师，学工而词章，闻名于广州，为官之余，置席讲学，从者很多。听说苏东坡暂居广州，他急忙携带自己的一些文章，前来拜访。苏东坡认真阅读了谢民师的文章，大加赞赏："子之文，正如上等紫磨黄金，须还子十七贯五百。"(曾敏行《独醒杂志》)离开广州的时候，苏东坡专门就谢民师的文章写下一篇著名的文艺论著《与谢民师推官书》："……所示书教及诗赋杂文，观之熟矣。大略如行云流水，初无定质，但常行于所当行，常止于所不可不止，文理自然，姿态横生……"看似是对谢民师的赞美，其实是苏东坡自己的艺术追求，也是他作品的有效性与艺术性相统一的真实写照。他强调任感情自然外溢，则表达的感情最为真挚。言语是自然的呈现，不必过于雕琢，"辞达"而已。后来，谢民师的弟子将他的文章结集成册，起名《上金集》。

"春来何处不归鸿，非复羸牛踏旧踪。"(《次韵法芝举旧诗》)十一月初，苏东坡突然接到了朝廷诏命："授朝奉郎、提举成都府玉局观，外州军任便居住。"弟弟苏辙授中大夫，提举凤翔府上清宫，外州军任便居住。所谓的"任便居住"，也就是前面的官名只是个虚名，哪里方便就居住在哪里，不再参与公事。至此，苏东坡七年的流放生涯宣告结束，真正获得了人身自由。此时的苏辙已经在北归颍昌的路上，苏东坡想与弟弟早点团聚，因此只得起程北归了。

十一月初，苏东坡携全家人沿北江逆流而上，离开广州。好友孙鼛与儿子驾舟相送数十里，至全利山崇福寺。"我游鉴空阁，缺月正凄冷。"(《和黄秀才〈鉴空阁〉》)寺内有鉴空阁，阁枕江流，悬于崖上。孙鼛设宴于阁内，宴饮饯别。

继续北行，到达灵峰山脚下。此地乃西江、北江、绥江汇流之下游，设有三江司。每当潮汐涌入时，江面宽阔，烟波浩渺，环绕灵峰山四周，十分壮观。山上有宝陀寺，寺内有妙高台。登山拜谒，苏东坡感觉好像来到了金山寺，而自己就像金山寺德云和尚一样，回到了自己的精舍。“灵峰山上宝陀寺，白发东坡又到来。前世德云今我是，依稀犹记妙高台。”(《题灵峰寺壁》)

英州遇郑侠

过清远峡至英州。英州市小，江水从中而过。过去江上架木为桥，但每过数年就会被洪水冲毁。英州太守何智甫多方筹资，率领百姓在江上建起一座美丽而又坚固的石桥，当地百姓称为“何公桥”。苏东坡路过时，石桥刚刚落成。太守何智甫请求苏东坡诗文以记。推辞不过，苏东坡挥毫泼墨，一首五十六句的四言长诗，洋洋洒洒，一气呵成。

天壤之间，水居其多。人之往来，如鹈在河。
顺水而行，云驰鸟疾。维水之利，千里咫尺。
乱流而涉，过膝则止。维水之害，咫尺千里。
沔彼滥觞，蛙跳儵游。溢而怀山，神禹所忧。
岂无一木，支此大坏。舞于盘涡，冰折雷解。
坐使此邦，画为两州。鸡犬相闻，胡越莫救。
允毅何公，甚勇于仁。始作石梁，其艰其勤。
将作复止，更此百难。公心如铁，非石则坚。
公以身先，民以悦使。老壮负石，如负其子。
疏为玉虹，隐为金堤。直栏横槛，百贾所栖。
我来与公，同载而出。欢呼填道，抱其马足。
我叹而言，视此滔滔。未见刚者，孰为此桥。
愿公千岁，与桥寿考。持节复来，以慰父老。
如朱仲卿，食于桐乡。我作铭诗，子孙不忘。(《何公桥》)

到了英州，苏东坡最想见一位耿介绝俗并与其志同道合之人，那就是郑侠。郑侠，字介夫，福建福清人。曾是王安石的门生，但因反对变法，拒入王安石的变法团队，被贬为京城安上门的看门小吏。熙宁六年（1073），天气大旱，粮食绝收，饥民遍野，但地方官吏催逼青苗钱的力度却丝毫未减，许多人被枷上锁械刑具负瓦揭木，卖产偿钱。百姓游离失所，不绝于道。郑侠将此情景画成《流民图》，写成《论新法进流民图疏》，请求废除新法，疏称："但经眼目，已可涕泣……如陛下行臣之言，十日不雨，即乞斩臣宣德门外，以正欺君之罪。"这幅图让宋神宗大为震惊，他反复览图，长吁数日，夜不能寐。没想到自己一心推行的改革会给老百姓带来这么大的痛苦。第二天，宋神宗即下令开封府发放免行钱，开仓放粮。青苗免役法暂停追索，并下《责躬诏》，求直言。果然，三日之后，天降大雨。

一幅《流民图》，使新法大部被废，王安石被迫辞去宰相职位，在吕惠卿等新党朝臣的推动下，很快新法又全部被恢复，郑侠被流放英州。哲宗时期，经苏东坡、孙觉的联名推荐，郑侠被起用为泉州教授。绍圣元年（1094），苏东坡被贬惠州的时候，郑侠又再次被贬往英州。

多年来，魂梦之间，未尝敢忘，如今见面，一言难尽，唯有诗词唱和。

郑侠：

闻说天南受赐深，传方施药每挥金。
看天风格樽前态，妙国胸怀枕上心。
草木亦蒙铨品力，山川难载颂歌音。
如今收拾知何用，衣被华夷有传霖。（郑侠《上苏端明》）

苏东坡：

一落泥途迹愈深，尺薪如桂米如金。
长庚到晓空陪月，太岁今年合守心。

相与啮毡持汉节，何妨振履出商音。

孤云倦鸟空来往，自要闲飞不作霖。(《次韵郑介夫二首》其一)

郑侠：

昔向东坡览古文，长嗟简策锁风云。

那知日月归元首，立见夔龙遇放勋。

夷夏生灵真久困，圣贤膏泽有前闻。

怦懞天地期功业，妙画奇书请暂焚。(郑侠《上苏端明》)

苏东坡：

一生忧患萃残年，心似惊蚕未易眠。

海上偶来期汗漫，苇间犹得见延缘。

良医自要经三折，老将何妨败两甄。

收取桑榆种梨枣，祝君眉寿似增川。(《次韵郑介夫二首》其二)

郑侠希望苏东坡能像细雨甘霖一样润泽天下苍生，而苏东坡“心似惊蚕未易眠”，惶恐于朝堂，“自要闲飞不作霖”。

卧病韶州

“老去常忧伴新鬼，归来且喜是陈人。曾陪令尹苍髯古，又见郎君白发新。”(《次韵韶倅李通直二首》其一)还未离开英州，韶州府已经派人来迎接苏东坡。是年腊月，苏东坡到达韶州。韶州守狄咸、通判李公寅(画家李公麟之弟)将苏东坡请入行馆。而此时已经六十五岁的苏东坡，再次旧病复发，卧病在床。

华发萧萧老遂良，一身萍挂海中央。

无钱种菜为家业，有病安心是药方。

才疏正类孔文举，痴绝还同顾长康。

万里归来空泣血，七年供奉殿西廊。(《次韵韶守狄大夫见赠二首》其一)

病情好转，在通判李公寅的陪同下，苏东坡再游南华寺，并小住几日，与南华长老谈禅说道。

善哉彼上人，了知明镜台。

欢然不我厌，肯致远公材。

莞尔无心云，胡为出岫来。

一堂安寂灭，卒岁扃苍苔。(《追和沈辽赠南华诗》)

宋徽宗建中靖国元年（1101），苏东坡离开韶州。先说说“建中靖国”这个年号。所谓“建中”，即建立中正之道，也就是走中间路线，不像新党那样左，也不能像旧党那样右，以平息新旧党争。所谓“靖国”，即涤荡朝堂污秽，使国家安定。宋徽宗要在新旧党之间取一条中间路线。于是，新党与旧党中较为温和中立的曾布和韩忠彦主持朝政，以图稳定局面。为了保证中间路线的顺利实施，在两党人物被兼收并蓄的同时，必须压制极端人物。新党立场鲜明的代表人物蔡京、蔡卞兄弟被放逐离京，而旧党最有影响力的两个人物苏轼、苏辙当然也就不在收用之列了。两个人北迁而“任便居住”的任命，就是由此产生的。

苏东坡已经从宋徽宗改元的年号中揣度到朝廷的意思，因此北归颍昌，与弟弟团聚，实现“夜雨对床”的夙愿，才是他最终的目的。

再越大庾岭

“七年来往我何堪，又试曹溪一勺甘。”(《过岭二首》其二）离开韶州，苏东坡到达大庾岭脚下，乘坐滑竿翻越山岭。“至庾岭上，少憩村店。有一老翁出，问从者曰：宜为谁？曰：苏尚书。翁曰：是苏子瞻欤？曰：是也。乃前

揖坡，曰：我闻人害公者百端，今日北归，是天祐善人也！”（曾敏行《独醒杂志》）

他还指着路旁的一棵茁壮成长的松树说，这可是你几年前经过这里时亲手栽下的松树。苏东坡还礼感谢，口占一绝：“鹤骨霜髯心已灰，青松合抱手亲栽。问翁大庾岭头住，曾见南迁几个回？”（《赠岭上老人》）

南国春早，百花盛开，梅花已经开败，点点青梅小果结满枝头。“梅花开尽百花开，过尽行人君不来。不趁青梅尝煮酒，要看细雨熟黄梅。”（《赠岭上梅》）梅花高洁，不与百花同俗，虽然错失花期，但也不能急急忙忙青梅煮酒，“要看细雨熟黄梅”又何尝不是一种境界！

“下岭独徐行，艰险未敢忘。遥知叔孙子，已致鲁诸生。”（《余昔过岭而南题诗龙泉钟上今复过而北次前韵》）这首诗的末句有一个典故：秦二世时期的待诏博士叔孙通，先投降项羽，又投降刘邦，后被拜为博士，他自荐带领三十余名弟子给刘邦制定礼法。但其中两个人鄙薄其为人，不愿同流合污。苏东坡之所以引用这个典故，是说当时元祐党人大多已经奉诏还朝，唯独他们兄弟二人却不被使用。别人是不愿去，而自己是不能去，其中复杂的心情可见一斑。

就在这个时候，朝堂上传来一个不幸的消息：一向同情旧党人士的皇太后向氏病故。她的去世标志着宋徽宗“建中靖国”国策的结束，新党势力卷土重来，而且会更极左、更极端。因此，苏轼、苏辙兄弟再次被起用的希望也就彻底无望了。若再去颍昌，离朝堂太近，依然会被某些人视为威胁，会再度受到攻击。因此，苏东坡与弟弟相聚颍昌的打算，就悄悄地改变了。

再到虔州

一月下旬，苏东坡抵达虔州，并在此停留多日。其间，他在虔州州守霍汉英的陪同下，又去了城西通天岩，再次见到玉岩居士阳孝本。阳孝本“道不二，德不孤”，一生不娶，就像唐朝德高望重的诗人元德秀一样。苏东坡来到通天岩，直入其室，高呼“元德秀”，阳孝本大笑而应：“吾非元德秀，某乃阳城人后裔也。”

室空惟法喜，心定有天游。
摩诘元无病，须洹不入流。
苦嫌寻直枉，坐待寸田秋。
虽未麒麟阁，已逃鹦鹉洲。
酒醒风动竹，梦断月窥楼。
众谓元德秀，自称阳道州。
拔葵终相鲁，辟谷会封留。
用舍俱无碍，飘然不系舟。(《次韵阳行先》)

重登郁孤台，北望赣江，曲折入山。回望五岭，霰雾蒙蒙，像雪花在空中凝固。苏东坡突然想起自己已经离开从没有雪花的海南半年有余。吾生如寄，晨钟暮鼓之间，已越千嶂，阅百州。“四十七年真一梦”(《天竺寺》)，在剩余的有生之年，不想化仙鹤于路途之上，只想归田园居，独钓舟头。

吾生如寄耳，岭海亦闲游。
赣石三百里，寒江尺五流。
楚山微有霰，越瘴久无秋。
望断横云峤，魂飞咤雪洲。
晓钟时出寺，暮鼓各鸣楼。
归路迷千嶂，劳生阅百州。
不随猿鹤化，甘作贾胡留。
祇有貂裘在，犹堪买钓舟。(《郁孤台》)

在虔州的这些日子，苏东坡除应付故友新交的宴饮唱和外，每有闲暇，就会在虔州的大街小巷闲逛，身上背着一个装有常用药的袋子，见有病的人就给他们发药，并把方子介绍给患者。每经过一个地方，人们都争相为他接风洗尘，好像是在欢迎一位凯旋的英雄。人们都爱戴他、仰慕他。每到一个寺观，就会有一些喜好者或僧道之人，设置桌台纸砚，请求其留下墨宝。苏东坡则总是尽量满足大家的愿望。“略无所问，纵笔挥染，随纸付人。”（何薳《春渚纪闻》）直至日暮天晚，或纸尽笔倦，方可罢休，众人则满获而散。

有人问苏东坡：“子无病而多蓄药，不饮而多酿酒，劳己以为人，何也？”坡笑曰：“病者得药，吾为之体轻；饮者困于酒，吾为之酣适，盖专以自为也。”（《书〈东皋子传〉后》）别人有病就像自己有病，别人酒酣就像自己酒酣，与他人共苦乐，这是一种何等高尚的境界啊！

“自笑余生消底物，半篙清涨百滩空。”（《永和清都观谢道士童颜鬓发问其年生于丙子盖与予同求此诗》）寒食节过后，雨水增多，赣水清涨，近百里的赣石滩就淹没在水中，苏东坡乘舟离开虔州。

至永和，舣舟登岸，游清都观。道士谢子和与苏东坡同岁，鹤发童颜，闲适旷达，热情有加。苏东坡与其谈空说道，颇为投缘，书写“清都台”三个大字，并留诗一首。

镜湖敕赐老江东，未似西归玉局翁。
羁枕未容春梦断，清都宛在默存中。
每逢佳境携儿去，试问流年与我同。
自笑余生消底物，半篙清涨百滩空。（《永和清都观谢道士童颜鬓发问其年生于丙子盖与予同求此诗》）

至新淦，“时人方甃石为桥，闻东坡之至，父老儿童二三千人，聚立舟侧，请名其桥。东坡将登舟，谒县宰，众人填拥不容出，遂就舟中书‘惠政桥’字与之，邑人始退”（曾敏行《独醒杂志》）。

重游庐山

经南昌沿赣水至吴城山，进入鄱阳湖，过湖上庐山。距离上次的庐山之行已有八年。山谷草木依旧，但楼贤寺、开先寺已经破败殆亡。昔日故友多有离去，

唯独山中好友胡道师契好如初，仿佛活在世外。苏东坡感叹道：“道在世外，良非虚语。”（苏轼《与胡道师四首》其四）

在庐山脚下，苏东坡会见了好朋友刘恕的儿子刘羲仲。刘羲仲，以史学闻名于世，著有《通鉴问疑》，曾指出欧阳修《新五代史》中的误谬，深受蔡京赏识。但其为人清正，不喜蔡京的为人，坚决不予阿附，因此隐居庐山老家，著书立说，与祖父刘涣、父亲刘恕，并称“三刘先生”。

刘羲仲将自己的居室取名“是是堂”，大概来源于《荀子·修身》中“是是非非谓之知”。苏东坡敬其历史厚重，作诗《刘壮舆长官是是堂》以赞誉。

闲燕言仁义，是非安可无。
非非义之属，是是仁之徒。
非非近乎讪，是是近乎谀。
当为感麟翁，善恶分锱铢。
抑为阮嗣宗，臧否两含糊。
刘君有家学，三世道益孤。
陈古以刺今，紬史行天诛。
皎如大明镜，百陋逢一姝。
鹗立时四顾，何由扰群狐。
作堂名是是，自说行坦途。
孜孜称善人，不善自远徂。
愿君置座右，此语禹所谟。

是非必须明辨，善恶也一定要锱铢必较。刘氏三代弘扬道义，自行坦途，却愈加孤独，虽然屡有打扰，遭遇不善，但仍矢志不移。如果天下人都像他们一样，“臧否两含糊，善恶分锱铢”，并以此为座右铭，那就是大禹一样的谋略啊！

离开庐山，四月中旬抵达湖口。苏东坡又想起了画家李正臣家的“壶中九华”石。于是前去拜访，想再一观奇石风采，但不幸的是，那座“壶中九华”石在几个月前已被当涂郭正祥买走了。不过，李正臣园中其他奇石也很多，有些价值甚至超过了“壶中九华”石。

江边阵马走千峰，问讯方知冀北空。

尤物已随清梦断，真形犹在画图中。

归来晚岁同元亮，却扫何人伴敬通。

赖有铜盆修石供，仇池玉色自瑽珑。（《予昔作壶中九华诗其后八年复过湖口则石已为好事者取去乃和前韵以自解云》）

至池州，苏东坡游览了五松山。《舆地纪胜》载：山旧有松，一本五枝，苍鳞老干，黛色参天，故名五松山。唐代大诗人李白曾游五松山，有“五松何清幽，胜境美沃洲”的诗句，使得五松山名扬天下。后人为了纪念李白，在山上的宝云院里建立了李白祠堂。苏东坡登临五松山，拜谒李白祠，并在陈公园双池湾题诗：“落帆重到古铜官，长是江风阻往还。要似谪仙回舞袖，千年醉拂五松山。”（《题铜陵陈公园双池诗》）

金陵还愿

经芜湖至当涂，小住几日后，顺江而下，于五月一日到达金陵。八年前，苏东坡曾在崇因院发愿：若能岭南北还，定当为观世音菩萨书写颂词。如今他已从岭海平安归来，苏东坡第一件事就是还愿——为观世音菩萨作颂。

慈近乎仁，悲近乎义。忍近乎勇，忧近乎智。

四者似之，而卒非是。有大圆觉，平等无二。

无冤故仁，无亲故义。无人故勇，无我故智。

彼四虽近，有作有止。此四本无，有取无匮。

有二长者，皆乐檀施。其一大富，千金日费。

其一甚贫，百钱而已。我说二人，等无有异。

吁观世音，净圣大士。遍满空界，挈携天地。

大解脱力，非我敢议。若其四无，我亦如此。(《观世音菩萨颂》)

是啊，在大慈大悲的观世音菩萨的眼里，众生平等无二。然而，只有自己具有像菩萨一样的境界，自成菩萨，才能自救。

纵观苏东坡的一生，倾心爱国，悲悯众生，不阿附权贵，敢仗义执言，却又心地善良，不记恨别人，甚至连对自己的敌人都恨不起来，这不就是活脱脱的菩萨写照吗？因此，南迁又北归，正是他自救的结果。

又到金陵清凉寺。八年前，苏东坡的三个儿子曾遵母王闰之之命共画阿弥陀佛像，供奉于此，清凉寺长老住持供奉仪式，真诚祷告佛祖保佑苏东坡全家平安，保佑苏东坡早日北归。八年了，苏东坡骨瘦如柴，须发尽白，而清凉寺长老安心守道，悉心作诗，颜色愈加年轻。

过淮入洛地多尘，举扇西风欲污人。

但怪云山不改色，岂知江月解分身。

安心有道年颜好，遇物无情句法新。

送我长芦舟一叶，笑看雪浪满衣巾。(《次旧韵赠清凉长老》)

真州苏米会

离开金陵，苏东坡直发真州。此时的他正在犹豫是否去往颍昌，因为弟弟苏辙已经两次来信，催促他尽快团聚，而朋友钱世雄等却力劝其回归常州，以避汴京朝堂的风险。

真州是南行或北行的交通拐点，苏东坡在这里必须做出决定。于是他与好友钱世雄、程之元相约于金山龙游寺商议此事。龙游寺里有一张东坡先生的画像，寺僧请他题诗留念。苏东坡细观画像，回味一生，感慨万千，挥笔而题："心似已灰之木，身如不系之舟。问汝平生功业，黄州、惠州、儋州。"(《自题金山画像》)

这是一种饱食心酸的自嘲，也是苏东坡一生功业的真实表达。

苏东坡北归之后，民间呼吁他当宰相的声浪高涨。但朝堂之上并非如此，宋徽宗宠信的宦官童贯十分得势，他与蔡京、蔡卞兄弟关系亲密，新党卷土重来的可能性很大，部分新党臣僚已经开始酝酿“绍述”之议。这次的金山之会使苏东坡彻底打消了回颍昌的念头，终老常州成了他的最终选择。于是，他嘱托老朋友钱世雄到常州为自己购买住宅。

然而到了真州，苏东坡却病倒了，近半年的舟车劳顿，再加上江南的酷暑湿热，彻底压垮了这位六十六岁的老人，使他在此停留了近四十天。

“方瞳正碧貌如圭，六月相逢万里归。”（米芾《苏东坡挽诗五首》其一）在这里，他遇到了米芾。这是一段值得称道的交往。米芾，字元章，北宋著名的书画家，能诗文，精鉴别，擅书画，与苏轼、蔡襄、黄庭坚并称“宋四家”。米芾比苏东坡小十余岁，早在汴京时就彼此欣赏。此时，米芾正在真州担任江淮路制置发运司官勾文字。刚相见时，苏东坡还居住在江上舟中。时值盛夏，河道熏污，秽气侵人。“某食则胀，不食则羸甚。昨夜通旦不交睫，端坐饱蚊子尔。”（《与米元章二十八首》其二十七）

米芾立即将苏东坡接到真州最大的园林东园居住，让其安心养病，并送来麦门冬饮子，让其慢慢调养。苏东坡十分感动：“一枕清风直万钱，无人肯买北窗眠。开心暖胃门冬饮，知是东坡手自煎。”（《睡起闻米元章冒热到东园送麦门冬饮子》）

病情好转，米、苏二人漫步东园，谈古论今，意兴盎然。

> 小冠白氎步东园，元是青城欲度仙。
> 六合著名犹似窄，八周御魅讫能旋。
> 道如韩子频离世，文比欧公复并年。
> 我不衔恩畏清议，束刍难致泪潸然。（米芾《苏东坡挽诗五首》其三）

即将离开真州的时候，苏东坡给米芾留下一封信：

岭海八年，亲友旷绝，亦未尝关念。独念吾元章迈往凌云之气，清雄绝世之文，超妙入神之字，何时见之，以洗我积岁瘴毒耶？今真见之矣，余无足言者。(《与米元章二十八首》其二十）

这种情真意切的高度评价，既是米芾的真实写照，也为米芾作品的流传后世，起到了不可估量的推动作用。

人命由天天奈何

——常州梦归

“招魂听我楚人歌，人命由天天奈何。”（米芾《苏东坡挽诗五首》其五）在真州的日子里，苏东坡虽悉心调养，但病情仍不见好转。看来，老天是要自己的性命来了。苏东坡自感大限将至，于是一边准备即赴常州，一边给弟弟苏辙写信，托付后事：“即死，葬我嵩山下，子为我铭。”（苏辙《亡兄子瞻端明墓志铭》）

六月中旬，就在苏东坡登舟离开真州的路上，他意外地接到了一封来信，这是昔日好友、今日政敌章惇的儿子章援的来信。此时的章惇已经被贬往雷州，而苏东坡当宰相的传言也甚嚣尘上。

章援，字致平，朝散大夫、校书郎，曾是苏东坡的学生，但因父亲的原因，已久废师礼。章援担心父亲遭到报复，赶到京口求见苏东坡，但没能见到，就致信苏东坡，希望他执宰之后，能原谅父亲的过去，手下留情，言辞婉转而又恳切。

苏东坡读罢信件大喜，高呼：“斯文，司马子长之流也。”（赵彦卫《云麓漫抄》）然后命人和墨铺纸，写下了一封充满了人道主义精神的千古书信。

某顿首致平学士：某自仪真得暑毒，困卧如昏醉中。到京口，自太守以下，皆不能见，茫然不知致平在此。得书，乃渐醒悟。

伏读来教，感叹不已。某与丞相定交四十余年，虽中间出处稍异，交情固无所增损也。闻其高年，寄迹海隅，此怀可知。但以往者，更说何益，惟论其未然者而已……

> 某在海外，曾作《续养生论》一首，甚欲写寄，病困未能。到毗陵，定叠检获，当录呈也。…… 书至此，困惫放笔，太息而已。某顿首再拜致平学士阁下。六月十四日。(《与章致平二首》其一)

这里没有怨恨，没有揶揄，更没有幸灾乐祸，先前的仇怨就好像没有发生过一样，字里行间，充满着人道主义的伤感之美。

六月中旬，船循运河南下去往常州，听说苏东坡经过这里，运河两岸挤满了成千上万的百姓，都希望一睹这位命运多舛名士的风采。

> 东坡自海外归毗陵，病暑，着小冠，披半臂，坐船中。夹运河岸，千万人随观之。东坡曰：莫看杀轼否？其为人爱慕如此。(邵博《邵氏闻见后录》)

见此场景，苏东坡暗自思量，民间呼吁自己当宰相的呼声绝非虚言，也正是因为这种呼声，会给自己带来更大的危险。如今身体如此不堪，很难再抵御大难。于是，他立即上书朝廷申请致仕，以避谣言，求自保。

> 臣轼先自端明殿学士兼翰林侍读学士、朝奉郎、定州路安抚使，蒙恩落职，降授承议郎、知英州，遂贬宁远军节度副使、惠州安置。经涉四年，蒙恩责授琼州别驾、昌化军安置。又三年半，该陛下登极大赦，量移廉州安置。又经皇子赦恩，移舒州团练使、永州居住。臣以老病，久伏瘴毒，顿赴道途。未至永州，特蒙圣恩，复授臣朝奉郎、提举成都府玉局观，外州、军任便居住。臣素有薄田，在常州宜兴县，粗了饘粥，所以崎岖万里，奔归常州，以尽余年。而臣人微罪重，骨寒命薄，难以授陛下再生之赐，于五月间行至真州，瘴毒大作，乘船至润州，昏不知人者累日。今已至常州，百病横生，四肢肿满，渴消唾血，全不能食者，二十余日矣。自料必死。臣今行年六十有六，死亦何恨，但草木昆虫贪生之意，尚复留恋圣世，以辞此宠禄，

或可苟延岁月，欲望朝廷哀怜，特许臣守本官致仕。臣无任。(《乞致仕状》)

这篇退休申请，阐述了苏东坡晚年连遭贬谪，苦海奔命，直至百病横生、命悬一线的悲惨遭遇，读来让人心酸泪下。

船至奔牛镇，好朋友钱世雄等前来迎接。苏东坡自感时日不多，却有一事放心不下，就是一直随自己辗转多年的《东坡易传》《东坡书传》《论语说》。他从病榻上坐起，将书托付给钱世雄，说："某前在海外，了得《易》《书》《论语》三书，今尽以付子，愿勿以示人。三十年后，会有知者。"(何薳《春渚纪闻》)

出奔牛镇，至常州。常州，属浙西路，领武进、义兴、无锡、江阴四县，州治晋陵。苏东坡一家人在常州顾塘桥登岸，在钱世雄的安排下，租居顾塘溪水畔的孙氏馆。孙氏馆院内遍种紫藤，因此人称藤花馆。

现在，奔波一生的苏东坡终于有了自己的家，尽管这个家是租借的。可本该致仕养老、享受天伦的他，病情却日益严重。七月十八日，病痛至昏迷的苏东坡突然醒来，三个儿子皆侍候床边，痛哭流涕。苏东坡微微一笑，宽慰孩子们说："吾生无恶，死必不坠，慎无哭泣以怛化"(苏辙《亡兄子瞻端明墓志铭》)。他自信一生从未作恶，老天有眼，自然不会坠入地狱。

几天后，杭州径山长老维琳方丈前来探望。维琳方丈，浙江德清人，俗姓沈，得法于育王怀琏禅师，为南岳十一世弟子。他好学能诗，精通医术，行峻而通，文丽而清，是苏东坡倅杭期间结下的好朋友。维琳方丈一直陪伴苏东坡的身边，谈论今生与来世，直到他走完人生的最后几日。

此时的苏东坡已经不能躺，也不能坐，只能靠在床榻上。七月二十六日，维琳方丈坐在苏东坡的旁边，口出一偈：

扁舟驾兰陵，自援旧风日。
君家有天人，雄雄维摩诘。
我口吞文殊，千里来问疾。
若以默相酬，露柱皆笑出。(维琳《常州问东坡疾》)

苏东坡略加沉思，索笔而答：

与君皆丙子，各已三万日。

一日一千偈，电往那容诘。

大患缘有身，无身则无疾。

平生笑罗什，神咒真浪出。(《答径山琳长老》)

径山长老不理解最后两句，请教苏东坡。苏东坡索笔而书："昔鸠摩罗什病亟，出西域神咒三番，令弟子诵以免难，不及事而终。"（傅藻《东坡纪年录》）随后，他又写下一帖，这一帖，是他人生最后的绝笔："某岭海万里不死，而归宿田里，有不起之忧，非命也耶！"（傅藻《东坡纪年录》）

宋徽宗建中靖国元年（1101）七月二十八日，苏东坡没有像高僧鸠摩罗什那样诵经求生，而是平静地湛然而逝，乘风归去，羽化登仙，永远地离开了这个充满是非恩怨的世界。消息传出，震惊朝野。

"吴越之民，相与哭于市，其君子相吊于家，讣闻四方，无贤愚，皆咨嗟出涕。太学之士数百人，相率饭僧慧林佛舍。"（苏辙《亡兄子瞻端明墓志铭》）亲朋好友、门生故旧的哀悼文章铺天盖地。

宋徽宗崇宁元年（1102），苏东坡的三个儿子护送他的灵柩经淮汴到汝州。途中苏迈前往京师开封，将继母王闰之的灵柩也一并送往汝州。同年闰六月二十日，苏东坡与妻子王闰之合葬于汝州郏城县小峨眉山。

苏东坡走了，但灾难还远未结束。在他死后的第二年，即宋徽宗崇宁元年（1102），蔡京、蔡卞兄弟代表的新党重新上台执政，开始对元祐旧臣展开疯狂的报复，将其全部列入"元祐奸党"，并怂恿宋徽宗书写刻碑，立于端礼门外。司马光、苏轼虽死，依然名列其中。次年，宋徽宗又下诏重新核定元祐党人，人数增至三百零九人。蔡京书写碑文，诏告天下。所有元祐党人的子孙不得留在京师，不得参加科考，永不录用。为彻底消除旧党的影响，"诏毁《东坡集》并《后集》印板"（孔凡礼《苏轼年谱》），"天下碑碣榜额，系东坡书撰者，并一例除毁”(吴曾《能改斋漫录》)。这种跳梁小丑般的荒唐行为，最终换来了二十年后北宋王朝的覆灭。

然而“禁愈严而传愈多，往往以多相夸。士大夫不能诵坡诗，便自觉气索，而人或谓之不韵”(朱弁《风月堂诗话》)。

北宋王朝覆灭后，偏安江南的南宋王朝终于开始思考北宋灭亡的原因，重新评估苏东坡的政治价值和文化追求，顺应民间如潮的呼声，于南宋高宗建炎年间，追复苏东坡端明殿学士，“尽还合德恩数”。

南宋宋孝宗乾道六年(1170)，宋孝宗追封苏东坡谥号“文忠”，特赠为太师，并亲自为《苏轼文集》作序，赐予苏东坡曾孙苏峤。

> 故赠太师谥文忠苏轼。忠言谠论，立朝大节。一时廷臣，无出其右。负其豪气，志在行其所学。放浪岭海，文不少衰。力斡造化，元气淋漓。穷理尽性，贯通天人。山川风云，草木华实。千汇万状，可喜可愕。有感于中，一寓之于文。雄视百代，自作一家。浑涵光芒，至是而大成矣。朕万几余暇，紬绎诗书。他人之文，或得或失，多所取舍。至于轼所著，读之终日、亹亹忘倦，常置左右，以为矜式，信可谓一代文章之宗也欤。(宋孝宗《经进东坡文集序》)